끝과 시작

Selected Poems of Wisława Szymborska
Wisława Szymborska

Copyright ⓒ The Wisława Szymborska Foundation
Korean Translation Copyright ⓒ 2007 by Moonji Publishing Co., Ltd.
All rights reserved.

This Korean edition was published by arrangement with The Wisława Szymborska Foundation.

이 책의 한국어판 저작권은 저작권자와 독점 계약한 ㈜문학과지성사에 있습니다.
저작권법에 의해 보호받는 저작물이므로 무단 전재 및 복제를 금합니다.

끝과 시작

Wisława
Szymborska

비스와바 쉼보르스카 시선집

최성은 옮김

문학과지성사

대산세계문학총서 62
끝과 시작

지은이   비스와바 쉼보르스카
옮긴이   최성은
펴낸이   이광호
편집   김은주 박솔뫼
펴낸곳   ㈜문학과지성사
등록번호   제1993-000098호
주소   04034 서울 마포구 잔다리로7길 18(서교동 377-20)
전화   02) 338-7224
팩스   02) 323-4180(편집) 02) 338-7221(영업)
전자우편   moonji@moonji.com
홈페이지   www.moonji.com

제1판 1쇄 2007년 7월 2일
제1판 15쇄 2015년 11월 13일
제2판 1쇄 2016년 10월 11일
제2판 6쇄 2021년 1월 29일
제3판 2쇄 2023년 10월 10일

ISBN 978-89-320-3871-1 03890

이 책은 대산문화재단의 외국문학 번역지원사업을 통해 발간되었습니다.
대산문화재단은 大山 愼鏞虎 선생의 뜻에 따라 교보생명의 출연으로 창립되어
우리 문학의 창달과 세계화를 위해 다양한 공익문화사업을 펼치고 있습니다.

차례

출판되지 않은 시들 가운데서(1945)
***한때 우리는 닥치는 대로 세상을 살아갈 수 있었다 11 | 단어를 찾아서 12 | 극장 문을 나서며 14

우리가 살아가는 이유(1952)
진부한 운율 속에서 17 | 서커스의 동물들 19

나에게 던진 질문(1954)
나에게 던진 질문 23 | 열쇠 25

예티를 향한 부름(1957)
밤 29 | 두 번은 없다 33 | 공개 35 | 어릿광대 37 | 사소한 공지 사항 40 | 루드비카 바브쿤스카 부인을 애도하는 일 분간의 묵념 42 | 명예 회복 45 | 친구들에게 48 | ***꾸물대며 흐르는 역사는 50 | 아직은 51 | 작은 풍선이 있는 정물 53 | 성공하지 못한 히말라야 원정에 대한 기록 55 | 시도 57 | 새벽 네 시 58 | 아틀란티스 59

소금(1962)
원숭이 63 | 박물관 66 | 트로이에서의 한순간 68 | 그림자 71 | 외국어 낱말 73 | 방랑의 엘레지 75 | 무제 78 | 뜻밖의 만남 80 | 금혼식 81 야스오의 강제 기아 수용소 83 | 우화 85 | 발라드 86 | 포도주를 마시며 89 | 루벤스의 여인들 91 | 미남 선발 대회 93 | ***난 너무 가까이 있다 94 | 바벨탑에서 96 | 꿈 98 | 물 100 | 개요 102 | 헤라클레이토스의 강에서는 103 | 찬양의 노래 105 | 메모 107 | 돌과의 대화 110

애물단지(1967)

쓰는 즐거움 117 | 풍경 119 | 사진첩 122 | 웃음 124 | 기차역 127 | 살아 있는 자 130 | 태어난 자 133 | 인구 조사 136 | 참수斬首 138 | 피에타 140 | 결백 142 | 베트남 144 | 호텔에서 끼적인 구절들 145 | 1960년대 영화 149 | 병원에서 작성한 보고서 151 | 철새들의 귀환 153 | 안경원숭이 155 | 일요일에 심장에게 158 | 곡예사 160 | 다산을 기원하는 구석기 시대의 페티시즘 상징물 162 | 동굴 164 | 애물단지 166

만일의 경우(1972)

만일의 경우 171 | 하늘에서 떨어지는 것 173 | 실수 174 | 연극에서 받은 감상 176 | 양로원에서 178 | 광고 180 | 귀환 182 | 발견 183 | 공룡의 뼈 185 | 추적 188 | 분실물 보관소에서의 연설 191 | 경이로움 193 | 생일 195 | 알레그로 마 논 트로포: 빠르게 그러나 적당히 197 자기 절단 199 | 부동자세 201 | 꿈에 대한 찬사 203 | 행복한 사랑 205 | * * *'무無'의 의미는…… 208 | 한 개의 작은 별 아래서 210

거대한 숫자(1976)

거대한 숫자 215 | 감사 217 | 시편詩篇 220 | 롯의 부인 222 | 위에서 내려다본 장면 225 | 실험 227 | 미소 229 | 테러리스트, 그가 주시하고 있다 231 | 중세 시대 세밀화 233 | 언니에 대한 칭찬의 말 236 | 여인의 초상 238 | 쓰지 않은 시에 대한 검열 240 | 경고 243 | 양파 246 자살한 사람의 방 248 | 자아비판에 대한 찬사 250 | 인생이란…… 기다림 251 | 스틱스강에서 254 | 유토피아 256

다리 위의 사람들(1986)

무대 공포증 261 | 과잉 264 | 고고학 267 | 모래 알갱이가 있는 풍경 270 | 과장 없이 죽음에 관하여 272 | 우리 조상들의 짧은 생애 275 히틀러의 첫번째 사진 277 | 20세기의 마지막 문턱에서 279 | 시대의 아이들 282 | 고문 284 | 죽은 자들과의 모의 286 | 이력서 쓰기 288 장례식 290 | 포르노 문제에 관한 발언 292 | 노아의 방주 속으로 294

선택의 가능성 297 | 기적을 파는 시장 299 | 다리 위의 사람들 302

끝과 시작(1993)

하늘 307 | 제목이 없을 수도 310 | 어떤 사람들은 시를 좋아한다 313 | 끝과 시작 315 | 증오 318 | 현실이 요구한다 321 | 현실 324 | 빈 아파트의 고양이 327 | 풍경과의 이별 329 | 강신술 332 | 첫눈에 반한 사랑 335 | 1973년 5월 16일 338 | 어쩌면 이 모든 일들이 341 | 슬랩스틱 코미디 343 | 공짜는 없다 346 | 사건들에 관한 해석 제1안 348 | 이것은 커다란 행운 353

순간(2002)

순간 357 | 무리 속에서 359 | 구름 362 | 부정 364 | 수화기 366 | 가장 이상한 세 단어 368 | 식물들의 침묵 369 | 어린 여자아이가 식탁보를 잡아당긴다 371 | 추억 한 토막 373 | 웅덩이 374 | 첫사랑 376 | 영혼에 관한 몇 마디 378 | 이른 시간 381 | 통계에 관한 기고문 383 | 9월 11일 자 사진 386 | 되돌아온 수하물 388 | 목록 390 | 모든 것 393

콜론(2005)

부재 397 | ABC 399 | 우리가 없는 이튿날에 400 | 노교수 402 | 관망觀望 405 | 맹인들의 호의 407 | 사건에 휘말린 어느 개의 독백 409 | 시인의 끔찍한 악몽 413 | 그리스 조각상 416 | 사실상 모든 시에는 418

옮긴이 주 421
노벨문학상 수상 소감 연설문·시인과 세계 432
옮긴이 해설·존재의 본질을 꿰뚫는 심안心眼을 가진 시인, 비스와바 쉼보르스카의 생애와 시 세계 442
작가 연보 485

일러두기

1. 이 시선집은 『비스와바 쉼보르스카 자선自選 시집 Wiersze wybrane』, Kraków: Wydawnictwoa5, 2002; 『순간 Chwila』, Kraków: Wydawnictwo a5, 2002; 『콜론 Dwukropek』, Kraków: Wydawnictwo a5, 2005 이상 세 권을 원본으로 하여 번역하였다.
2. 이 시선집에 수록된 시의 목록은 옮긴이가 선정한 것이다.
3. 제목이 없는 시는 원본을 따라 본문에는 '* * *'로 표시했으며, 차례에는 '* * *' 뒤에 시의 첫 문장 또는 첫 어절을 병기하였다.
4. 폴란드 지명과 인명은 국립국어원에서 정한 외래어 표기법을 따라 표기하였다

출판되지 않은 시들 가운데서

(1945)

*　*　*

한때 우리는 닥치는 대로 세상을 살아갈 수 있었다, 그때 세상은
서로 꼭 맞잡은 두 손에 들어갈 수 있으리만치 작았다,
웃으면서 묘사할 수 있을 만큼 간단했다,
기도문에 나오는 해묵은 진실의 메아리처럼 평범했다.

역사는 승리의 팡파르를 울리지 못하고,
더러운 먼지를 내뿜어 우리 눈을 속였다.
우리 앞에는 칠흑처럼 어둡고 머나먼 길과
죄악으로 오염된 우물, 쓰디쓴 빵 조각만 남았을 뿐.

전쟁으로 얻은 우리의 전리품, 그건 세상에 대한 깨달음, 세상은
서로 꼭 맞잡은 두 손에 들어갈 수 있으리만치 크다는 것,
웃으면서 묘사할 수 있을 만큼 복잡하다는 것,
기도문에 나오는 해묵은 진실의 메아리처럼 특별하다는 것.

단어를 찾아서
Szukam słowa

솟구치는 말들을 한마디로 표현하고 싶었다.
하지만 어떻게?
사전에서 훔쳐 일상적인 단어를 골랐다.
열심히 고민하고, 따져보고, 헤아려보지만
그 어느 것도 적절치 못하다.

가장 용감한 단어는 여전히 비겁하고,
가장 천박한 단어는 너무나 거룩하다.
가장 잔인한 단어는 지극히 자비롭고,
가장 적대적인 단어는 퍽이나 온건하다.

그 단어는 화산 같아야 한다.
격렬하게 솟구쳐 힘차게 분출되어야 한다.
무서운 신의 분노처럼,
피 끓는 증오처럼.

나는 바란다. 그것이 하나의 단어로 표현되기를.
고문실 벽처럼 피로 흥건하게 물들고,
그 안에 각각의 무덤들이 똬리를 틀기를,
정확하게 분명하게 기술하기를,

그들이 누구였는지, 무슨 일이 일어났는지.
지금 내가 듣는 것,
지금 내가 쓰는 것,
그것으론 충분치 않기에.
터무니없이 미약하기에.

우리가 내뱉는 말에는 힘이 없다.
그 소리는 적나라하고, 미약할 뿐.
온 힘을 다해 찾는다.
적절한 단어를 찾아 헤맨다.
그러나 찾을 수가 없다.
도무지 찾을 수가 없다.

극장 문을 나서며
Wyjście z kina

새하얀 화폭 위로 깜빡이며 명멸하는 꿈
달에서 떨어져 나온 파편과도 같은 두 시간.
그리운 멜로디에 실린 옛사랑이 있고,
머나먼 방랑으로부터의 행복한 귀환이 있다.

동화가 끝난 세상에는 검푸른 멍과 희뿌연 안개.
숙련되지 않은 어설픈 표정과 배역들만 난무할 뿐.
군인은 레지스탕스의 비애를 노래하고,
소녀는 고달픈 삶의 애환을 연주한다.

나, 그대들에게 돌아가련다, 현실의 세계로,
어둡고, 다사다난한 운명의 소용돌이로—
문간에서 서성이는 외팔이 소년과
공허한 눈빛의 소녀가 있는 그곳으로.

우리가 살아가는 이유

(1952)

진부한 운율 속에서
W banalnych rymach

이것은 커다란 기쁨. 한 송이 꽃 옆에 또 하나의 꽃 한 송이,
맑은 하늘을 향해 뻗은 나뭇가지,
그러나 그보다 더 큰 기쁨은 내일이 수요일이고,
틀림없이 네가 보낸 편지가 도착한다는 사실.
그러나 그보다 더 큰 기쁨은 서둘러 봉투를 뜯는 동작,
아, 태양의 뜨거운 흑점 아래서 편지를 펼쳐 보는 건 얼마나 유쾌한 일인지.
그러나 그보다 더 큰 기쁨은 이제 일주일 남았다는 것,
시간은 쏜살같이 흘러, 겨우 나흘 남았네,
그러나 그보다 더 큰 기쁨은 쭈그리고 앉아 열심히 여행 가방을 꾸리고
마침내 뚜껑을 닫았다는 사실,
그러나 그보다 더 큰 기쁨은 오후 7시발 기차표 한 장,
매표소 직원에게 건네는 "네, 감사합니다"라는 인사.
그러나 그보다 더 큰 기쁨은 차창 너머로
풍경이 지나가고, 또 지나간다는 것.
그러나 그보다 더 큰 기쁨은 날이 저물어 밤이 찾아들면
결국 우리가 함께하리라는 것.
그러나 그보다 더 큰 기쁨은 내가 문을 열리라는 것.
그러나 그보다 더 큰 기쁨은 문턱을 넘어서리라는 것.

그러나 그보다 더 큰 기쁨은 한 송이 꽃 옆에 또 하나의 꽃 한 송이.

사랑하는 그녀가 묻는다.

"당신, 도대체 무엇 때문에 이렇게 비싼 꽃을 샀어요?"

서커스의 동물들
Zwierzęta cyrkowe

곰이 리듬에 맞춰 탭 댄스를 춘다,
사자가 풀쩍 뛰어올라 불타는 고리를 통과한다,
원숭이가 금빛 망토를 걸치고 자전거를 탄다,
휙휙 채찍 소리, 쿵짝쿵짝 음악 소리,
휙휙 채찍 소리, 동물들의 눈동자가 이리저리 흔들린다,
코끼리가 머리 위에 물병을 이고 우아하게 행진한다,
강아지들이 춤을 추며 신중하게 스텝을 밟는다.

인간인 나, 심한 부끄러움을 느낀다.

그날 사람들은 유쾌하게 즐기지 못했다.
그래도 박수 소리만큼은 요란하기 짝이 없었다.
비록 채찍을 손에 쥔 기다란 내 팔이
모래 위에 날카로운 그림자를 드리웠어도.

나에게 던진 질문

(1954)

나에게 던진 질문
Pytania zadawane sobie

미소 짓고, 손을 건네는 행위,
그 본질은 무엇일까?
반갑게 인사를 나누는 순간에도
홀로 고립되었다고 느낀 적은 없는지?
사람이 사람으로부터
알 수 없는 거리감을 느끼듯.
첫번째 심문에서 피고에게 노골적인 적의를 드러내는
법정에 끌려나온 듯.
과연 내가 타인의 속마음을 읽을 수 있을까?
책을 펼쳤을 때 활자나 판형이 아닌
그 내용에 진정 공감하듯이.
과연 내가 사람들의 모든 걸 헤아릴 수 있을까?
그럴듯하게 얼버무리면서
대충 대답을 하고,
손해라도 입을까 겁에 질려
솔직한 고백 대신 번지르르 농담이나 늘어놓는 주제에.
참다운 우정이 존재하지 않는
냉혹한 세상을 탓하기만 할 뿐.
우정도 사랑처럼
함께 만들어야 함을 아는지, 모르는지?

혹독한 역경 속에서
발맞춰 걷기를 단념한 이들도 있으련만.
벗들이 저지른 과오 중에
나로 인한 잘못은 없는 걸까?
탄식하고, 함께 헤쳐 나가는 이들도 있으련만.
도움의 손길을 내밀기도 전에
얼마나 많은 눈물이 메말라버렸을까?
천년만년 번영을 기약하며
공공의 의무를 강조하는 동안,
단 일 분이면 충분할 순간의 눈물을
지나쳐버리진 않았는지?
다른 이의 소중한 노력을
하찮게 여긴 적은 없었는지?
탁자 위에 놓인 유리컵 따위엔
아무도 주의를 기울이지 않는 법,
누군가의 부주의로 인해
바닥에 떨어져 산산조각 나기 전까지는.

사람에게 품고 있는 사람의 마음,
과연 생각처럼 단순한 것이려나?

열쇠
Klucz

열쇠가 갑자기 없어졌다.
어떻게 집으로 들어갈까?
누군가 내 잃어버린 열쇠를 주워 들고
이리저리 살펴보리라 — 아무짝에도 소용없을 텐데.
걸어가다 그 쓸모없는 쇠붙이를
획 던져버리는 게 고작이겠지.

너를 향한 내 애타는 감정에도
똑같은 일이 발생한다면.
그건 이미 너와 나, 둘만의 문제가 아니다,
이 세상에서 하나의 '사랑'이 줄어드는 것이니.
누군가의 낯선 손에 들어 올려져서는
아무런 대문도 열지 못한 채
그 이상도 그 이하도 아닌
'열쇠'의 형태를 지닌 유형물로 존재하게 될
내 잃어버린 열쇠처럼.
고철 덩어리에 덕지덕지 눌어붙은 녹綠들은 불같이 화를 내리라.

카드나 별자리, 공작새의 깃털 따위를 굳이 빌리지 않더라도
이런 점괘는 종종 나온다.

예티를 향한 부름

(1957)

밤
Noc

> 그리고 하느님께서 이렇게 분부하셨다: 사랑하는 네 외아들,
> 이삭을 데리고 모리아 땅으로 가거라.
> 거기에서 내가 일러주는 산에 올라가
> 그를 번제물로 나에게 바쳐라.
> ─ 창세기 22장 2절

도대체 이삭이 무슨 잘못을 저질렀단 말인가?
신부님에게 교리 문답이라도 청해야겠다.
공을 차서 이웃집 유리창을 깨뜨렸나?
울타리를 넘다가 새 바지에 구멍이라도 냈나?
연필을 훔쳤나?
암탉을 놀라게 했나?
시험 칠 때 친구에게 답을 슬쩍 가르쳐주었나?

어른들이여, 바보 같은 꿈이나 꾸며
무기력하게 잠에 빠져들어라.
나 아침까지 뜬눈으로
이 밤을 지새우리니.
고요한 암흑이 내게 맞서
팽팽한 침묵을 지키고 있다.

아브라함의 고뇌처럼
어두운 이 밤.

성서에 나오는 신의 눈동자가
먼 옛날 이삭을 주목했듯이
지금 이 순간 뚫어져라 나를 응시하고 있다.
과연 어디에 이 몸을 숨길 수 있을까?
신이 마음먹으면 죽은 사람도 소생시킨다는 건
이미 해묵은 옛날이야기.
이 공포의 극한 속에서
내가 할 수 있는 건
고작 머리끝까지 담요를 뒤집어쓰는 것뿐.

머지않아 창가에서
새하얀 무언가가 연기처럼 피어올라
방 안 곳곳에서 새처럼, 바람처럼 퍼드덕대리라.
하지만 현실 속에는
그처럼 커다란 날갯짓을 하는 새도,
그처럼 기나긴 여운을 남기는 바람도,
존재하지 않는 법.

신은 정말 우연히 나를 선택한 것인 양
그럴듯하게 꾸며대고 있지만
실상은 전혀 그렇지 않다.
결국엔 비밀스러운 작당을 위해

아버지를 부엌으로 슬그머니 데려가
귓가에 대고 거대한 뿔 나팔을 불어대겠지.

내일 먼동이 틀 무렵
아버지가 나를 부르면
나는 떠나리라, 나는 떠나리라.
내 증오는 더욱더 깊어만 가리니
이제 나는 인간의 선함도, 그들의 사랑도
믿지 않으리라.
나는 11월의 낙엽보다
더 나약하고, 무기력한 존재.
결코 믿음을 주지 말 것,
믿음이란 아무짝에도 쓸모없는 것이니.
함부로 사랑하지 말 것,
기계적으로 박동하는 심장을
그저 가슴속에 품고 다닐 것.
무슨 일이 일어난대도
오래전에 이미 그리되기로
정해져 있었기 때문이니.
무슨 일이 일어난대도
나를 뒤흔드는 건 심장이 아니라
말라비틀어진 화석에 불과할 테니.

구름 위 발코니에서
신은 유유히 기다리고 있다.

가련한 번제물을 태우게 될 장작이
보기 좋게, 골고루 잘 타고 있는지
그리고 지켜본다,
어떻게 발버둥 치며 죽어가는지.
나는 반드시 죽을 테니까,
나를 구원하도록 결코 내버려두지 않을 테니까!

견디기 힘든 악몽이 날 괴롭히던
그날 밤부터,
견디기 힘든 고독이 날 괴롭히던
그날 밤부터,
신은
날마다, 천천히
발걸음을 돌리기 시작했다,
'문자 그대로의 확실한 의미'에서
'애매모호한 비유'를 향해.

두 번은 없다
Nic dwa razy

두 번은 없다. 지금도 그렇고
앞으로도 그럴 것이다. 그러므로 우리는
아무런 연습 없이 태어나서
아무런 훈련 없이 죽는다.

우리가, 세상이란 이름의 학교에서
가장 바보 같은 학생일지라도
여름에도 겨울에도
낙제란 없는 법.

반복되는 하루는 단 한 번도 없다.
두 번의 똑같은 밤도 없고,
두 번의 한결같은 입맞춤도 없고,
두 번의 동일한 눈빛도 없다.

어제, 누군가 내 곁에서
네 이름을 큰 소리로 불렀을 때,
내겐 마치 열린 창문으로
한 송이 장미꽃이 떨어져 내리는 것 같았다.

오늘, 우리가 이렇게 함께 있을 때,
난 벽을 향해 얼굴을 돌려버렸다.
장미? 장미가 어떤 모양이더라?
꽃인가, 아님 돌인가?

야속한 시간, 무엇 때문에 너는
쓸데없는 두려움을 자아내는가?
너는 존재한다―그러므로 사라질 것이다
너는 사라진다―그러므로 아름답다

미소 짓고, 어깨동무하며
우리 함께 일치점을 찾아보자.
비록 우리가 두 개의 투명한 물방울처럼
서로 다를지라도……

공개
Jawność

여기 우리, 벌거벗은 연인들이 있다.
서로에게 이미 신물 나게 아름다운 우리들,
조그만 잎사귀로 눈꺼풀만 가린 채
깊고 깊은 어둠 속에 함께 누웠다.

네 개의 모퉁이와 다섯번째 벽난로는
우리 둘에 관해 속속들이 알고 있다.
발 빠른 그림자가 의자 밑에 자리 잡고,
책상은 침묵 속에 의미심장하게 버티고 서 있다.

찻잔들은 이미 명백히 깨달았다,
한낮에 다 마시지 못한 차는 차갑게 식어버린다는 걸.
스위프트[1]는 일찌감치 모든 희망을 버렸다,
이 밤중에 책 따위를 읽으려는 사람은 아무도 없다는 걸 알기에.

새들은? 환상을 버리는 게 좋을 것이다.
어제 보았다, 내가 널 부르는 둘만의 은밀한 이름이
저 뻔뻔스러운 새들에 의해 만천하에 공개되는 것을.
그것도 아주 당당하고 적나라하게.

나무는? 제발 말 좀 해주려무나,
그들의 쉼 없는 속삭임이 대체 무엇을 의미하는지.
너는 말한다. "친절하게도 바람이 말해줄 거야."
바람이 과연 어디서 우리의 이야기를 들었단 말인가?

불나비가 창문을 향해 날아든다,
보송보송 잔털이 돋은 날개를 파닥거리며
비상과 착륙을 되풀이하면서
우리의 머리 위에서 끈질기게 윙윙댄다.

아마도 그들은 우리보다 더 많은 것을 볼지도 모른다,
곤충 특유의 예민한 감각을 가졌으니.
나는 느끼지 못한다, 너도 감지하지 못한다,
우리의 심장이 어둠 속에서 훤히 빛나고 있음을.

어릿광대
Buffo

먼저 우리의 사랑이 저물고 나면
백 년, 2백 년, 세월이 흐르고,
그러면 우리는 또다시 함께하리라.

관중들로부터 뜨거운 호응을 받는
남녀 희극 배우가
극장에서 너와 나의 배역을 맡아 열연을 펼친다.

중간 중간 간주를 곁들인 소규모 광대극,
가벼운 춤과 폭소가 어우러진
적당히 드라마틱한 내용,
이어지는 박수갈채.

이 장면에서 너는 어쩔 수 없이
조롱거리가 되리라.
우스꽝스런 넥타이를 매고, 질투심에 사로잡힌 채.

웃음거리가 된, 내 머리통,
그리고 내 심장과 왕관,
터져버린 어리석은 심장과

바닥에 떨어진 왕관.

우리는 만나고 헤어지기를 반복하리라.
공연장엔 환호성과 웃음이 가득.
일곱 개의 강과 일곱 개의 산을 사이에 둔 채
끊임없이 서로를 그리워하리니.

마치 현실의 고통이나 불행 따윈
우리에게 거의 없었다는 듯
말로써 서로에게 상처를 안기리니.

마침내 둘이 머리 숙여 절하고 나면
광대극은 막을 내리리라.
눈물이 맺히도록 배꼽 빠지게 웃던 관객들은
잠자리에 들기 위해 집으로 돌아가리라.

그들은 또다시 멋들어진 삶을 살아가리라.
아무렇지 않게 사랑을 길들여가면서.
사나운 호랑이조차 꼬리를 내리고,
그들의 손에 놓인 음식을 핥아먹으리니.

우리는 영원히 이러이러한 존재.
작은 종이 조롱조롱 매달려 있는
우스꽝스러운 광대 모자를 쓰고,
그 종소리의 울림에

원초적으로 귀를 기울이는.

사소한 공지 사항
Drobne ogłoszenia

어디에 가면 연민의 감정을 되찾을 수 있는지,
(비록 그것이 심장의 헛된 상상이 빚어낸 것일지라도)
누구든지 알려주세요! 제발 좀 알려주세요!
온 힘을 다해 노래 부르며
이성을 잃은 듯 덩실덩실 춤을 추십시오.
그렁그렁 눈물을 머금은 여윈 자작나무 아래서
왁자지껄, 흥겹게 놀아보는 거예요.

침묵하는 법을 가르쳐드립니다.
이 세상에 존재하는 모든 언어로 다 가능합니다.
별이 총총 수놓인 하늘과
베이징원인北京原人의 각진 아래턱과
메뚜기의 뜀박질과
갓난아기의 손톱과
플랑크톤과
눈송이를
골똘히 응시하는 특별한 훈련을 통해.

사랑을 되돌려드립니다.
자, 조심조심! 기회가 왔어요!

풀잎이 목덜미를 간지럼 태우던 1년 전의 바로 그 잔디밭에
벌렁 드러누워 가만히 기다리세요.
바람이 춤을 춥니다.
(작년 이맘때 그대들의 머리카락을 마구 헝클어뜨렸던
바로 그 장본인이죠)
자, 아직도 꿈에 흠뻑 도취된
다양한 매물들이 여기 있습니다.

양로원에서 숨진 노인들을 위해
눈물을 흘리고 애도해줄
사람을 구합니다.
신청서를 작성하거나
증명서를 제출할 필요도 없습니다.
단, 제출된 서류는 전부 파기될 예정이고,
수령 확인증은 발급되지 않을 것입니다.

내 남편이 남발한 헛된 약속에
나는 아무런 책임도 없음을 밝힙니다.
사람들이 득실대는 이 세상의 온갖 빛깔과 떠들썩한 소음,
창가의 노래 한 곡조, 벽 너머 짖어대는 강아지 한 마리로
당신들을 참 잘도 속여 넘겼죠.
"어둠 속에서도, 적막 가운데서도, 숨죽인 순간에도,
결코 당신들은 혼자가 아닙니다"라고……
나는 그 서약에 아무런 책임이 없습니다.
'낮'의 미망인인 '밤'으로부터.

루드비카 바브쥔스카 부인[2]을 애도하는 일 분간의 묵념

Minuta ciszy po Ludwicy Wawrzyńskiej

당신은 떠났습니다,
타오르는 불꽃과 연기가 자욱한 그곳으로!
"그곳에 네 명의 아이들이 있으니
가서 그 애들을 데려올게요!"

어떻게 그처럼 과감하게
모든 걸 떨쳐낼 수 있었을까요?
스스로에 대한 집착과
낮과 밤의 질서와
내년에 내릴 눈과
사과의 붉은 빛깔과
아무리 곱씹어도 늘 부족하기만 한
사랑에 대한 끈끈한 미련을.

작별 인사 따위는 하지도, 받지도 않고
아이들을 구하기 위해 홀로 달려갔으니,
다들 보세요, 무릎까지 넘실대는 불길,
미친 듯이 이글거리는 붉은 기운을 헤치고서
아이들을 어깨에 짊어지고 나왔답니다.

그녀는 차표를 끊고,
잠시 여행을 다녀오려 했었습니다,
누군가에게 편지도 쓰려 했고,
한바탕 폭풍이 지나간 뒤 창문을 활짝 열거나,
숲속의 오솔길을 타박타박 걷다가
개미를 보고 깜짝 놀라고도 싶었습니다.
불어오는 바람에 호수가 넘실대는 광경도
바라보고 싶어했습니다.

때로는 죽은 이를 위한 일 분간의 묵념이
늦은 밤까지 이어지기도 합니다.

나는 구름과 새들의 비상을
두 눈으로 목격한 산증인입니다,
내 귀에는 잔디가 자라는 소리가 생생히 들리고,
그런 걸 뭐라고 불러야 하는지도 압니다,
인쇄된 수백만 개의 글자들을 읽어냈고,
저 신비스런 별들을 관찰하기 위해
망원경을 들고 다니기도 했습니다.
하지만 여태껏 누군가가 그렇게
간절히 구조를 요청한 적은 없었습니다.
만약 그 순간에 나뭇잎과 드레스와 시詩에 대한
미련을 떨쳐내지 못한다면 어떻게 할까요?

우리가 자기 자신에 대해 알고 있는 건,

타인들에 의해 확인된 딱 그만큼.
스스로도 사뭇 낯설기만 한 심장이 명하는 대로
이 사실을 나는 당신들에게 꼭 말하고 싶습니다.

명예 회복
Rehabilitacja[3]

상상의 자유를 인정하는 인간의 가장 오랜 권리에 의거,
내 생애 처음으로 죽은 자들을 불러본다,
그들의 얼굴을 주의 깊게 살펴보고,
그들의 발걸음에 열심히 귀 기울인다,
누가 죽었는지, 죽은 게 확실한지, 명백히 알고 있음에도.

지금은 두 손에 자신의 두개골을 들고, 이렇게 말해야 할 시간.
"가여운 요릭,[4] 네 무지함은 도대체 어디에 있는가?
네 맹목적인 믿음과 순진무구함,
어떻게든 되리라는 낙천적인 기대감,
검증된 사실과 그렇지 못한 진실 사이에서
균형을 유지하던 평정심은 어디에?"

나는 확신하고 있었다, 그들이 배신하리라는 사실을.
이름 따윈 아무런 값어치도 없음을.
무성한 잡풀이 익명의 무덤에 묻힌 이들을 비웃고 있기에.
목메어 울어대는 까마귀와 휘날리는 눈보라도 그들을 조롱하기에.
"요릭이여, 그들은 위선적인 증인에 불과했다."

죽은 자의 불멸은 우리가 그들을 기억하는
바로 그 순간까지만 유효한 법.
결국엔 순간적이고, 유한한 가치일 뿐.
누군가가 스스로의 불멸을 상실하지 않는 날은
단 하루도 없다.

오늘 나는 불멸에 대해 많은 것을 깨달았으니
그것은 내어줄 수도, 빼앗아올 수도 있는 것이다.
우리 모두가 이름과 함께 스러져갈 운명이라면
감히 '배신자'란 호칭을 누구에게 붙일 수 있겠는가.

죽은 자 위에 군림하는 우리의 권리는
흔들리지 않는 엄정한 중립을 요구한다.
캄캄한 밤에 판결이 이루어지는 일이 없도록,
판사가 제복을 벗어 던진 채 알몸이 되지 않도록.

대지가 꿈틀댄다—이제 대지의 일부가 된 그들 때문에.
어떤 이들은 한 줌의 흙이 되어,
한 움큼의 흙더미가 되어 조용히 무덤에서 일어선다.
은폐된 암흑을 헤집고 나와 옛 이름을 되찾고,
민족의 기억 속으로, 그 옛날 영광의 월계관과 환호 속으로 당당히 복귀한다.

단어를 마음껏 호령하던 내 절대 권력은 도대체 어디로 갔는가?
눈물의 골짜기로 추락해버린 낱말들,

죽은 자의 부활에 아무런 도움도 되지 않는 낱말들,
산화된 마그네슘만이 광채 되어 번득이는 빛바랜 사진처럼
공허하고 부질없는 묘사.
나, 시시포스는 일찌감치 '시詩의 지옥'에 이름을 올렸다.

그들이 우리에게 조용히 다가오고 있다.
다이아몬드보다 더 날카롭게 날이 선 채로,
전리품을 늘어놓은 유리 진열장과
아늑한 보금자리에 난 창문들과
분홍빛 색안경과 유리로 만든 뇌와 심장에
남몰래 생채기를 내기 위해서.

친구들에게
Przyjaciołom

지구에서 별에 이르는 저 광활한 우주 공간을
속속들이 꿰뚫고 있는 박식하기 짝이 없는 우리들이
고작 대지에서 머리까지인, 이 짧은 사정거리 안에서
길을 잃고 헤매고 있다.

회한에서 눈물에 도달하기까지
행성과 행성 사이를 떠돌고 있다.
거짓에서 진실로 향하는 여정에서
너는 더 이상 청춘이 아니다.

초고속 제트기는 우리를 즐겁게 한다.
비행과 소리 사이를 관통하는
침묵의 갈라진 틈바구니,
그것은 일종의 세상에 관한 기록.

제트기의 이륙이 좀더 빨랐다.
뒤늦게 공명하는 소리의 잔향이
몇 년의 세월이 지난 후에
비로소 우리를 꿈에서 끄집어낸다.

"우리는 결백합니다!"
애타는 고함 소리가 사방에 울려 퍼진다.
누구의 외침일까?
우리들은 달려가 창문을 와락 열어젖힌다.

순간 소리가 멈춘다.
창문 너머로 무수히 쏟아지는 별들의 무리.
집중 포격을 받은 새하얀 벽에서
후드득후드득 회반죽이 떨어져 내리듯.

* * *

꾸물대며 흐르는 역사는
내게 트럼펫 연주를 들려준다.
내가 살고 있는 이곳은
'예리코'라 불리는 도시.

내 몸이 조금씩 성벽처럼 무너져 내린다.
빰 빠라 빰,
차례차례 성벽이 무너져 내린다.
나는 공기의 제복만을 걸친 채
완전한 알몸으로 그 자리에 서 있다.

트럼펫을 부시오, 질서정연하게,
오케스트라를 총동원하여 우렁찬 선율로.
잠시 후 내 몸에서 피부가 벗겨져 내리면,
그때는 새하얀 뼈만 앙상히 남으리다.

아직은
Jeszcze

여기저기 납땜 자국이 무성한 낡은 기차에 올라탄 채
'이름들'이 이 나라 방방곡곡을 누비고 있다.
어디로 갈지
언제 내릴지
묻지 마라, 대답하지 않으리라.
왜냐하면 나도 답을 모르니까.

나탄이란 이름은 주먹으로 벽을 치고,
아이작이란 이름은 광란의 노래를 부르며,
사라란 이름은 갈증으로 죽을 지경인
아론이란 이름을 위해 물 달라고 고함을 지른다.[6]

다비드란 이름이여, 열차가 달릴 때 뛰어내리지 마라.
넌 패배를 상징하는 이름이다.
아무에게도 주어지지 않은 이름, 집 없는 이름,
이 나라에서 짊어지고 다니기엔 너무도 버거운 이름이기에.

아들에게 슬라브의 이름을 명명할지어라.
여기서는 머리카락 개수를 낱낱이 세니까.[7]
여기서는 이름과 눈꺼풀 모양으로

선과 악을 구분하니까.

열차가 달릴 때 뛰어내리지 마라. 아들의 이름은 레흐[8]일 테니.
열차가 달릴 때 뛰어내리지 마라. 아직은 때가 아니니.
뛰어내리지 마라. 밤이 웃음소리처럼 사방으로 퍼져 나갈 테니.
철길을 두드리는 바퀴의 부산한 움직임 속에서.

사람들의 무리는 연기가 되어
저주받은 영토의 상공을 구름처럼 떠돌고 있다.
커다란 구름에서 겨우 한 줌의 빗줄기[9]가 쏟아져 내린다, 그리고 한 방울의 눈물.
한 줌의 빗줄기와 한 방울의 눈물, 그리고 이어지는 목마른 가뭄의 나날.
철길은 검은 숲으로 향하고 있다.

칙칙폭폭, 바퀴가 철길을 두드린다. 빈터 하나 없이 나무가 빽빽이 들어선 숲에서.
칙칙폭폭, 간절한 부름을 담은 기차는 숲을 가로질러 간다.
칙칙폭폭, 한밤중에 눈을 뜬 내 귀에 생생하게 들린다.
칙칙폭폭, 정적 속에 파묻힌 침묵이 덜그럭대는 소리.

작은 풍선이 있는 정물

Martwa natura z balonikiem

죽음의 순간에 이르면
추억을 되돌리기보다는
잃어버린 물건들을 되찾고 싶다.

창가와 문 앞에
우산과 여행 가방, 장갑, 외투가 수두룩.
내가 한번쯤 이렇게 말할 수 있도록.
"아니, 도대체 이게 다 뭐죠?"

이것은 옷핀, 저것은 머리빗,
종이로 만든 장미와 노끈, 주머니칼이 여기저기.
내가 한번쯤 이렇게 말할 수 있도록.
"뭐, 아쉬운 게 하나도 없네요."

열쇠여, 어디에 숨어 있건 간에
때맞춰 모습을 나타내주렴.
내가 한번쯤 이렇게 말할 수 있도록.
"녹이 슬었네. 이것 좀 봐, 녹이 슬었어."

증명서와 허가증, 설문지와 자격증이

구름처럼 하늘을 뒤덮었으면.
내가 한번쯤 이렇게 말할 수 있도록.
"태양이 저물고 있네."

시계여, 강물에서 얼른 헤엄쳐 나오렴.
너를 손목에 차도 괜찮겠지?
내가 한번쯤 이렇게 말할 수 있도록.
"넌 그저 시간을 가리키는 척하고 있을 뿐이잖아."

바람이 빼앗아 달아났던
작은 풍선을 다시 찾을 수 있었으면.
내가 한번쯤 이렇게 말할 수 있도록.
"쯧쯧, 여기에 이제 어린애는 없단다."

자, 열린 창문으로 어서 날아가렴,
저 넓은 세상으로 훨훨 날아가렴,
누군가 제발 큰 소리로 "저런!" 하고 외쳐주세요!
바야흐로 내가 와락 울음을 터뜨릴 수 있도록.

성공하지 못한 히말라야 원정에 대한 기록
Z nie odbytej wyprawy w Himalaje

그래, 여기가 히말라야구나.
산봉우리들이 앞다투어 달을 향해 달음질치고 있다.
느닷없이 갈라진 하늘의 화폭에서
출발을 앞둔 산봉우리들이 멈춰선 순간.
광활한 구름의 사막에 구멍이 뻥 뚫렸다.
무無를 향한 돌진.
메아리—순백의 소리 없는 몸짓.
적막.

예티,[10] 까마득한 아래, 저곳에선 오늘이 수요일이다.
거기에는 문자도 있고, 빵도 있다.
2 곱하기 2는 4다,
서서히 눈이 녹는 중이다,
"네 조각으로 썰어놓은 붉은 사과가 있네"[11]
흥겨운 노랫소리.

예티, 범죄가 난무하는 건
여기나 거기나 마찬가지다.
예티, 모든 단어들이
죽음을 의미하는 건 아니다.

그래도 우리는 대대로 '희망'을 이어가고 있으니,
그것은 망각이 주는 선물.
너는 보게 되리라.
폐허 속에서도 끊임없이 태어나는 우리의 아이들을.

예티, 우리에겐 셰익스피어가 있다.
예티, 우리는 바이올린을 연주한다.
예티, 땅거미가 지면
우리는 전등을 켠다.

여기는 달나라도, 지구도 아니다.
눈물조차 얼어붙은 혹한의 땅이다.
아, 예티, 반쯤은 달나라 사람이 되어버린 너,
다시 한번 생각해봐, 돌아와주렴!

사방이 온통 눈으로 막힌 이곳에서
예티를 향해 외쳤다.
꽁꽁 얼어붙은 몸을 녹이기 위해
발을 구르며.
순백의 설원에서,
그 영원 속에서.

시도
Próba

오, 그래, 노래야. 너는 지금 나를 비웃는구나.
하긴 내가 산으로 올라간다 해도 장미로 피어나진 못할 테니까.
다른 무엇도 아닌, 오로지 장미만이 장미로 태어날 수 있는 법.
너는 알겠지.

잎사귀를 움트게 하려고 열심히 노력했어. 뿌리를 내려보려 무던히도 애썼어.
서둘러야 한다는 초조한 마음에 숨을 죽인 채
장미 속에 스스로를 가둘 수 있는 그 순간만을 기다렸어.

나에게 일말의 동정심도 없는 노래야,
내 몸은 오직 하나, 다른 무엇과도 바꿀 수 없단다,
난 골수 하나까지 철저하게 일회용이니까.

새벽 네 시

Czwarta nad ranem

밤에서 낮으로 가는 시간.
옆에서 옆으로 도는 시간.
삼십대를 위한 시간.

수탉의 울음소리를 신호로 가지런히 정돈된 시간.
대지가 우리를 거부하는 시간.
꺼져가는 별들에서 바람이 휘몰아치는 시간.
그리고-우리-뒤에-아무것도-남지 않을 시간.

공허한 시간.
귀머거리의 텅 빈 시간.
다른 모든 시간의 바닥.

새벽 네 시에 기분 좋은 사람은 아무도 없다.
만약 네 시가 개미들에게 유쾌한 시간이라면
그들을 진심으로 축하해주자.
자, 다섯 시여 어서 오라.
만일 그때까지 우리가 죽지 않고,
여전히 살아 있다면.

아틀란티스[12]
Atlantyda

그들은 존재했거나 존재하지 않았다.
섬에서 혹은 섬이 아닌 곳에서.
대양 혹은 대양이 아닌 것이
그들을 집어삼켰거나 혹은 집어삼키지 않았거나.

누군가를 사랑한 누군가가 있었던가?
누군가와 싸우던 누군가가 있었던가?
모든 일이 일어났거나 혹은 아무 일도 안 일어났거나.
거기에서 혹은 거기가 아닌 다른 곳에서.

일곱 개의 도시가 있었다는데
정말로 확실한가?
영원히 존재하길 바랐다는데
증거는 어디 있는가?

그들은 화약을 발명하지 않았다, 그래, 아니다.
그들은 화약을 발명했었다, 그래, 그렇다.

있었다고 추정되는 사람들. 불확실한 사람들.
기록되지 않은 사람들.

공기나 불이나 물이나 흙에서는
전혀 추출되지 않는 사람들.

돌 속에도 빗방울 속에도
포함되지 못한 사람들.

사뭇 심각한 척 훈계나 늘어놓는
가식적인 포즈 따윈 취할 수 없었던 사람들.

유성이 떨어졌다.
아니, 유성이 아니었다.
화산이 폭발했다.
아니, 화산이 아니었다.
누군가 뭔가를 애타게 불렀다.
아니, 누구도 그 무엇도 부르지 않았다.

그 이상도 그 이하도 아닌 아틀란티스에서.

소금

(1962)

원숭이
Małpa

인류가 아직 천국에서 추방되기 전
마지막으로 에덴동산 구석구석을 훑어보던
원숭이의 눈빛이 너무도 강렬해서
천사들조차 그 눈빛을 보는 순간
예기치 못한 슬픔에 허덕였다네.
결국 원숭이는 다소곳이 동의도 구하지 않은 채
이 지구상에 자신의 위대한 종족을 만들 수밖에 없었다네.
생기발랄, 약삭빠르고, 주의 깊은 원숭이.
원숭이는 신생대 전기부터 오늘에 이르기까지
'그라치아Gracya'[1]를 쓸 때, 꼭 'y' 자를 고집한다네.

오래전, 존엄한 은빛 광채를 지닌 풍성한 갈기로 인해
이집트에서 사람들로부터 대대적인 숭배를 받을 때
원숭이는 슬픔에 잠겨 근엄하게 침묵을 지키며
사람들이 무엇을 원하는지 열심히 귀 기울였다네: 흠, 영생을 원하는군······
원숭이는 불그스름한 엉덩이를 흔들면서 멀리멀리 떠나갔다네.
권고도, 금지도 아니라는 그런 의미로.

유럽에서 그들의 영혼은 거세되었네.

하지만 두 팔은 무심결에 남겨두었지.
어느 수도사가 거룩한 성인聖人의 팔에다
홀쭉하고 가느다란 원숭이의 손을 그려넣었네.
거룩한 성인은 마치 도토리를 움켜쥐려는 듯
양손을 내밀어 자비를 구걸하고 있네.

전함은 왕궁으로 데려왔다네.
갓난아기처럼 따뜻한 체온을 지닌 채, 늙은이처럼 온몸을 벌벌 떠는 원숭이를.
황금으로 만든 쇠사슬에 매달린 채 원숭이는 비명을 질렀네.
고관대작들이 입는 앵무새처럼 알록달록 맵시 좋은 연미복을 입고서.
카산드라.[2] 대체 무엇이 우습단 말이지?

중국에서 원숭이는 식용으로 사용된다네.
접시에 담겨진 원숭이는
구워진 표정 또는 삶겨진 표정을 짓고 있다네.
모조품 장신구에다 억지로 끼워 맞춘 진짜 다이아몬드처럼
역설적인 자태로.
원숭이의 뇌는 미묘한 맛을 내겠지.
비록 그들의 뇌가 화약을 발명하지 못했기에
뭔가 부족한 듯 느껴질 수도 있겠지만.

동화 속에서는 늘 외롭고 우유부단한 원숭이,
거울의 내부를 찡그린 얼굴로 채웠던 원숭이가

스스로를 조롱하며 우리에게 귀감이 된다네.
비록 서로 인사를 나누는 사이는 아니지만
우리에 관해서라면 모든 걸 속속들이 알고 있는
가난한 친척 여동생처럼.

박물관
Muzeum

접시들은 있지만, 식욕은 없어요.
반지는 있지만, 이심전심은 없어요,
최소한 3백 년 전부터 쭉.

부채는 있는데—홍조 띤 뺨은 어디 있나요?
칼은 있는데—분노는 어디 있나요?
어두운 해 질 녘 류트[3]를 퉁기던 새하얀 손은 온데간데없네요.

영원이 결핍된 수만 가지 낡은 물건들이
한자리에 다 모였어요.
진열장 위에는 콧수염을 늘어뜨린 채
곰팡내 풀풀 풍기는 옛날 파수꾼이
새근새근 단잠을 자고 있어요.

쇠붙이와 점토, 새의 깃털이
모진 시간을 견디고 소리 없이 승리를 거두었어요.
고대 이집트의 말괄량이 소녀가 쓰던 머리핀만이
킬킬대며 웃고 있을 뿐.

왕관이 머리보다 더 오래 살아남았어요.

손은 장갑에게 굴복하고 말았어요.
오른쪽 구두는 발과 싸워 승리했어요.

나는 어떨까요, 믿어주세요, 아직도 살아 있답니다.
나와 내 드레스의 경주는 오늘도 계속되고 있어요.
아, 이 드레스는 얼마나 고집이 센지!
마치 나보다 더 오래 살아남기를 열망하듯 말이죠.

트로이에서의 한순간
Chwila w Troi

어린 계집애들.
비쩍 마른 데다가
언젠가는 두 뺨의 주근깨가 말끔히 사라진다는 걸
도무지 믿지 못하는.

누구의 주목도 받지 못한 채,
세상의 눈꺼풀 위를 사뿐사뿐 돌아다니는.

소름 끼칠 만큼
엄마 혹은 아빠를 쏙 빼닮은 그 아이들이

식사를 하다가
책을 읽다가
혹은 거울 앞에서
트로이로 납치되어 간다.

어린 계집애들은 커다란 탈의실에서 눈 깜짝할 사이에
아름다운 헬레나로 탈바꿈한다.

드레스 자락을 바스락거리며

온갖 탄성과 기나긴 비가悲歌를 뒤로한 채,
왕실의 계단을 사뿐사뿐 오른다.

스스로가 공기처럼 가볍다고 느낀다.
안다. 아름다움이 곧 안식이며,
말투가 입술의 효용을 결정짓는다는 것을.
영감을 받은 무심함 속에서 몸짓들은
스스로의 외양을 조각한다는 것을.

사절단을 거부할 만한 가치가 충분한
그들의 아리따운 얼굴이
포위할 만한 가치가 충분한
새하얀 목덜미 위로 자랑스레 우뚝 솟아 있다.

영화 속에 등장하는 검은 머리의 남자들,
친구의 오빠들,
미술 선생님,
모두가 이 전쟁에서 전사하리라.

어린 계집애들은
웃음의 탑 꼭대기에서
끔찍한 대참사를 태연히 내려다본다.

어린 계집애들은
위선적인 절망의 관습에 도취되어

두 손을 꼭 움켜쥔다.

어린 계집애들은
불에 타버린 도시에서 가져온 작은 왕관을 쓴 채,
한창 유행하는 탄식의 귀걸이를 주렁주렁 달고서,
폐허를 등지고 무심히 서 있다.

창백한 얼굴에 눈물 한 방울 떨어뜨리지 않으며.
승리에 도취한 자태로 눈앞의 광경을 실컷 즐기고 있다.
그들이 슬퍼하는 건 오직 한 가지,
돌아가야 한다는 사실.

집으로 발걸음을 돌리는
트로이의 어린 계집애들.

그림자
Cień

내 그림자는 여왕의 꽁무니를 졸졸 쫓아다니는 어릿광대 같다.
여왕이 의자에서 벌떡 일어나면
어릿광대는 벽을 향해 몸을 일으켜 세우다가
바보처럼 천장에 머리를 쿵 부딪친다.

이차원의 세상에서는 무엇으로도
그림자에게 고통을 가할 수 없다.
어쩌면 어릿광대에겐 내 왕궁이 불편할지도.
그래서 다른 역할을 원할 수도 있으리라.

여왕이 창밖으로 몸을 내밀면
어릿광대는 곧장 바닥을 향해 뛰어내린다.
모든 동작과 역할을 여왕과 분담했지만
공평하게 반반씩 나누진 못했다.

저 단순무지한 숙맥은 스스로의 의지로
과장된 몸짓과 허풍, 뻔뻔함을 택했다.
왕관과 지팡이, 왕실의 가운,
내게는 이 모든 것들을 지탱할 힘이 없으니.

아, 앞으론 어깨를 움직일 때도 한결 가뿐하겠구나,
아, 앞으론 고개를 돌릴 때도 한결 홀가분하겠구나,
왕이여, 우리가 작별 인사를 나눌 때도,
왕이여, 우리가 기차역에 서 있을 때도.

왕이여, 언제나 이 시간이 되면
우리의 어릿광대는 철로 위에 길게 드러눕는다.

외국어 낱말
Słówka

"*La Pologne*(폴란드)? *La Pologne*(폴란드)? 거기는 지독하게 춥다면서요? 정말인가요?"

이렇게 물으며 부인은 안도의 한숨을 내쉰다. 지구촌 방방곡곡 변화가 잦은 요즘, 날씨 이야기만큼 적절한 화제도 없으므로.

"아, 부인!" 나는 그녀에게 이렇게 말해주고 싶었다.

"내 조국에서는 시인들이 장갑을 낀 채 시를 쓴답니다. 물론 이십사 시간 내내 장갑을 끼고 사는 건 아니지만. 예를 들어 달빛이 방 안을 따뜻하게 데워주면, 그때는 비로소 장갑을 벗지요. 그들의 시구는 거친 고함소리로 이루어져 있어요, 그래서 사나운 광풍만이 그 틈바구니를 파고들 수 있죠. 시인들은 바다표범을 기르는 어부들의 소박한 삶을 찬양하는 노래를 부른답니다. 고전주의자들은 바람에 쌓인 눈 더미를 발로 꾹꾹 누른 뒤에, 그 위에다 잉크를 묻힌 고드름으로 서정시를 새겨 넣지요. 나머지, 우리 데카당파[4] 작가들은 흩날리는 눈송이를 바라보며 비탄에 잠기곤 하죠. 물에 뛰어들고 싶은 사람은 자기가 직접 도끼를 가지고 호수 위에 바람구멍[5]을 만들어야 한답니다. 친애하는 부인이여!"

나는 그녀에게 이렇게 말해주고 싶었다. 하지만 프랑스어로 '바다표범'이 무엇인지 도무지 생각이 나질 않았다. '고드름'과 '바람구멍'도 확실치 않았다.

"*La Pologne*(폴란드)? *La Pologne*(폴란드)? 거기는 지독하게 춥다

소금 73

면서요? 정말인가요?"

"*Pas du tout*(전혀 안 그런데요)."

나는 얼음처럼 냉랭하게 대답하고 만다.

방랑의 엘레지
Elegia podróżna

모든 것이 내 것이지만, 내 소유는 아니다.
바라보고 있는 동안은 내 것이지만,
기억으로 소유할 순 없다.

가까스로 기억을 떠올린들 불확실할 뿐.
머리를 잘못 맞춘 여신의 조각상처럼.

사모코프[6]에 내리는 비는
멈출 줄 모른다.

파리의 정경은
루브르에서 내 손가락이 가리키는 지점까지
가물가물 희미하게 사라져간다.

생마르탱[7]의 가로수 길,
그곳의 계단은 갈수록 페이드아웃.[8]

내 기억 속에서 '다리의 도시' 상트페테르부르크는
고작 다리 한 개와 반쯤 남은 또 다른 다리의 영상.

가여운 움살라[9]에는
무너진 대성당의 잔해.

소피아[10]에는 얼굴 없이 몸통만 남은
가여운 무희가 있다.

눈동자 없는 그의 얼굴 따로,
동공 없는 그의 눈동자도 따로,
고양이의 동공도 따로.

새롭게 재건된 협곡 위에서
캅카스[11]의 독수리가 날고 있다.
태양의 황금빛은 전혀 사실적이지 않고,
바위는 엉터리 모조품에 불과하다.

모든 것이 내 것이지만, 내 소유는 아니다.
바라보고 있는 동안은 내 것이지만,
기억으로 소유할 순 없다.

헤아릴 수도, 저장할 수도 없는 풍경들
미세한 섬유질이나 모래알,
물방울의 개별적인 세밀함은 더한 법.

나는 나뭇잎의 뚜렷한 윤곽 하나
뇌리에 새기지 못한다.

한 번의 눈짓에 담긴
작별을 내포한 환영의 인사

넘치기도 하고, 모자라기도 한
한 번의 고갯짓.

무제
Bez tytułu

그들은 철저하게 홀로 남겨졌다,
한마디 말도 없이.
철저한 사랑의 부재 속에서 기대할 수 있는 건 오로지 기적뿐.
드높은 구름 위에서 바야흐로 천둥이 울리고, 바위가 굴러 떨어지는 놀라운 기적뿐.
이백만 종의 그리스 신화가 출판되었지만,
그와 그녀를 위한 구원은 어디에도 없다.

누군가가 제발 문간에라도 서 있어줬으면,
무엇이라도 좋으니 그저 잠시라도 나타나줬으면.
기쁜 소식도 좋고, 슬픈 소식도 좋으니,
어디에서 왔건, 어디로 가건 아무 상관 없으니,
미소를 안겨주건, 공포를 불러일으키건 개의치 않을 테니.

하지만 예상을 뒤엎는 일 따위는 결코 일어나지 않는다.
스스로도 '있을 법하지 않은 일'에 대한 기대는 일찌감치 버렸다.
부르주아의 연극에서처럼 이별은 아마도 끝까지 지속되겠지.
멀쩡한 하늘에 구멍이 뚫리고 한 줄기 서광이 비치는 기적은 절대로 없으리라.

만질 수 없는 벽을 뒤로한 채
서로를 불쌍히 여기면서
지극히 상식적인 영상 외에는 아무것도 비추지 않는
거울 앞에 하염없이 서 있다.

두 사람의 모습 말고는 아무것도 투영되지 않는다.
질료質料[12]는 항상 경계를 풀지 않는다.
그것은 본질적으로 넓고도, 길고도, 높기에
땅 위에서, 하늘에서, 사방 구석구석에서
타고난 운명을 사수하기 위해 안간힘을 쓴다.
갑자기 방 안으로 뛰어든 노루 한 마리가
단숨에 우니베르숨[13]을 무너뜨릴 수도 있기에.

뜻밖의 만남
Niespodziane spotkanie

우리는 서로에게 아주 공손하게 대하며,
오랜만에 만나서 매우 기쁘다고 말한다.

우리의 호랑이들은 우유를 마신다.
우리의 매들은 걸어 다닌다.
우리의 상어들은 물에 빠져 허우적댄다.
우리의 늑대들은 훤히 열린 철책 앞에서 하품을 한다.

우리의 독뱀은 번개를 맞아 전율하고,
원숭이는 영감靈感 때문에, 공작새는 깃털로 인해 몸을 부르르 떤다.
박쥐들이 우리의 머리 위로 멀리 날아가버린 건 또 얼마나 오래전의 일이던가.

문장을 잇다 말고 우리는 자꾸만 침묵에 빠진다.
무력하게 미소를 지으면서.
우리 인간들은
대화하는 방법을 제대로 알지 못한다.

금혼식
Złote gody

언젠가 그들은 완전히 별개의 존재였고,
물과 불처럼 확연하게 구별됐었다.
서로의 다른 점을 맹렬히 공격하고픈 열망을 간직한 채
뺏기고 빼앗기를 반복하면서.
아주 오랫동안
그들은 서로를 꼭 끌어안고서,
내 것이 네 것이 되고, 네 것이 내 것이 되었다.
한때 찬란히 작렬하던 번개가 자취를 감추고 난 후
서로의 품 안에서 투명한 공기가 될 때까지
그렇게 오랜 세월 동안 꼭 끌어안고 있었다.

그러다 마침내 해답이 주어졌다.
어느 고요한 밤, 그들은 어둠 속에서, 침묵 속에서,
서로의 눈빛이 무엇을 말하는지 읽을 수 있게 되었다.

성별의 구분 따위는 점차 희미해지고, 비밀은 전부 불에 타버렸다.
 흰 바탕 위에서 모든 빛깔이 자유롭게 섞이듯
 공통된 성향 안에서 상반되는 기질들이 어우러졌다.

둘 중에 누가 두 배가 되고, 누가 사라져버렸는가?
두 사람 몫의 미소로 웃음 짓는 것은 누구인가?
누구의 목소리가 두 개의 음성으로 갈라졌는가?
둘 중에 누가 동의했기에 고개를 끄덕이는가?
숟가락을 입가에 가져가는 건 누구의 의지인가?

누가 누구의 살가죽을 벗겼는가?
누가 살아 있고, 누가 죽었는가?
서로의 손금이 복잡하게 얽혀 있으니, 누구의 손인가?

오랜 심사숙고 끝에 마침내 쌍둥이가 태어난다.
서로를 향한 친밀감, 그것은 가장 위대한 어머니.
둘 중 누구도 자신의 쌍둥이 아이들을 구별하지 못한다.
누가 누구인지 가까스로 기억해낸다.

금혼식 날에, 이 기쁜 날에,
그들은 약속이라도 한 듯 똑같이
창가에 앉은 비둘기를 바라보고 있다.

야스오[14]의 강제 기아 수용소
Obóz głodowy pod Jasłem

어서 써. 써보란 말이야. 평범한 용지 위에 보통 잉크로.
그들에겐 식량이 지급되지 않았다고. 모두가 굶어 죽었다고.
모두라고? 도대체 몇 명이나 되는데?
이곳은 거대한 초원이잖아. 한 사람당
얼마나 많은 잔디가 스러졌을까?
어디 이렇게 써봐. 난 모른다고.
역사는 유골들을 어떻게든 제로(0)의 상태로 결산하려 애쓰고 있다.
천 명에다 한 명이 더 죽어도, 여전히 천 명이라고 말한다.
그 한 명은 마치 이 세상에 존재하지도 않았다는 듯.
상상으로 임신한 태아, 텅 빈 요람,
한번도 펼쳐진 적 없는 철자법 교본,
저 혼자 웃다가, 소리 지르다가, 팽창하는 공기,
공허를 향한 내리막길 계단이 정원으로 이어진다,
가지런히 정렬된, 그 누구의 것도 아닌 공간.

우리는 육체가 되어버린 초원 위에 서 있다.
초원은 마치 매수당한 증인처럼 침묵을 고수한다.
태양 아래서. 초록 빛깔로.
가까운 숲에는 질경질경 씹을 수 있는 나무와

꿀꺽꿀꺽 들이켤 수 있는 수액을 머금은 나무껍질이 있다.
눈이 멀지만 않는다면
일상의 풍경들은 매일매일 어김없이 배급되리라.
산에서는 새 한 마리가 영양 만점 도톰한 날개를 펴서
자신의 부리에 그림자를 드리우고,
텅 빈 주둥이를 벌린 채 입맛을 다시고 있다.
낫처럼 생긴 초승달이 밤하늘에 슬며시 나타나
꿈에 나타난 호밀빵을 쓱싹쓱싹 베어낸다.
이콘[15]에 등장하는 성인聖人의 검은 두 팔은
텅 빈 잔을 손에 든 채 허공을 휘젓고 있다.
가시 돋친 철조망의 날카로운 꼬챙이 위에는
인간의 육신이 꼬치 요리처럼 대롱대롱 매달려 있다.
입속에 흙을 넣은 채 그들이 노래한다.
전쟁이 어떻게 그들의 심장을 관통했는지에 관한
아름다운 노래를.
자, 어디 한번 써보시지. 이곳이 얼마나 고요한지.
그래, 알았어.

우화
Przypowieść

 옛날 아주 먼 옛날에 어부들이 바다 깊은 곳에서 유리병을 낚아 올렸어요. 그 병에는 종이 쪽지가 들어 있었는데, 거기에는 이렇게 써 있었답니다.
 "사람들이여, 나 좀 구해주세요! 나 여기 있어요. 대양이 나를 파도에 싣고서 무인도에 갖다 버렸답니다. 모래사장에 나와 도움을 기다리고 있어요. 서둘러주세요. 나 여기 있을게요."
 "이 쪽지에는 날짜가 누락되어 있군. 틀림없이 이미 늦었을 거야. 유리병이 얼마나 오랫동안 바다를 떠다녔는지도 모르는 일이고."
 첫번째 어부가 말했습니다.
 "게다가 장소도 적혀 있질 않군. 대양이 한둘도 아니고, 어디를 말하는지 통 알 수 없잖아."
 두번째 어부가 말했습니다.
 "늦은 것도 아니고, 멀리 있는 것도 아니야. '여기'라는 섬은 언제, 어디에나 존재하는 법이니까."
 세번째 어부가 말했습니다.
 불현듯 어색한 분위기와 함께 침묵이 흘렀습니다. 보편적인 진실이란 원래 다 그런 법, 생각하기 나름이니까요.

발라드
Ballada

이 노래는 살해당했다가, 갑자기 의자에서 벌떡 일어난
어떤 여인에 관한 발라드.

건전한 의도로 씌어졌고,
한 자 한 자 종이에 기록되었다.

커튼을 열어젖힌 창가에서,
등불을 훤히 밝힌 채 그 일은 벌어졌다.

원하는 사람은 누구든지 그 광경을 목격할 수 있었다.

대문이 굳게 닫히고,
살인자가 계단을 막 뛰어 내려가는 순간,
그녀는 뜬금없는 적막에 놀라 깨어난 생명체처럼
의자에서 벌떡 일어났다.

고개를 좌우로 움직이며,
마치 반지에서 빠져나온 보석처럼
견고하고, 단단한 시선으로 구석구석을 살핀다.

허공을 떠도는 것이 아니라
평범한 마룻바닥 위를,
삐걱대는 판자 위를, 침착하게 한 걸음씩 내딛는다.

범행 후에 남겨진 모든 흔적들을
아궁이에 넣고, 활활 태운다.
사진 한 장 남기지 않고 철저하게.
서랍 밑바닥에 들어 있던 구두끈까지 모조리.

그녀는 목을 졸리지 않았다.
그녀는 총에 맞지 않았다.
보이지 않는 죽음이 그녀를 잠시 엄습했을 뿐.

그녀는 살아 있음을 알리는 신호를 보낼 수도 있고,
여러 가지 사소한 일 때문에 눈물을 흘릴 수도 있다.
심지어는 쥐를 보고 겁에 질려
비명을 지를 수도 있다.
이렇게나 많다.
마음만 먹으면 얼마든지 모방하고 가장할 수 있는
우습고도 하찮은 일들이.

다들 일어나기에 그녀도 일어난 것이다.

다들 걸어다니기에 그녀도 걷고 있는 것이다.

심지어 매일매일 조금씩 자라는 머리카락을 빗질하면서 콧노래를 부르기도 한다.

포도주를 마시며
Przy winie

그는 나를 물끄러미 쳐다본다. 그러곤 내게 '아름다움'을 부여한다.
나는 그 아름다움이 마치 내 것인 양 당연히 받아들인다.
별을 꿀꺽 삼켰으니 행복하기 그지없다.

그의 눈에 비친 누군가의 잔영에서
내 자신의 그림자를 발견하도록
스스로에게 허락한다.
나는 춤을 춘다, 춤을 춘다.
느닷없는 날갯짓에 온몸을 전율하면서.

탁자는 탁자, 포도주는 포도주다.
술잔은…… 술잔은 뭐더라?
술잔은 탁자 위에 덩그러니 놓여 있다.
나는…… 몽상적인 환영이다.
믿을 수 없을 만큼 추상적이고,
뼛속까지 비현실적이다.

하고 싶은 말을 그에게 전부 털어놓는다.
수과瘦果[16]의 별자리를 타고나서

사랑에 목숨을 거는 개미들에 관해서.
맹세하노니, 붉은 포도주가 흩뿌려진
새하얀 장미가 노래를 부른다.

웃음을 터뜨리며 조심스레 머리를 숙인다.
위대한 발명품을 재차 확인하고 점검하듯이.
나는 춤을 춘다, 춤을 춘다.
내 외양을 빚어내고, 내 존재를 품어준
피부 거죽이 경악할 정도로 아름답게.

갈비뼈로 빚어낸 이브, 거품으로 만들어진 비너스,
주피터의 머리에서 나온 미네르바가
나보다 오히려 더 사실적이다.

그가 나를 바라보지 않는 틈을 타
나는 벽에 비친 내 그림자를 찾아 헤맨다.
순간 내 눈에 들어오는 건,
그림을 떼어낸 자리에 뾰족하게 튀어나온 쇠못 한 개.

루벤스의 여인들
Kobiety Rubensa

건장한 여자 거인들, 암컷 무리,
덜컹대며 굴러가는 커다란 술통 같은 온전히 벌거벗은 여인들.
그 여인들이 무참히 짓밟힌 침대 위에 보금자리를 틀고,
먼동이 틀 때까지 입을 벌린 채 잠들어 있다.
동공은 피부 깊숙이 파고들어 가 분비샘을 관통하고,
거기서 누룩이 샘솟아 서서히 스며들어간다, 혈액 속으로.

바로크의 딸들. 케이크 반죽이 반죽 통 안에서 부풀어 오른다,
욕조에선 수증기가 피어오르고, 와인은 붉게 빛난다.
뭉게구름이 만들어낸 살진 새끼 돼지가 하늘을 질주한다,
관능의 신호인 트럼펫 소리가 울려 퍼진다.

오, 코끼리처럼 풍만하고 거대한 여인들이여,
알몸이 되었을 때 오히려 두 배로 팽창한 여인들이여,
격렬한 체위에서 오히려 세 배로 부푼 여인들이여,
오, 기름진 사랑의 양식이여!

그 여인들에겐 말라비틀어진 여동생들이 있었다.
날이 채 밝기도 전에 그 애들은 잠에서 깨어났다.
아무도 보지 못했다, 아직 완성되지 않은 화폭에서

비쩍 마른 소녀들이 거위처럼 가지런히 열을 지어 어디론가 떠나가는 것을.

전형적인 추방자의 모습.
밖으로 튀어나온 갈비뼈, 왜소한 참새를 쏙 빼닮은 손과 발.
소녀들은 견갑골을 움직여 날갯짓을 해보려 애쓴다.

13세기라면 그 애들에게 황금빛 후광을 줄 수도 있었을 텐데.
20세기라면 그 애들에게 화려한 은막을 선사할 수도 있었을 텐데.
그러나 슬프도다, 17세기는 말라깽이를 용납하지 않는다.

이곳에선 심지어 하늘도 둥글게 부풀었으니.
오동통한 천사들과 포동포동 살이 오른 신들.
턱수염을 기른 포이보스,[17] 그가 땀에 젖은 준마를 타고,
뜨겁게 타오르는 침실을 향해 맹렬히 달려가고 있다.

미남 선발 대회
Konkurs piękności męskiej

아래턱에서 발꿈치에 이르기까지 근육이 탱탱하다.
올리브유를 바른 몸 전체가 조명 아래 위풍당당 번들거린다.
막대 모양 비스킷을 타고 꼬불꼬불 올라가는 초콜릿 시럽처럼
근육을 멋지게 뒤틀 수 있는 자만이 최후의 승자가 된다.

사나운 곰을 번쩍 들어 어깨에 둘러멜 수 있어야 한다,
비록 그런 곰 따위는 실제로 존재하지 않을 지라도.
육안으론 보이지 않는 세 마리의 재규어가
단 세 번의 일격으로 털썩, 땅바닥에 쓰러진다.

챔피언은 능숙하게 다리를 벌려 양옆으로 찢고, 자세를 낮추어 바짝 웅크린다.
복근에는 각기 다른 스물다섯 가지 다양한 표정이 담겨 있다.
청중이 열렬히 환호를 보내자
그는 비타민의 위력에 머리 숙여 경의를 표한다.

* * *

난 너무 가까이 있다, 그의 꿈속에 모습을 드러내기엔.
그의 머리 위를 날아다니지도 않고,
그를 피해 나무뿌리 아래로 도망치지도 않는다.
난 너무 가까이 있다.
그물 속 물고기는 내 목소리로 노래하지 않는다.
반지는 내 손가락에서 구르고 있지 않다.
난 너무 가까이 있다. 훨훨 타오르는 거대한 집에는
살려달라고 비명을 지르는 내가 없다.
난 너무 가까이 있다. 내 머리카락에서 종소리가 울리기엔.
난 너무 가까이 있다. 활짝 열린 문 앞에 선 환대받는 손님처럼
안으로 들어서기엔.
언젠가 그의 꿈에서 그러했듯 영문도 모른 채
육체를 벗어나 무력하게 죽는 일은 다시는 없으리라.
난 너무 가까이 있다.
너무나 가까이. '쉬익' 하는 소리가 들려온다.
나는 그 단어의 번쩍이는 껍질을 본다,
품 안에서 웅크린 채 꼼짝도 않는다. 그는 지금 잠들어 있다.
이 순간, 그는 바로 옆에 누워 있는 나보다는
사자가 한 마리밖에 없는 시골 유랑 서커스단에서 표를 받던 소녀,

평생 단 한 번밖에 본 적 없는 그 소녀에게
한 걸음 더 가까이 다가가고 있다.
지금 그의 꿈속에선 그녀를 위해 마련된,
푸르른 창공 아래 눈 덮인 산으로 가로막힌 주홍빛 골짜기가
펼쳐지고 있다.
난 너무 가까이 있다.
하늘에서 그의 품을 향해 추락하기에는.
내 비명 소리는 고작 그를 깨우는 역할밖엔 못할 것이다.
나는 자신의 고루한 모습 속에 갇혀버린
가련한 존재.
나는 자작나무였고, 도마뱀이었다.
피부 색깔을 끊임없이 바꾸며
나는 시간과 허물로부터 빠져나왔다.
내게는 놀란 눈동자 앞에서 감쪽같이 사라지는 재주가 있다.
그것은 요긴하고 소중한 능력이다. 나는 가까이 있다,
너무 가까이 있다. 그의 꿈속에 모습을 드러내기엔.
나는 날카로운 바늘이 촘촘히 박힌 내 어깨를
잠든 그의 머리 밑에서 빼낸다.
모든 바늘의 끄트머리에는
하늘에서 떨어진 천사들이 앉아 있다,
숫자를 셀 수 있도록.

바벨탑에서
Na wieży Babel

"지금 몇 시야?"
"그래요, 난 행복해요, 단지 목에 걸 수 있는 조그만 종이 필요할 뿐예요.
당신이 곤히 잠든 사이 당신의 머리 위에서 딸랑딸랑 울릴 수 있게."
"그러니까 천둥소리를 못 들었단 말이지? 바람이 온통 벽을 뒤흔들고, 탑은 대문의 경첩을 삐걱대면서 커다란 사자처럼 늘어지게 하품을 했다구."
"어떻게 잊을 수가 있겠어요? 그때 나는 어깨에 단추가 달린 평범한 회색빛 드레스를 입고 있었는걸요."
"그 순간 수많은 폭발과 함께 하늘이 갈라져버렸어."
"나는 분명 그곳에 들어갔었다고요. 기억 안 나요? 당신은 분명 혼자가 아니었잖아요."
"그때 난 갑자기 내 시력보다도 더 오래된 듯한 색깔들을 봤어."
"당신이 아무런 약속도 할 수 없다니 정말 유감이네요."
"어쩌면 당신 말이 맞을지도 몰라. 그건 아마 꿈이었을 거야."
"당신 왜 자꾸 거짓말하는 거예요? 왜 날 보면서 그 여자의 이름을 부르는 거죠? 아직도 그 여자를 사랑하나요?"
"오, 그래. 난 당신이 내 곁에 있어줬으면 좋겠어."

"후회는 없어요. 다만 그 문제에 대해서 좀더 고민할 필요가 있을 것 같아요."

"아직도 그 남자를 생각하나?"

"그렇지만 난 울고 있지 않다고요."

"하고 싶은 말, 이게 다야?"

"당신 같은 사람은 이 세상에 또 없을 거야."

"적어도 당신은 솔직하군."

"걱정하지 말아요. 이 도시를 곧 떠날 테니까."

"염려 마. 내가 여기서 떠날게."

"당신은 정말 아름다운 손을 가졌군요."

"그건 이미 아주 오래된 옛일이야. 뼈를 자르지 못한 채 칼날이 비껴갔지."

"괜찮아요, 달링, 괜찮다고요."

"지금이 몇 신지 모르겠군. 하긴, 시간 따윈 아무래도 상관없으니까."

꿈
Sen

　저세상으로 떠난 나의 그 사람, 한 줌의 재로 산화된 사람, 대지의 일부가 되어버린 사람,
　사진 속의 그 모습 그대로 차려입었구나.
　얼굴에는 나뭇잎의 그림자를 드리우고, 양손에는 조개껍질을 든 채,
　나의 꿈을 향해 그가 다가온다.

　그는 결코 꺼지지 않는 어둠 속을 하염없이 배회하고 있다.
　일곱 개의 적막에 일곱 번을 곱하고, 다시 일곱 번을 곱한 적막 속에서,
　<u>스스로</u>를 향해 언제나 열려 있는 공허를 헤집고서.

　그가 세상으로 접근할 수 있는 유일한 통로는 바로 내 눈꺼풀.
　그 안쪽에서부터 그는 서서히 모습을 드러낸다.
　총알이 관통했던 그의 심장이 펄떡거리기 시작한다.
　첫번째 바람이 그의 머리카락을 헝클고 지나간다.

　언제부턴가 우리 둘 사이에는 푸른 초원이 가로놓여 있다.
　하늘이 구름과 새 떼와 함께 지상으로 내려앉는다.
　수평선 너머 적막 속에 화산이 폭발하고
　강물은 바다를 찾아서 아래로, 아래로 흐른다.

어느새 저만치 멀리까지 샅샅이 보인다,
밤과 낮이 동시에 찾아들고
사계절의 기운이 한꺼번에 느껴질 만큼 머나먼 그곳까지.

사각형의 달이 부채를 활짝 편다.
눈송이는 나비와 함께 새처럼 빙글빙글 돌고,
꽃이 만개한 나무에서는 열매가 떨어져 내린다.

그렇게 우리는 서로에게 점점 가까워진다.
눈물 속에서인지, 미소 속에서인지 알 수는 없지만.
한 발자국 서로를 향해 다가선다.
우리는 함께 조개껍질의 고동 소리에 귀를 기울인다.
천 개의 오케스트라가 연주하는 윙윙거림을,
우리 두 사람만을 위한 경쾌한 행진곡을.

물
Woda

빗방울 하나가 내 손바닥에 떨어졌다
갠지스강과 나일강에서 추출된 물

바다표범의 수염에 맺힌, 환희에 찬 서리에서 녹아내린 물
이스[18] 시市와 티레[19] 시의 깨진 물동이에서 흘러나온 물

내 집게손가락 위에서
카스피해는 열린 바다

구름 되어 파리의 상공을 날아다니던
바로 그 루다바강[20]으로 태평양은 유유히 흐른다.

764년
5월 7일 새벽 3시.

물이여, 한순간의 덧없는 네 이름을 부르기에
내 구강 구조는 부족하기 짝이 없구나.

모든 모음을 한꺼번에 발음하며
모든 언어로 동시에 불러야만 하기에.

또한 이름을 부여받을 때까지 미처 기다리지 못한
호수를 위해서는 단호하게 침묵해야 하기에.

호수에 비친 별들이 천상에 없듯이
지상에 호수는 존재하지 않는다.

누군가 물에 빠져 죽어가며 너를 불렀다.
오래전에도 그랬고, 어제도 그랬다.

너는 타오르는 불을 끄고, 집들을 집어삼켰다.
나무와 숲, 도시를 휩쓸어버렸듯이.

너는 교회의 성수반聖水盤 안에도, 창녀의 욕조 안에도 있었다.
입맞춤 속에도, 관 속에도 존재했다.

바위를 물어뜯기도 했고, 무지개에게 먹이를 주기도 했다.
피라미드의 땀방울과 라일락의 이슬 속에도 담겨 있었다.

빗방울 속에서 너는 얼마나 가벼운지.
세상은 얼마나 부드럽게 나를 어루만지는지.

언제 어디서 무슨 일이 일어났던 간에
그것은 모두 바벨[21]의 물속에 생생히 기록되어 있다.

개요
Streszczenie

욥, 육신의 고통과 속박, 인간의 불운에 단련된 사람. 이것은 위대한 시. 죄를 심판하는 신 앞에서 벗들은 욥의 옷가지를 찢어발기며, 그의 죄상을 낱낱이 들추어낸다. 욥은 자신이 정의로웠노라고 힘주어 외친다. 욥은 모른다, 신이 하필이면 왜 그를 선택했는지. 욥은 벗들에겐 아무 말도 하고 싶지 않다. 오로지 신하고만 대화하고 싶을 뿐. 거센 광풍이 휘몰아치는 호숫가에 신이 모습을 드러냈다. 뼛속을 헤집기 전에 신은 먼저 자신의 피조물에 대해 찬사를 늘어놓는다—하늘, 바다, 대지, 그리고 동물들. 베헤못[22]의 위력과 리바이어던[23]의 특별함을. 이것은 위대한 시. 욥은 열심히 귀 기울인다. 본질을 벗어난 신의 이야기에 귀를 쫑긋 세운다. 신이 하고 싶은 이야기는 본질을 벗어난 이야기이므로. 그리하여 욥은 신 앞에서 황급히 스스로를 낮춘다. 마침내 황급히 재난이 밀어닥친다. 욥은 두 배나 많은 당나귀와 낙타와 황소와 양을 되찾는다. 이빨을 드러낸 두개골을 피부가 뒤덮는다. 그렇게 되도록 욥은 묵인한다. 그리고 동의한다. 위대한 걸작을 망치고 싶지 않기에.

헤라클레이토스[24]의 강에서는
W rzece Heraklita

헤라클레이토스의 강에서는
물고기가 물고기를 낚는다,
물고기가 날카로운 물고기로 물고기를 도막낸다.
물고기가 물고기를 짓고, 물고기가 물고기 안에서 산다,
물고기가 무리 지어 다니는 물고기 떼를 피해 도망친다.

헤라클레이토스의 강에서는
물고기가 물고기를 사랑한다,
물고기가 말한다―너의 눈동자는 이른바 천상의 물고기처럼 황홀하게 빛나는구나,
난 너와 함께 공동의 해협을 유유히 헤엄치고 싶어.
무리 중에 가장 아름다운 물고기야.

헤라클레이토스의 강에서는
물고기가 모든 물고기 가운데 바로 그 물고기를 고안해냈다,
물고기가 물고기 앞에 무릎을 꿇고, 물고기가 물고기에게 노래를 불러준다,
물고기가 물고기에게 좀더 가볍게 헤엄을 치자고 부탁한다.

헤라클레이토스의 강에서는

나는 최소한 나무 물고기, 바위 물고기와는 구별되는
개별적인 물고기, 독립적인 물고기이다,
매 순간 나는 은빛 비늘을 가진 아주 작은 물고기들에 대해 기록한다,
어쩌면 그것은 물고기가 아니라
어색한 윙크에 깃든 찰나의 어둠일지도.

찬양의 노래
Wiersz ku czci

그는 이 세상에 단 한 번 존재했었다. 그리고 0이라는 숫자를 생각해냈다.[25]

이름 모를 어떤 나라에서. 오늘날엔 이미 사라졌을지도 모를 미지의 별빛 아래서.

누군가 서약을 했던 무수한 나날들 중 어느 날에.

심지어 그 위대한 발견에 반대한 사람의 이름조차 기록되지 않았다,

오로지 0이라는 개념 말고는.

인생에 대한 고귀한 철학이나 명언은 하나도 남기지 않았다.

어느 날 장미 꽃잎을 따서 0의 모양을 새겨 넣었다든지,

그 장미를 엮어서 꽃다발을 만들었다든지 하는 전설 따윈 없었다.

죽을 때가 되자 백 개의 혹이 달린 낙타를 타고 사막으로 갔다든지,

원시림의 야자수 그늘 아래서 잠들었다는 신화도 없었다.

모래 알갱이 하나까지 모든 것에 대한 셈을 마친 뒤

다시 두 눈을 번쩍 떴다는 동화도 없었다. 대체 어떤 인간이었을까.

사실과 조작 사이의 틈바구니로 우리의 주의력을 흩어놓았다.

그는 모든 운명에 맞서서 꿋꿋하게 저항했다.

자신에게 주어진 각양각색의 모습들을 훌훌 털어버리고자.

마침내 고요가 그를 덮친다, 목소리에 아무런 상처도, 흉터도 남기지 않은 채.

 부재不在가 수평선의 형상으로 탈바꿈했다.

 0은 그렇게 스스로 자신의 이름을 새겼다.

메모[26]
Notatka

첫번째 진열대엔
돌멩이가 놓여 있다.
우리는 그 돌멩이에서
희미하게 긁힌 자국을 본다.
어떤 이들은 말한다.
우연이 정교하게 빚어낸 작품일 뿐이라고.

두번째 진열대엔
이마 뼈의 일부가 놓여 있다.
사람의 것인지, 짐승의 것인지
가늠하기 어렵다.
뼈는 그저 뼈일 뿐.
자, 좀더 가보도록 하자.
여기엔 더 이상 아무것도 없으니.

돌멩이를 부딪쳐 피워 올린 불꽃과
하늘에 뜬 별 사이의
해묵은 공통점만 남았을 뿐.
'비교의 공간'은 오랜 세월 한옆으로 밀려났지만,
보존은 그런대로 잘된 편이다.

비교의 공간이
우리를 종種의 내면에서 끄집어냈다.
꿈의 영역으로부터 꺼내어
'꿈'이라는 단어 앞에 마주 세웠다.
살아 있는 모든 것들이
영원히 태어났다가
죽음 없이 사라지는 꿈으로부터.

비교의 공간이
우리의 머리를 인간을 향해 돌리게 했다.
불꽃에서 별에게로,
하나에서 여럿으로,
각자에서 모두에게로,
관자놀이에서 관자놀이로
360도 회전시켰다.
눈꺼풀도 없는 그것이
우리의 내면을 활짝 열어젖혔다.

하늘은 돌멩이를 남겨둔 채 멀리 날아가버렸다.
막대기는 사방으로 가지를 뻗어
결국 잡목림이 되었다.
뱀은 자신만의 이유가 엉킨 실타래 속에서
독침을 뽑아낸다.
시간은 나무의 나이테 속으로

깊숙이 가라앉았다.
잠에서 깨어난 누군가의 비명 소리가
메아리 되어 사방으로 흩어진다.

첫번째 진열대엔
돌멩이가 놓여 있다.
두번째 진열대엔
이마 뼈의 일부가 놓여 있다.
우리는 동물들을 버리고 떠났다.
자, 이제 누가 우리를 떠나갈 차례인가.
과연 어떤 공통점이 빌미가 될 것인가.
무엇을 무엇과 비교할 것인가.

돌과의 대화
Rozmowa z kamieniem

나, 돌의 문을 두드린다.
—나야, 들여보내줘.
네 속으로 들어가서
주위를 빙 둘러보고,
숨처럼 너를 깊게 들이마시고 싶어.

돌이 말한다.
—저리 가, 난 아주 견고하게 닫혀 있어.
내 비록 산산조각 나더라도
변함없이 굳게 문을 잠글 거야.
부서져 모래가 된들
아무도 들여보내지 않을 거야.

나, 돌의 문을 두드린다.
—나야, 좀 들여보내줘.
난 그저 순수한 호기심으로 널 찾아왔어.
호기심에게 인생이란 절호의 기회잖아.
난 너의 궁전을 거닐고 싶어.
그런 뒤에 나뭇잎과 물방울을 차례로 방문할 거야.
이 모든 걸 다 체험하기엔 시간이 너무 촉박해.

내가 언젠가는 죽는다는 사실이 분명 네 마음을 움직일 거야.

돌이 대답한다.
―나는 돌로 만들어졌어.
그러니까 철저하게 엄숙함을 지켜야 해.
어서 썩 물러나.
내게는 웃음의 근육이란 없어.

나, 돌의 문을 두드린다.
―나야, 들여보내줘.
네 속에 커다란 빈방이 있단 얘길 들었어.
이제껏 아무도 본 적 없는, 허허롭고 아름다운,
그 누구의 발자취도 없는, 고요한 방.
사실은 너도 그 방에 대해 별로 아는 것이 없지?
이제 그만 인정하지 그래?

돌이 응수한다.
―커다랗고 텅 빈 방이지.
그러나 그 안엔 빈자리가 없어.
어쩜 아름다울 수도 있지만
네 보잘것없는 미감美感을 초월한 곳이야.
나에 대해 어깨너머로 대강은 알 수 있겠지만
내 전부를 속속들이 이해할 수는 없을 거야.
나의 외면은 너를 향하는 듯해도
나의 내면은 네게서 온전히 돌아서 있는 걸.

나, 돌의 문을 두드린다.
―나야, 들여보내줘.
네게서 영원한 안식처를 찾는 건 아니야.
나는 불행한 사람도 아니고,
집 없는 떠돌이도 아니야.
내가 사는 세상은 충분히 돌아갈 만한 가치가 있어.
빈손으로 들어갔다 빈손으로 나올게.
내가 진짜 갔다 왔다는 유일한 증거는
어느 누구도 믿지 못할
고작 몇 마디의 말뿐일 텐데.

돌이 대꾸한다.
―들어오지 마.
네게는 함께하겠다는 자각이 전혀 없잖아.
그 어떤 감각도 동참의 자각을 대신할 순 없는 법.
폭넓은 식견을 자랑하는 예리한 관찰력도
함께하고픈 마음이 부족하면 아무런 쓸모도 없잖아.
들어오지 마, 내겐 그저 그런 자각에 대한 느낌만 있을 뿐.
감각의 싹과 상상력만 있을 뿐.

나, 돌의 문을 두드린다.
―나야, 제발 들여보내줘.
네 지붕 밑으로 들어가기 위해
이천 세기씩이나 기다릴 순 없잖아.

돌이 응답한다.
―만일 나를 믿지 못한다면
나뭇잎에게 물어보렴. 나와 똑같이 말할 테니까.
물방울에게 물어보렴. 나뭇잎과 똑같이 말할 테니까.
마지막으로 네 머리에서 솟아난 머리카락에게 물어봐.
갑자기 웃음이 터져 나온다. 박장대소.
비록 나는 웃는 법을 제대로 모르지만.

나, 돌의 문을 두드린다.
―나야, 들여보내줘.

돌이 말한다. ―내겐 문이 없어.

애물단지

(1967)

쓰는 즐거움
Radość pisania

이미 종이 위에 씌어진 숲을 가로질러
이미 종이 위에 씌어진 노루는 어디로 달려가고 있는가?
투사지처럼 자신의 입술을 고스란히 투영하는 옹달샘,
그곳에서 이미 씌어진 물을 마시러?
왜 노루는 갑자기 머리를 쳐들었을까? 무슨 소리라도 들었나?
현실에서 빌려온 네 다리를 딛고서
내 손끝 아래서 귀를 쫑긋 세우고 있다.
"고요"―이 단어가 종이 위에서 버스럭대면서
"숲"이라는 낱말에서 뻗어나온 나뭇가지를
이리저리 흔들어놓는다.

혹시라도 잘못 연결될 수도 있는 글자들이
하얀 종이 위에서 도약을 위해 웅크리고 있다.
겹겹이 포위된 문장들은
구조를 허락하지 않을 것이다.

잉크 한 방울, 한 방울 속에는
꽤 많은 여분의 사냥꾼들이 눈을 가늘게 뜬 채 숨어 있다.
그들은 언제라도 가파른 만년필을 따라 종이 위로 뛰어 내려가
노루를 포위하고, 방아쇠를 당길 만반의 준비가 되어 있다.

사냥꾼들은 이것이 진짜 인생이 아니라는 걸 잊은 듯하다.
여기에선 흑백이 분명한, 전혀 다른 법체계가 지배하고 있다.
눈 깜빡할 순간이 내가 원하는 만큼 길게 지속될 수도 있고,
총알이 유영하는 찰나적 순간이
미소한 영겁으로 쪼개질 수도 있다.
만약 내가 명령만 내리면 이곳에선 영원히
아무 일도 일어나지 않으리라.
내 허락 없이는 나뭇잎 하나도 함부로 떨어지지 않을 테고,
말발굽 아래 풀잎이 짓이겨지는 일도 없으리라.

그렇다, 이곳은 바로 그런 세상.
내 자유 의지가 운명을 지배하는 곳.
신호의 연결 고리를 동여매어 시간을 만들어내고,
내 명령에 따라 존재가 무한히 지속되기도 하는 곳.

쓰는 즐거움.
지속의 가능성.
하루하루 죽음을 향해 소멸해가는 손의 또 다른 보복.

풍경
Pejzaż

이것은 나이 지긋한 거장이 만들어낸 풍경.
나무는 유화 물감 아래 굳건히 뿌리를 내렸고,
오솔길은 목적지까지 정확히 뻗어 있다.
풀잎이 위풍당당 서명을 대신한다.
지금은 틀림없는 오후 다섯 시,
5월은 부드럽게, 그러나 단호하게 억류되었다,
그러므로 나 또한 망설이며, 그 자리에 그대로 멈춰섰다.
내 그리운 이여,
나는 물푸레나무 아래 서 있는 순박한 시골 처녀이기 때문이다.

내가 널 두고 얼마나 멀리까지 떠나왔는지 보라,
내가 걸친 새하얀 모자와 노란색 치마를 보라,
그림 밖으로 뛰쳐나가지 않으려고
얼마나 단단히 바구니를 움켜잡고 있는지도 보라,
낯선 운명 속에서 어떻게 활보하고 있는지
삶의 비밀들로부터 어떻게 벗어나 쉬고 있는지도.

설사 네가 부른다 해도 내 귀에는 들리지 않으리니,
만약 들었다 해도 몸을 돌려 되돌아가진 않으리니,
정녕 내가 그 불가능한 몸짓을 했다고 해도

네 얼굴은 내게 한없이 낯설기만 할 뿐.

나는 10킬로미터 반경 내에서 세상을 안다.
나는 모든 고통을 다스리는 데 필요한 약초와 주문을 안다.
신神은 여전히 내 정수리를 내려다보고 있다.
나는 변함없이 기도를 한다. 갑작스러운 죽음은 맞지 않게 해달라고.
전쟁은 형벌이고, 평화는 포상이다.
수치스러운 꿈은 사탄에게서 비롯되었다.
자두 속에 씨가 박혀 있듯 내 안에는 당연히 영혼이 깃들어 있다.

나는 심장의 유희를 알지 못한다.
내 아이들의 아버지, 그 사람의 나체裸體를 알지 못한다.
구약성서의 위대한 시편을 읽으며,
그 뒤에 잉크 자국으로 얼룩진 무수한 습작 노트가 존재하지 않을까
그런 의심 따윈 품어본 적 없다.
내가 하고픈 말들은 늘 준비된 문장 속에 담겨져 있다.
내 사전엔 절망이란 없다, 왜냐하면 그건 내 몫이 아니니까.
내게 맡겨진 임무는 오로지 '보존하고 유지하는 일'뿐.

내가 걸어가는 이 길을 네가 가로막는다 해도,
내 두 눈을 네가 물끄러미 쳐다본다 해도,
나는 머리카락보다 더 가느다란
심연의 가장자리를 딛고 아슬아슬 너를 지나치리라.

우리 집은 오른쪽에 있고, 나는 근처 지리를 구석구석 꿰뚫고 있다.

집으로 향하는 층층다리를 지나 안으로 통하는 입구로 들어서면 거기에는 미처 화폭에 담기지 못한 또 다른 삶이 펼쳐지고 있다.

안락의자 위로 뛰어 오르는 고양이.

주석으로 만든 주전자에 빛을 드리우는 태양.

테이블 너머, 뼈만 앙상히 남은 한 남자가 앉아

시계를 고치는 중.

사진첩
Album

가족 중에서 사랑 때문에 죽은 이는 아무도 없다.
한때 일어난 일은 그저 그뿐, 신화로 남겨질 만한 건 아무것도 없다.
아마도 로미오들은 결핵으로? 어쩌면 줄리엣들은 디프테리아로?
어떤 사람들은 늙어빠진 노년이 될 때까지 오래오래 살아남았다.
눈물로 얼룩진 편지에 답장이 없다는 이유로
이승을 등진 사람은 아무도 없다.
마지막에는 코에 안경을 걸치고, 장미 꽃다발을 든
평범한 이웃 남자가 등장하기 마련이다.
정부의 남편이 갑자기 돌아와
고풍스러운 옷장 안에서 질식해 죽는 일도 없다!
구두끈과 만틸라,[1] 스커트의 주름 장식이
사진에 나오는 데 방해가 되는 일도 없다.
아무도 영혼 속에 보스[2]의 지옥을 품고 있지 않다!
아무도 권총을 들고 정원으로 나가진 않는다!
(어떤 이들은 두개골에 총알이 박혀 죽기도 했지만, 전혀 다른 이유에서였다.
그들은 야전 병원의 들것 위에서 사망했다.)
심지어 무도회가 끝난 뒤 피로로 눈자위가 거무스레해진
저 황홀한 올림머리의 여인조차도

뇌출혈로 세상을 떠났다,

네가 아닌 댄스 파트너에게 상처를 남긴 채, 그리고 아무런 미련도 없이.

이 은판 사진[3]이 탄생하기 전, 아주 오래전에 살았던 그 누군가라면 또 모를까.

내가 아는 한 이 사진첩에 있는 사람들 가운데 사랑 때문에 죽은 이는 아무도 없다.

슬픔이 웃음이 되어 터져 나올 때까지 하루하루 무심하게 세월은 흐르고,

그렇게 위안을 얻은 그들은 결국 감기에 걸려 죽었다.

웃음
Śmiech

언젠가 바로 나였던 그 소녀,
나는 물론 그 애를 안다.
소녀의 짧은 생애를 담고 있는
몇 장의 사진을 나는 갖고 있다.
몇 줄의 시구를 쓸 수 있을 만큼
유쾌한 연민도 느끼고 있다.
몇몇 사건들 또한 생생히 기억한다.

그러나
지금 이 순간 나와 함께 있는 이 남자가
웃음을 터뜨리며 나를 꼭 끌어안을 수 있게,
오로지 한 가지 추억만 회상하련다.
작고 못생긴 소녀의
어린 시절 풋사랑을.

이야기를 들려주마.
소녀가 어떻게 그 대학생을 사랑했는지.
그러니까 그녀는 그가 자신을
쳐다봐주기를 원했다.

이야기를 들려주마.
그를 만나기 위해 어떻게 한걸음에 달려갔는지.
멀쩡한 머리에 붕대를 감고
오, 무슨 일이야,
그가 한마디라도 물어봐주기를
간절히 바라면서.

세상 물정 모르는 조그만 계집아이가
어떻게 알 수 있었으랴,
만일 팔자가 좋아
오래오래 살 수만 있다면
결국엔 절망조차 득이 된다는 사실을.

소녀에게 과자라도 사 먹으라며 돈 몇 푼 쥐어줄 수 있었을 텐데.
소녀에게 영화라도 보러 가라며 돈 몇 푼 쥐어줄 수 있었을 텐데.
어서 가, 내겐 시간이 없다구.

이미 불은 모두 꺼져버렸다는 걸
너도 알잖아.
아마 넌 이해하겠지.
벌써 오래전에 문은 닫혀버렸다는걸.
문고리를 잡아당기지 마.
웃음을 터뜨리던 그 남자,
나를 끌어안던 그 남자,
그는 먼 옛날, 너의 그 대학생이 아냐.

네가 왔던 그곳으로
되돌아가는 게 제일 좋을걸.
난 네게 아무것도 빚진 게 없다구.
그저 평범한 여자일 뿐인걸.
언제쯤 타인의 비밀을 누설하면 되는지
본능적으로 알고 있는.

그렇게 우리를 쳐다보지 말라구.
마치 죽은 자의 눈처럼
비정상적으로 크게 부릅뜬
그런 눈으로.

기차역
Dworzec

내가 N시市에 가지 않은 그 일은
정확히 시간 맞춰 일어났다.

발송되지 않은 편지가
네게 미리 예고를 해주었고,

예정된 시각에 너는 가까스로
역에 오지 않을 수 있었다.

기차가 3번 플랫폼으로 들어왔고,
많은 사람들이 내렸다.

나의 부재不在는 인파 속에 섞여
출구를 향해 걸어간다.

황망함 속에서
몇몇 여인들이 서둘러
나를 대신했다.

그중 한 여인을 향해

내가 모르는 어떤 사람이 달려갔지만
그녀는 그를 알아보았다,
그것도 당장에.

내 것이 아닌
트렁크가 분실되었을 때,
두 사람은 우리의 입맞춤이 아닌
낯선 입맞춤을 서로 나누었다.

N시의 기차역은
'객관적으로 존재하라'는 시험에
훌륭하게 통과했다.

전체는 있어야 할 그 자리를 고수하고 있고,
세부적인 사항들은 지정된 철로를 따라
부지런히 움직이고 있다.

심지어 약속된 만남조차
늘 어김없이 이루어졌다.

철저하게 우리의 현존이 미치는
범위 밖에서.

있음 직한 개연성을 상실한
파라다이스에서.

어딘가 다른 곳에서.
어딘가 다른 곳에서.
이 작은 낱말 조각들이
얼마나 커다란 울림을 갖고 있는지.

살아 있는 자
Żywy

우리가 할 수 있는 건 포옹하는 것.
살아 있는 그를 감싸 안는 것.
오직 요동치는 심장으로만
그를 포획할 수 있기에.

우리의 모계 혈통을 이어받은 거미들이
그를 보자마자 혐오감에 줄행랑을 쳤기에
그는 거미들에게 통째로 잡아먹히지 않으리라.

그의 머리가 사면을 받은 아득한 옛날부터,
우리의 어깨에 기대어 쉴 수 있는
특권이 부여되었다.

복잡하게 얽히고설킨 천 가지도 넘는 이유 때문에
우리는 그의 숨소리에
열심히 귀 기울이는 습관을 갖게 되었다.

중세의 기적극[4]은 야유와 조롱 속에 막을 내렸다.
범죄는 철저하게 진압되었다.
여성들의 전유물인 공포에 대한 상속권은 박탈당했다.

이따금 손톱들만 남아
반짝이다가, 부러지다가, 점점 닳아 소멸될 뿐.
그들은 알고 있을까,
아니 짐작조차 할 수 있을까,
이 손톱이 막대한 재산 가운데
마지막으로 남겨진 은화 한 닢이란 사실을.

우리를 보면 도망쳐야 한다는 사실조차
그는 까맣게 잊어버렸다.
목덜미 위에 돋아난
천 개의 눈을 부릅뜬 공포가 무엇을 의미하는지,
그는 미처 알지 못한다.

그 모습은
가까스로 이 세상을 향해 두 발을 내디딘 듯
힘겹게만 보인다.
우리 모두가 그랬듯.
우리의 모습 그대로.

뺨 위에는 속눈썹이
애원의 그림자를 드리우고,
쇄골 사이에는
회한에 젖은 땀방울이 시냇물처럼 고여 있다.

지금 우리가 쳐다보고 있는 바로 그 모습 그대로
그는 조용히 잠들어 있다.
시효가 만료된 죽음과의 포옹 속에서
그는 믿음직스럽기 그지없다.

태어난 자
Urodzony

그러니까 이 여인이 그의 어머니다.
작은 키의 여인.
회색빛 눈동자를 지닌 생명의 근원.

몇 년 전 그를 태우고
물가로 떠내려온 조각배.

그는 그 조각배에서 탈출했다.
세상으로,
영원이 아닌 이곳으로.

나와 함께 불꽃을 뛰어넘은
그 남자를 출산한 여인.

그녀는 완제품이 아닌
미완성의 그를 선택한
유일한 여인이다.

내겐 이미 친숙한 그의 살갗을 가져다가
내 눈에는 보이지 않는

그의 뼈대에다 동여맨 장본인이다.
철저하게 혼자 힘으로.

나를 바라보던
그 짙은 회색빛 눈동자를
그녀가 발견해냈다.

그 여자, 그 남자의 알파.
그는 왜 내게 그녀를 보여주었을까.

태어난 자.
그 남자는 그렇게 태어났다.
이 세상에 태어난 다른 모든 이들처럼.
언젠가는 죽게 될 나처럼.

진짜 여인의 아들.
육신의 깊은 곳에서 막 허물을 벗고 나온 신참내기.
오메가를 향한 방랑자.

매 순간
사방에서
자신의 부재不在를
위협당하는 존재.

그의 머리.

그것은 끊임없이 자신을 가로막는
벽을 향해 사정없이 부딪혔다.

그의 행동.
그것은 보편적인 평판에서 벗어나려는
일종의 도피였다.

나는 이해할 수 있었다.
그가 이미 그 길의 절반을 지나왔다는 걸.

그러나 그는 내게 그 사실을 말하지 않았다.
전혀 말하지 않았다.

"이분이 내 어머니야."
오직 이 한마디만 했을 뿐.

인구 조사
Spis ludności

언젠가 트로이 대제국이 우뚝 서 있던 그 언덕에서
일곱 개의 도시가 발굴되었다.
일곱 개의 도시. 한 편의 서사시를 노래하기에
여섯 개는 너무나 많다.
그것들이 과연 무슨 소용이란 말인가.
육보격六步格의 시는 완전히 붕괴되어버렸다.
갈라진 틈바구니에서 논픽션의 벽돌이 삐죽 튀어나온다.
무성영화에서처럼 벽이 고요히 무너져 내린다.
대들보가 붕괴되고, 쇠사슬이 끊어진다.
마지막 한 방울의 수분까지 남김 없이 말라버린 녹슨 주전자.
다산多産을 기원하는 부적, 과수원의 씨앗들,
내일 떠오를 달처럼 손으로 확연히 만질 수 있는 두개골들.

태고의 퇴적물들이 우리 옆에 빼곡히 쌓여간다.
공급 과잉으로 넘쳐날 지경.
난폭한 불법거주자들이 역사 속에서 쳐들어왔다.
고기 자르는 기다란 칼을 양손에 든 유목민들,
헥토르의 용맹에 결코 뒤지지 않는 무명용사들,
수천 명의 개별적인 얼굴들,
매 순간 처음이고 마지막인 그 얼굴들,

제각기 범상치 않은 한 쌍의 눈을 가진 얼굴들.
이런 사실을 모른 채 살아가는 동안은 얼마나 편했는지.
눈물도 훨씬 많았고, 공간도 훨씬 넓었다.

과연 그들을 어떻게 할 것인가. 그들에게 무엇을 줄 것인가?
인구밀도가 유달리 낮았던 어떤 시대를 골라 줄까?
아니면 그들의 금세공 기술을 인정해줄까?
최후의 심판은 이미 너무 늦어버렸다.
우리, 30억 명의 판사들 앞에는
각자의 사적인 문제들이 산재해 있기에.
말주변이라곤 전혀 없는 군중들과
무수한 기차역들, 야외 경기장의 특별관람석, 다양한 행진과 시위들,
이국땅의 수많은 거리들, 계단과 벽들.
우리들은 백화점에서 새로운 물 주전자를 구입하면서
그렇게 영원히 서로를 스쳐 지나간다.
호메로스[5]는 현재 통계청 사무실에서 근무하고 있다.
퇴근 후 집에 가서 그가 뭘 하는지는 아무도 모른다.

참수 斬首
Ścięcie

'데콜타쥬decolletage'⁶의 어원은 '데콜로decollo.'
라틴어로 '데콜로'는 '목을 자른다'는 뜻.
스코틀랜드 여왕 메리 스튜어트⁷는
사형 집행에 딱 맞는 슈미즈 드레스⁸를 입고 단두대에 올랐다.
목 부분이 길게 파인 그 슈미즈는
목에서 흘러나온 피처럼 선명한 붉은색.

바로 그 순간,
영국 여왕 엘리자베스 튜더⁹는
자신의 한적하고, 호화로운 방에서
눈처럼 새하얀 드레스를 입고 창가에 서 있었다.
턱 바로 아래까지 의기양양하게 단추를 채우고서.
빳빳하게 풀을 먹인 깃 가장자리엔 화려한 주름 장식.

두 여자는 동시에 이렇게 생각했다.
"신이여, 제게 자비를 베푸소서."
"정의가 언제나 내 편에 머물기를……"
"산다는 건 결국 난관에 부딪히는 것."
"어떤 곳에선 제빵사의 딸을 '부엉이'라고 우기기도 한다."¹⁰
"이것은 절대로 끝나지 않을 것이다."

"벌써 다 끝났다."
"아무것도 없는 이곳에서 내가 뭘 하고 있는 거지?"

드레스의 차이점—그렇다, 그 점을 분명하게 인식하자.
나머지 세부적인 항목들은
절대로 동요되지 않는 법이니.

피에타[11]
Pietá

영웅이 탄생한 작은 마을에서,
동상을 바라보며, 그 커다란 규모에 찬사를 보내라.
텅 빈 박물관 문간에서 훠이훠이 암탉 두 마리를 쫓아내라.
어머니가 살고 있는 곳을 알아내라.
문을 두드려라. 삐걱대는 대문을 밀어젖혀라.
어머니는 허리를 꼿꼿이 세운 채 말끔히 빗어 넘긴 머리에, 밝은 시선을 던지리라.
폴란드에서 왔노라고 당당히 말하라.
어머니께 인사하라. 분명하게, 큰 소리로 안부를 물어라.
그렇다, 그녀는 그를 매우 사랑했다. 그렇다, 그는 늘 그대로였다.
그렇다, 그날 그녀는 감옥의 담벼락 옆에 서 있었다.
그렇다, 그녀는 총격 소리를 들었다.
녹음기와 촬영기기를 가져오지 않은 걸 후회하라.
그렇다, 그녀는 언젠가 그 기계들을 본 적이 있다.
그녀는 라디오 프로그램에서 그의 마지막 편지를 읽었다.
텔레비전에 출연해서 오래된 자장가를 불렀다.
한번은 영화를 찍다가 스포트라이트 때문에 눈물을 흘린 적도 있었다.
그렇다, 기억은 그녀를 감동시킨다.
그렇다, 그녀는 약간의 피로를 느낀다. 하지만 곧 사라질 것이다.

일어나라. 감사의 인사를 전하라. 작별하라.
복도에서 차례를 기다리는 여행객들을 스쳐 지나가면서 그곳을 떠나라.

결백
Niewinność[12]

인간의 머리카락으로 만든 매트리스 위에서 그 여자는 아이를 잉태했다.
게르다. 에리카. 어쩌면 마르가레타일 수도 있다.
그녀는 모른다,
인간의 머리카락으로 만든 매트리스에 관해서는 정말 아무것도.
이런 종류의 소문은
타인들에게 퍼뜨리기도, 스스로 납득하기도 어려운 법.
그리스 신화 속의 에리니에스 여신들[13]은 지극히 공정하다.
그들의 쥐꼬리만 한 과장이 오늘날 우리의 신경을 얼마든지 자극할 수 있다.

이르마. 브리지다. 어쩌면 프레데리카일 수도 있다.
대충 스물두 살, 아님 그보다 조금 더 많거나.
세 가지 외국어를 여행에 불편이 없을 만큼 익숙하게 구사할 수 있다.
회사는 그녀에게 수출의 임무를 맡겼다.
합성 섬유로 만든 최고급 매트리스.
무역을 통해 다양한 인종들이 가까워진다.

베르타. 울리케. 어쩌면 힐데가르다일 수도 있다.

별로 예쁘지는 않지만, 키가 크고 날씬하다.
뺨과 목, 가슴, 허벅지와 배는
만개한 꽃봉오리처럼 피어올랐고, 신선한 광채가 어려 있다.
유럽의 해변들을 기쁨에 넘쳐 사뿐사뿐 맨발로 돌아다니는 그녀는
눈부시게 빛나는 풍성한 머리카락을 무릎까지 길게 늘어뜨렸다.

담당 미용사의 충고 한 마디.
"자르지 않는 편이 좋겠습니다.
일단 한번 잘라내고 나면, 결코 이렇게 탐스럽게 자랄 수가 없거든요.
제발 내 말을 믿어주세요.
이건 이미 검증된 사실이라니까요.
tausend–und tausendmal(천 번—, 그리고 또 천 번이나)."

베트남
Wietnam

여인이여, 그대 이름은 무엇이냐? ―몰라요.
어디서 태어났으며, 어디 출신인가? ―몰라요.
왜 땅굴을 팠지? ―몰라요.
언제부터 여기에 숨어 있었나? ―몰라요.
왜 내 약지를 물어뜯었느냐? ―몰라요.
우리가 당신에게 절대로 해로운 짓을 하지 않으리라는 걸 아는가? ―몰라요.
당신은 누구 편이지? ―몰라요.
지금은 전쟁 중이므로 어느 편이든 선택해야만 한다. ―몰라요.
당신의 마을은 아직 존재하는가? ―몰라요.
이 아이들이 당신 아이들인가? ―네, 맞아요.

호텔에서 끼적인 구절들
Pisane w hotelu

교토는 운이 좋았다.
행운도 따랐고, 고궁도 있다.
날개 달린 지붕과
열을 지어 늘어선 계단도 있다.
노쇠했지만 요염하다.
바위처럼 무감각하지만, 살아 움직인다.
하늘에서 대지를 향해 자라는 나무로 지어진 듯하다.
교토는 눈물이 날 만큼
아름다운 도시이다.

한 남자의
진심 어린 눈물이 있었다.
유적에 관해서라면 모르는 게 없는
최고의 전문가이자 애호가인 그 남자는
마지막 결정의 순간
초록색 탁자에 앉아
이렇게 외쳤다.
"교토보다 더 못한 도시들도 많잖아!"
그러곤 의자에 앉아
울음을 터뜨렸다.

적어도 히로시마보다는 아름다운 도시임에 분명한 교토는
그렇게 구제되었다.

그러나 이것은 이미 아득한 먼 옛날의 일.
영원히 이 문제에만 매달릴 순 없잖은가.
앞으로 어떻게 될 것인지 끊임없이 묻고,
또 물을 수만도 없잖은가.

날마다 역사를 조망하면서
아직까진 버틸 수 있을 거라 믿어본다.
끊임없는 위험 속에서
나는 사과를 베어 물 수가 없다.

프로메테우스, 또는 다른 누군가가
소방관의 철모를 쓰고 돌아다니는 소리,
손자들을 보면서 기뻐하는 소리가
내 귓가에 들려온다.

이 시를 쓰면서
망설인다.
이 안에 담긴 내용이
과연 몇 년 동안 사람들에게 웃음을 줄 수 있을까.

공포가 나를 엄습하는 건

이제는 아주 뜸한 일.
여행 중에
혹은 낯선 도시에서 그럴 뿐이다.

거기, 고전적인 돌담과
너무도 당연히 고풍스런 낡은 탑이 있는 곳,
새로운 행정구역의 성냥갑 같은 빌딩 숲,
대충 만든 거푸집에서 떨어져 나온 석고 부스러기가 있는 곳.
그게 전부다.
그리고 힘없는 나무 한 그루.

전문가이자 애호가인,
그 예민한 남자가
그곳에서 과연 무엇을 할 수 있을까.

고대의 신이여, 석고상 안에 갇혀버린 것을 후회하라.
고전주의여, 공장에서 대량 생산된 이 반신상半身像을
한탄하라

이제 공포가 나를 엄습하는 건 뜸한 일이다.
여느 도시와 별반 다를 게 없는 어느 도시에서나 그럴 뿐.
낙숫물이 떨어지는 홈통과
별빛 아래 갓난아기처럼 울어대는
고양이 한 마리가 보이는 호텔 방에서.

물병이나 찻잔, 컵받침이나 병풍에 그려진 풍경보다
더욱더 많은 인파들이 북적대는 도시에서.

내가 알고 있는 거라곤
다음과 같은 사실 하나 뿐인 도시에서.
이곳은 교토가 아니라는 것,
틀림없이 교토가 아니라는 것.

1960년대 영화
Film-lata sześćdziesiąte

저기 서 있는 성인成人 남자. 땅을 딛고 선 인간.
100억 개의 신경 세포.
300그램의 심장과 그 안에 담겨진 5리터 가량의 혈액.
무려 30억 년 동안 끊임없이 생성되어져온 개체.

초기에는 어린 소년의 모습이었다.
어린 소년은 아주머니 무릎 위에 머리를 포갰다.
그 어린 소년은 지금 어디에 있을까, 무릎은 또 어디로 사라졌을까.
어린 소년은 이미 너무 커버렸다. 아, 더 이상 그 어린 소년이 아니다.
저 거울들은 잔인한 데다가, 아스팔트처럼 매끄럽기까지 하다.
어제 그는 고양이를 차로 치어 죽였다. 그래, 그건 꽤 괜찮은 아이디어였어.
이 시대의 끔찍한 지옥으로부터 고양이를 해방시켰으니.
자동차에 타고 있던 소녀가 속눈썹을 깜빡이며 그를 바라본다.
이건 아니야, 그녀는 그가 원하던 무릎을 갖고 있지 않았다.
실제로 그가 바란 건 모래사장에 길게 누워 마음껏 숨을 내쉬는 것.
그는 세상과 아무런 공통점도 갖지 못했다.

자신이 손잡이가 부서진 주전자 같다고 여겼다.

뭐, 주전자는 귀퉁이가 깨진 것도 모른 채 여전히 물을 길어 나를 테지만.

이것은 사뭇 경이로운 일이다. 고난을 무릅쓰고 묵묵히 제 몫을 다하는 누군가가 있다는 건.

집은 이제 다 지어졌다. 문고리엔 조각이 새겨졌다.

나무에는 어린 가지가 접목되었다. 이제 곧 서커스단이 공연을 시작하리라.

'전체'는 현재 상태를 고스란히 유지하고 싶다, 비록 '부분'의 결합으로 탄생되었더라도.

sunt lacrimae rerum(이것은 존재가 흘린 눈물)[14] 마치 접착제처럼 끈적끈적하고, 견고한 액체.

이 모든 것들은 단지 부수적인 배경일 뿐, 언제나 본질에서 한 발짝 비껴나 있다.

그의 내면에는 극심한 어둠이 있고, 어둠의 한가운데에 예의 그 어린 소년이 있다.

무엇이든 그에게 해주소서, 유머의 신이여,

어떻게든 그에게 웃음을 주소서, 유머의 신이여,

병원에서 작성한 보고서
Relacja ze szpitala

누가 그를 만나러 갈까. 우리들은 성냥개비로 제비뽑기를 했습니다.
내가 당첨됐네요, 나는 식탁에서 벌떡 일어났습니다.
병원의 면회 시간이 점점 가까워오고 있었습니다.

문안 인사에 그는 아무런 대답도 하지 않았습니다.
손을 꼭 잡아주고 싶었지만, 그는 오히려 제 손을 뒤로 뺐습니다.
뼈다귀를 감추고, 절대로 내놓지 않으려는 굶주린 강아지처럼.

그는 죽는다는 사실을 수치스럽게 여기는 듯 했습니다.
그런 처지에 놓인 사람에겐 무슨 말을 해야 할지 통 알 수가 없었습니다.
합성 사진 속의 인물들처럼 우리의 시선은 스치고, 엇갈렸습니다.

그는 그만 가달라고도, 곁에 있어달라고도 하지 않았습니다.
식탁에 함께 앉았던 사람들 중 그 누구의 안부도 묻지 않았습니다.
볼레크, 너에 대해서도. 톨레크, 너에 대해서도. 롤레크, 너에 대해서도.[15]

갑자기 머리가 아파오네요. 죽는 자는 누구이고, 애도하는 자는 누구인가요?
나는 유리컵에 꽂힌 세 송이의 제비꽃에 관해,
현대 의약품의 놀라운 효력에 관해 찬사를 늘어놓았습니다.
태양에 대해 주절주절 떠들다가 불을 껐습니다.

아래로 뛰어 내려갈 수 있는 계단이 있다는 건, 얼마나 고마운 일인지.
와락 열어젖힐 수 있는 문이 있다는 건, 얼마나 다행스런 일인지.
아직도 너희들이 식탁에 둘러앉아 나를 기다리고 있다는 건, 또 얼마나 기쁜 일인지.

병원 냄새는 내게 구토를 불러일으킵니다.

철새들의 귀환
Przylot

그해 봄, 철새들은 또다시 너무 일찍 돌아왔다.
이성理性이여 기뻐하라, 본능 또한 실수를 저지를 수 있음에.
본능이 꾸벅꾸벅 졸며 방심하는 사이, 철새들은 눈 속에 추락하여
어이없이 죽음을 맞는다.
정교한 인후咽喉와 예술적인 발톱,
건실한 연골과 진지한 물갈퀴,
심장의 배수구와 창자의 미로,
갈비뼈 사이의 가지런한 통로와 열을 지어 곧게 뻗은 근사한 척추,
공예품 박물관에나 어울릴 듯 멋들어진 깃털,
참을성이 다소 부족해 보이는 부리에는 도무지 어울리지 않게
지극히 황당한 죽음을 맞는다.

이것은 애도의 노래가 아니라, 단지 분노의 표현일 뿐.
눈부시게 깨끗한 순백의 천사,
구약성서 시편에 자주 등장하는, 땀구멍을 가진 나르는 연鳶,
공중에서는 한없이 개별적이어서 우리 손으로는 셀 수 없는 존재,
아리스토텔레스의 고대극에서처럼
시간과 장소의 일치 속에 긴밀하게 연결된 세포조직들이
힘찬 날갯짓에 환호를 받으며

바닥으로 곤두박질한다.
그러곤 바위 옆에 쓰러진다.
바위는 자신만의 고풍스럽고, 소박한 태도로
미수未遂에 그친 시도를 바라보듯,
담담하게 생명체를 응시한다.

안경원숭이[16]
Tarsjusz

나는 안경원숭이, 안경원숭이의 아들.
안경원숭이의 손자이며, 안경원숭이의 증손자.
두 개의 동공과
그 밖에 꼭 필요한 요소들이 결합된 조그만 피조물.
계속되는 진화로부터 나는 기적적으로 구출되었죠.
내 고기가 기막힌 맛을 내는 것도 아니고,
내 모피로는 털 코트의 깃 하나 만들기도 부족하니까요.
내 침샘이 다른 동물들처럼 행운의 부적으로 쓰이는 것도 아니고,
내 창자로 음악회에 사용할 현악기 줄을 만들 수도 없는 노릇이니까요.
나는 안경원숭이,
인간의 손가락 위에 산 채로 덩그러니 앉아 있습니다.

친애하는 주인님, 안녕하세요,
내게서 아무것도 빼앗아갈 필요가 없으니
그 대가로 무엇을 주실 건가요?
주인님의 너그러운 아량으로 어떤 보상을 베푸실 건가요?
나는 돈으로 살 수 없을 만큼 고귀한 존재.
당신의 미소를 똑같이 흉내 낸 대가로
얼마나 많은 상금을 하사하실 건가요?

관대하신 주인님,
너그러우신 주인님,
그 어떤 피조물에게도 가치 없는 죽음은 없다는 사실을
과연 누가 증언해줄까요?
당신들 자신이 입증할 건가요?
당신들이 이미 스스로에 대해 알고 있는 사실들은
별을 헤아리며 불면의 밤을 견디는 데 도움이 될 거에요.

가죽이 통째로 벗겨진다든지, 뼈가 뽑히거나 깃털이 갈기갈기 찢기지 않은
우리 가운데 몇몇 피조물들만이
가시와 비늘과 송곳니와 뿔을,
그리고 단백질의 착상으로 만들어진
그 밖의 다른 것들을 무사히 간직할 수 있었습니다.
친애하는 주인님, 우리는 당신의 꿈,
잠시나마 당신의 결백을 입증할 수 있는 백일몽입니다.

나는 안경원숭이, 내 아버지와 할아버지도 모두 다 안경원숭이.
다른 짐승들의 절반밖에 안 되는 조그만 몸집을 가진 피조물,
하지만 전체를 놓고 보면 무엇 하나 모자란 게 없는 완벽한 존재.
나는 너무나 가벼워서 가느다란 나뭇가지 위를 사뿐히 뛰어오를 수도 있었고,
벌써 오래전에 하늘 위로 튕겨져 올라 날아갈 수도 있었습니다.
심장에 박힌 감상적인 돌멩이 때문에

한 번, 또 한 번,
자꾸만 밑바닥으로 추락하지 않았더라면.

나는 안경원숭이,
스스로 너무나 잘 알고 있답니다.
안경원숭이가 될 수밖에 없었던 본질적인 당위성에 대해서.

일요일에 심장에게
Do serca w niedzielę

내 심장아, 정말 고맙다,
보채지도, 소란을 피우지도 않아서.
타고난 성실성과 부지런함에 대해
그 어떤 보상도, 아첨도 요구하지 않아서.

너는 1분에 70번의 공로를 세우고 있구나.
네 모든 수축은
마치 세계일주 여행을 떠나는
조각배를 바다 한가운데로
힘차게 밀어내는 것 같구나.

내 심장아, 정말 고맙다,
한 번, 또 한 번,
나를 전체에서 분리시켜줘서,
심지어 꿈에서조차 따로 있게 해줘서.

내가 늦잠을 자지 않고 비행시간에 맞출 수 있게 해줘서,
날개가 필요 없는 비행 말야.

내 심장아, 정말 고맙다,

내가 또다시 잠에서 깨어날 수 있게 해주어서.
비록 오늘은 일요일,
안식을 위해 마련된 특별한 날이지만,
내 갈비뼈 바로 아래쪽에선
휴일을 코앞에 둔 분주하고, 일상적인 움직임이
여전히 계속되고 있다.

곡예사
Akrobata

공중그네에서 공중그네로.
북소리가 멈춘 뒤 갑자기 찾아든 적막 속에서,
느닷없이 놀란 공기를 헤집고 관통하면서,
또다시, 한 번 더 추락의 타이밍을 비껴난
육신의 무게보다 한 템포 더 빠르게.

그는 솔로였다. 아니 솔로보다 더 작고, 부족한 존재였다,
절름발이였기에, 날개를 잃어버렸기에.
이 모든 결핍과 부족은 그에게 너무나 큰 의미였기에,
결국 그는 깃털 하나 없이 적나라하게 벌거벗은 시선 속에서
부끄러움을 무릅쓰고, 풀쩍, 하늘 높이 날아오를 수밖에 없었다.

힘겹지만 가볍게,
끈질긴 민첩함으로,
치밀하게 계산된 영감 속에서.
너는 보고 있느냐, 비행의 순간을 낚아채기 위해
얼마나 오랫동안 숨죽이고 기다려야 했는지.
너는 아느냐, 자신이 지닌 신체적 한계를 극복하기 위해
머리에서 발끝까지 얼마나 치밀한 전략을 세워야만 했는지.

너는 아느냐, 두 눈으로 똑똑히 보고 있느냐,
그가 얼마나 절묘하게 자신의 체형을 단련하고 바꿨는지를.
흔들리는 세상을 손아귀에 포착하기 위해
그는 새로이 만들어낸 양팔을 앞으로 곧게 뻗었다.

바로 그 순간, 벌써 화살처럼 저만치 달아나버린 그 짧은 찰나에
그의 두 팔은 이 세상 그 무엇보다도 위대했다.

다산을 기원하는 구석기 시대의 페티시즘[17] 상징물

Fetysz płodności z paleolitu

위대한 어머니는 얼굴이 없다.
무엇 때문에 위대한 어머니에게 얼굴이 필요하겠는가.
얼굴은 충실하고, 정숙하게 몸의 일부로 머무르질 못한다.
얼굴은 몸에게 훼방을 일삼는 신성치 못한 존재다.
육신의 장엄한 일치와 조화를 방해할 뿐.
위대한 어머니에게 얼굴이란
한가운데 눈먼 배꼽이 새겨진 볼록한 배와 다름 아니다.

위대한 어머니는 발이 없다.
위대한 어머니에게 무엇 때문에 발이 필요하겠는가.
대체 어디를 헤매고 다닌단 말인가.
세상의 사소한 문제에 끼어들 필요가 뭐가 있겠는가.
위대한 어머니는 이미 자신이 원하던 그곳으로 떠났다.
거기서 살갗을 팽팽하게 긴장시킨 채 열심히 보초를 서고 있다.

거기 저편에도 또 다른 세상이 있는가? 뭐, 아무래도 좋다.
그곳은 풍요로운가? 그렇다면 더욱 좋다.
아이들에겐 분주히 달려갈 어딘가가 있고,
고개 들어 바라볼 뭔가가 있는가? 훌륭하다!
그들이 잠든 동안에도 세상은 여전히 존재한다.

터무니없을 만큼 온전하게, 그리고 현실적으로.
그들이 등을 돌려도 여전히, 변함없이 존재한다.
이 정도면 넘치도록 충분한 것이다.

위대한 어머니는 간신히 두 개의 손을 가지고 있다.
가슴 위에 가지런히 포개어져 빈둥거리는 두 개의 가느다란 손.
이 손이 도대체 무엇 때문에 生生을 축복해야 한단 말인가.
무슨 이유로 넘치게 많은 걸 가진 자들에게 또다시 뭔가를 주어야 한단 말인가.
이 손이 맡은 역할은 오직 하나,
하늘과 땅이 존재하는 한
무슨 일이 생겨도,
설사 아무 일도 일어나지 않는다 해도,
만일에 대비하여 묵묵히 견디어내는 것.
지그재그로 엇갈린 본연의 자세를 유지하는 것.
아름다운 자태에 미소를 보태는 것.

동굴
Jaskinia

벽에는 아무것도 없었다.
단지 습기만 흐를 뿐.
이곳은 어둡고, 춥다.

불이 꺼지고 나니
더욱 어둡고, 춥다.
아무것도 없었다―황토에 그려진 들소가 사라지고 난 뒤에는.

아무것도 없었다―들소는 머리를 구부린 채 오랫동안 저항했지만
일말의 흔적도 남기지 못했다.
<u>아름다운 것은 아무것도 없었다.</u>
이 문장은 밑줄을 쳐서 강조할 만하다.
일반적인 의미의 '무無'를 신봉하는 이단異端,
그들은 결코 회개할 줄 모른다. 다르다는 것을 자랑스레 여기므로.

아무것도 없었다―우리들이 떠나고 난 뒤에는.
우리들은 이곳에 왔었고,
자신의 심장을 먹어 치웠고,

스스로의 피를 마셨다.

아무것도 없었다.
미처 다 끝마치지 못한 우리들의 춤 말고는.
화염 속에서 불타오르던
너의 첫번째 허벅지, 팔과 목, 그리고 얼굴.
미세한 파스칼[18]로 진동하는 생명을 잉태했던
나의 첫번째 복근腹筋.

적막―하지만 소리보다 한발 늦었다.
소리는 적막보다 부지런한 천성을 지녔으므로.
적막―언젠가 네 목구멍 속에 걸려 있던
피리 소리와 북소리.
야생 동물의 비명 소리, 웃음소리와 더불어
동굴은 이곳에 적막을 단단히 아로새겨놓았다.

적막―하지만 감겨진 눈꺼풀처럼 암흑에 휩싸인 어둠이 먼저다.
어둠―하지만 싸늘하게 식은 살과 뼈가 먼저다.
싸늘함―하지만 죽음이 먼저다.

땅에서, 아니면 하늘에서?
어쩌면 일곱번째 하늘[19]에서?

너는 이 공허한 폐허 속에서 아주 오랫동안 생각에 잠겼으리라.
여기에 무엇이 있었을까 자못 궁금해 하면서.

애물단지

Sto pociech

그는 행복을 원했었다,
그는 진실을 원했었다,
그는 영원을 원했었다,
자, 그를 봐라!

현실과 꿈을 간신히 구별해낸다,
자신이 누구인지 가까스로 깨닫는다,
어류의 지느러미 같은 손으로 부싯돌을 부딪쳐
힘겹게 봉화烽火를 피워 올린다,
쉽사리 증오에 휩싸이는 존재,
공허함에 웃음을 터뜨리기에는 너무도 재미없는 존재.
눈으론 그저 보기만 하고,
귀로는 그저 듣기만 한다,
그가 즐겨 사용하는 어투는 조건문,
이성을 사용해서 이성을 비난해보지만,
요약하자면, 그의 곁엔 아무도 없다,
하지만 둔감한 살집 외에도
그의 머릿속은 자유와 박식함,
그리고 존재로 가득 차 있으니
자, 그를 봐라!

눈에 보이는 엄연한 실체이기에
변방의 별빛 가운데 하나에서
정말로 그 모습을 드러냈으니.
나름대로 생기 있고, 꽤나 능동적인 그는
쓸모없는 수정水晶이 무력하게 퇴화하는 걸 지켜보며
꽤 심각하게 놀란다.
떼를 지어 다녀야만 했던 그 옛날, 힘겨웠던 어린 시절을 생각해보면—
그는 이미 진정으로 독립적인 개체.
자, 그를 봐라!

지금 이 순간이 비록 찰나에 불과할지라도 이대로 지속되기를,
저 작은 은하수 아래서 끊임없이 깜빡이기를!
미약하나마 이미 세상에 존재하기에
앞으로 무엇으로 탈바꿈할는지
희미한 윤곽이나마 드러낼 수 있기를.
그는 고집이 무척 세다.
코걸이를 걸고 있는, 토가[20]를 걸친, 스웨터를 입고 있는
그가 고집불통이라는 것을 인정해야 한다.
어쨌건 그는 애물단지.
측은하기 이를 데 없는 녀석.
실재實在하는 인간.

만일의 경우

(1972)

만일의 경우
Wszelki wypadek

일어날 수도 있었어.
일어났어야만 했어.
일어났어, 너무 일찍, 혹은 너무 늦게,
너무 가까이, 아니면 너무 멀리서,
일어났어, 네가 아닌 다른 누군가에게.

너는 살아남았지, 맨 처음이었기 때문에.
너는 살아남았지, 제일 마지막이었기 때문에.
혼자였기 때문에. 사람들이 있었기 때문에.
왼쪽으로 갔기 때문에. 오른쪽으로 갔기 때문에.
비가 왔기 때문에. 그늘이 드리웠기 때문에.
날씨가 화창했기 때문에.

운 좋게도 거기 숲이 있었어.
운 좋게도 거기 나무가 없었어.
운 좋게도 철로, 갈고리, 대들보, 브레이크,
문설주, 갈림길, 일 밀리미터, 일 초가 있었어.
운 좋게도 지푸라기[1]가 물 위에 떠다니고 있었어.

그렇기 때문에, 왜냐하면, 그렇지만, 그럼에도 불구하고.

손짓 혹은 발짓 하나에 따라 무슨 일이 일어날 수도 있었어.
우연의 일치에 좌우되는
불과 한 발자국도 안 되는 거리 안에서, 일촉즉발의 오차 내에서.

그래서 넌 지금 여기에 있는 거니?
가까스로 열린 찰나의 순간을 이용해서?
그물에 뚫린 단 하나의 구멍, 그리로 빠져나왔니?
난 놀랄 수도, 침묵할 수도 없어.
자, 귀 기울여봐,
네 심장이 내 안에서 얼마나 빠르게 두근거리는지.

하늘에서 떨어지는 것
Spadające z nieba

마침내 마법이 풀린다, 비록 강력한 힘이 작용했고, 지금도 여전히 그렇다 해도.

8월의 밤, 너는 알지 못하리. 하늘에서 떨어지는 게 별인지, 아니면 다른 무엇인지.

너는 알지 못하리. 하늘에서 떨어지는 게 예정된 섭리인지, 아닌지.

너는 알지 못하리. 하늘에서 떨어지는 별을 보며 소원을 빌어야 할지,

운명을 점쳐야 할지? 우리와는 의사소통도 안 되는 별똥별 따위로?

지금이 마치 20세기가 아닌 고리타분한 시대인 것처럼?

저 수많은 섬광 중에 과연 어떤 빛줄기가 호언장담할 수 있으려나:

불꽃이라고, 나는 불꽃이라고, 별똥별의 꼬리에서 생성된, 진짜 불꽃이라고.

왔다가 순순히 사라지는, 다른 그 무엇도 아닌, 오로지 불꽃 그 자체라고.

내일 자 신문을 향해 곤두박질하는 것은 내가 아니라고,

엔진이 고장 난, 바로 내 옆의 다른 불꽃이라고.

실수
Pomyłka

미술관에 전화벨이 울린다.
밤 12시, 텅 빈 전시장 안에 벨 소리가 요란하다.
만약 누군가가 깜빡 잠들어 있었다면, 놀라서 곧바로 깨어났을 것이다.
이곳엔 불면증에 시달리는 예언자들과
달빛에 안색이 창백해진 고색창연한 왕들뿐.
그들은 조용히 숨죽인 채 만물을 무심하게 바라본다.
겉으로만 부지런한 척하는 고리대금업자의 아내는
벽난로 위에 놓인 전화기가 쩌렁쩌렁 울려대는데도
손에 든 부채를 내려놓을 생각조차 않는다.
다른 이들처럼 아무것도 하지 않는 무반응에 익숙해져버렸기에.
토가를 걸치거나 혹은 알몸인 그들은 마치 그 자리에 없는 듯 오만한 태도로
한밤중의 경적을 무심히 흘려보내고 만다.
맹세컨대 이것은 왕실의 가령家令이 전화를 받기 위해
액자에서 뚜벅뚜벅 걸어 내려오는 것보다 더 우습고 황당한 일이다.
(하긴 그의 귀를 두드리는 건 고요한 적막뿐인데 무얼 기대할 수 있으랴.)
더 황당한 건 도시의 저편, 어딘가에

자신이 잘못된 번호를 돌렸는지도 모르는 채
꽤나 오랫동안 수화기를 관자놀이에 갖다 대고 있는
순진하기 짝이 없는 누군가가 존재한다는 사실이다.
하지만 그는 엄연히 살아 있다, 그래서 실수를 저지르는 것이다.

연극에서 받은 감상
Wrażenia z teatru

내게 있어 비극에서 가장 중요한 것은 제6막,
연극의 제일 마지막 장면.
전쟁터에서 죽은 자들이 부활하는 대목.
그들은 구겨진 가발과 의상을 다시 펴서 매무새를 고치고,
가슴에 꽂힌 칼을 뽑아내고,
목을 졸라맨 올가미를 벗어던지고,
살아 있는 사람들 틈에 섞여 가지런히 정렬한 뒤,
청중을 향해 미소 띤 얼굴을 돌린다.

혼자, 혹은 무리를 이뤄 절을 한다:
창백한 손을 상처 입은 가슴 위에 올려놓는다.
무릎을 굽혀 공손하게 인사하는 자살한 여인들.
정중하게 숙이는 잘려 나간 머리들.

둘이 함께 절을 한다:
분노는 화해를 향해 부드럽게 손 내밀고,
희생자는 고문관을 만족스러운 눈빛으로 바라본다,
모반을 꿈꾸는 반역자는 폭군의 곁을 너그럽게 지나친다.

영원은 경쾌하게 발을 구르는 황금빛 구두 굽 아래서 무참히

짓밟히고,
　교훈은 차양 넓은 모자를 휘두르는 바람에 여기저기 흩어져버리고 만다.
　미처 복구하지 못한 다른 사항들은 내일 새롭게 시작할 채비를 갖춘다.

　자, 이제는 초반에 일찌감치 죽은 자들이 일렬종대로 입장할 차례.
　그들은 3막과 4막, 그리고 장면의 중간 중간에 이미 숨을 거두었다.
　흔적도 없이 죽음을 당했던 이들의 기적적인 생환.

의상도 벗지 않고,
립스틱도 지우지 않은 채.
무대 뒤에서 참을성 있게 기다렸을 그들을 생각하니
비극의 기나긴 사설辭說보다 더 진한 감동이 밀려온다.

정말로 숙연한 순간은 내려왔던 막이 다시 올라가기 직전,
바닥과 막 사이의 좁은 틈 사이로 보이는 광경:
여기 서둘러 꽃다발을 집어 올리는 손과
떨어진 칼을 부지런히 줍는 나머지 다른 손이 있다.
이제서야 비로소 자신에게 주어진 역할을 수행하는
눈에 띄지 않는, 또 하나의 등장인물.
진정 내 목을 메게 하는 건 바로 그 사람이다.

양로원에서
W przytułku

그녀의 이름은 야브웝스카, 누구를 말하는지 아마 다들 아실 거예요.

우리들 사이에서 거의 여왕 폐하로 통하는 거만한 그녀,

항상 스카프를 두르고, 머리를 곱슬곱슬 말아 올린 그녀,

아들 셋을 먼저 천국에 보냈고, 거기서 그들이 자기를 내려다보고 있다고

철썩같이 믿고 있는 그녀 말입니다.

"그 애들이 전쟁에 나가 죽지 않았더라면, 나는 이곳에 오지도 않았을 거야.

겨울엔 큰아들과 살고, 여름은 둘째와 보냈겠지."

그녀는 그렇게 생각했습니다.

그 확신은 늘 한결같았습니다.

그녀는 여전히 우리 앞에서 고개를 끄덕이며

죽음을 당하지 않고 용케 살아남은 우리의 아이들에 관해 꼬치꼬치 묻곤 합니다.

왜냐하면 그녀는 알고 있었으니까요.

명절이 되면 어김없이 셋째 아들이 자신을 집으로 초대했으리라는 사실을 말이죠.

"막내는 분명 새하얀 백조나 비둘기가 끄는
눈부신 황금마차를 타고 나를 찾아왔을 게야.
모두가 똑똑히 볼 수 있도록,
모두가 잊지 못하도록."

야브원스카 여사의 해묵은 신세타령에
미스 마니아[2]는 가끔씩 미소로 응수합니다.
불쌍한 이웃을 돌보는 건 마니아의 임무,
하지만 그건 어디까지나 월요일부터 금요일까지의 이야기죠.
일요일과 여름휴가 때는 쉴 권리가 있습니다.

광고
Prospekt

나는 진정제입니다.
주로 집에서 효과를 발휘합니다.
사무실에서도 효력이 있습니다.
시험을 치르거나
재판에서 증언을 할 때도 힘이 됩니다.
깨진 컵 조각을 조심스럽게 붙이는 것을 돕기도 합니다.
단지 나를 입에 넣고,
혓바닥 아래서 살살 녹이기만 하면 됩니다.
그저 나를 꿀꺽 삼키기만 하면 됩니다.
오직 물과 함께 마시기만 하면 됩니다.

나는 압니다, 불행을 요리하는 방법,
나쁜 소식을 견뎌내는 방법,
불의를 최소화하는 방법,
신의 부재를 극복하는 방법,
미망인의 얼굴에 잘 어울리는 장례식용 모자를 고르는 방법까지도.
무엇을 망설이고 있나요?
화학 약품의 자비로운 효능을 한번 믿어보시라니까요.

당신들은 아직 젊습니다.
삶을 새롭게 가꾸고 정비할 필요가 있습니다.
인생이란 끝없이 고통을 감내하는 거라고
누가 말했던가요?

당신들의 나락奈落을 주저 없이 내게 맡겨주십시오.
꿈으로 충격을 완화해줄 테니.
당신들이 추락할 수 있도록 네 개의 발로 떠밀어준 데 대해
틀림없이 고마워할 것입니다.

나에게 영혼을 파십시오.
다른 장사치들은 오지 않을 테니.

다른 악마는 더 이상 없습니다.

귀환
Powroty

그가 돌아왔다. 아무 말도 없이.
뭔가 좋지 않은 일이 일어난 것만은 분명하다.
옷을 입은 채 잠자리에 든다.
담요 아래로 머리를 파묻고.
두 무릎을 끌어당긴다.
나이는 마흔 살 가량, 그러나 지금 이 순간은 아니다.
일곱 겹의 살갖 너머 어머니의 뱃속,
어둠의 안식처에서
지금 이 순간, 그는 존재한다.
내일은 은하계 전체를 비행하는 데 필요한
인체의 항상성[3]에 대해 강의할 예정.
하지만 지금 이 순간만큼은 조그맣게 몸을 웅크린 채 잠이 들었다.

발견
Odkrycie

나는 위대한 발견을 믿는다.
그 발견을 이루어낼 사람을 믿는다.
그 발견을 이루어낼 사람의 두려움을 믿는다.

그의 얼굴에 깃든 창백한 기운과
메스꺼움, 입술 위에 맺힌 식은땀을 믿는다.

기록을 태우는 것,
재가 될 때까지 태우는 것,
마지막 한 조각까지 남김없이 활활 태우는 것을 믿는다.

숫자들이 뿔뿔이 흩어지는 것,
그것들이 유감없이 산산조각 분해될 것을 믿는다.

서두르기 좋아하는 인간의 성향과
그러면서도 정확하게 움직일 줄 아는 치밀함과,
그들의 강요되지 않은 자유 의지를 믿는다.

석판이 부서지고,
액체가 쏟아지고,

광선이 꺼지리라는 것을 믿는다.

단언컨대, 반드시 성공하리라,
결단코 늦지 않으리라,
증인들이 배석하지 않아도 사건은 전개되리라.

확신컨대, 아무도 그 사실을 알지 못하리라,
아내도, 벽도,
심지어 노래로 떠벌리길 좋아하는 새들조차도.

불미스러운 일에 개입하지 않은 깨끗한 손을 믿는다,
엉망진창이 된 경력을 믿는다,
여러 해 동안 소진한 각고의 노력을 믿는다,
무덤까지 안고 갈 비밀을 믿는다.

이 말들은 규범 저편에서 내 머리 위를 날아다니고 있다.
이 말들은 실질적인 본보기를 찾지도 않는다.
내 믿음은 강건하고, 맹목적이며, 원칙을 초월한 것이기에.

공룡의 뼈

Szkielet jaszczura

사랑하는 형제여,
우리는 여기서 균형이 맞지 않는 잘못된 비례의 전형적인 예를 볼 수 있습니다.
우리 앞에 차곡차곡 쌓인 이 공룡 뼈에서.

그리운 벗이여,
왼쪽에는 무한대를 향해 뻗은 꼬리가 있고,
오른쪽에는 반대편을 향하는 목이 있습니다.

존경하는 회원 여러분,
한가운데 흉부의 둥그런 곡선 아래로
진창에 빠져 허우적대는 네 개의 다리를 보십시오.

자비로운 국민 여러분,
자연은 결코 헛갈리는 법이 없습니다. 다만 농담을 즐길 뿐.
이 우스꽝스러운 작은 머리통에 주목해주십시오.

신사 숙녀 여러분,
이런 조그만 머리로는 아무것도 예측할 수가 없습니다.
그래서 애석하게도 이 머리통의 주인은 멸종하고 만 것이죠.

친애하는 청중 여러분,
보잘것없는 뇌의 사이즈에 비해, 식욕은 지나치게 왕성하군요,
이런 작은 뇌 속에는 현명한 공포심보다는
어리석은 몽상이 으레 더 큰 자리를 차지하는 법.

존엄하신 고객님들,
이 모든 사항들을 종합해볼 때
우리가 그들보다 훨씬 우수한 신체 구조를 가지고 있음이 판명되었습니다.
인생은 아름답고, 세상은 우리의 것!

저명하신 사절단이여,
생각하는 갈대 위에는 별이 총총 빛나는 하늘이 있고,
도덕 규범은 바로 그 갈대 속에 있습니다.

경애하는 평의회여,
이런 성공은 오직 한 번입니다.
하나뿐인 저 태양 아래 어쩌면 딱 한 번 말이죠.

탁월하신 위원회여,
이 얼마나 솜씨 좋은 손인가요.
이 얼마나 언변이 풍부한 입인가요.
이 얼마나 명석한 두뇌인가요.

위대하신 판관이여,
지금은 퇴화되어버린 꼬리가 자라던 바로 그 자리에
책임감만 너무 많이 남아 있군요.

추적
Pogoń

적막이 나를 맞으리라는 걸 나는 안다. 하지만 혹시라도?
시끌벅적한 소동도, 팡파르도, 박수갈채도 없다는 걸 나는 알고 있다. 하지만 혹시라도?
비상사태를 알리는 경적도, 아니 비상사태 자체도 없으리란 걸 나는 안다.

마른 잎사귀조차도 기대하지 않는다,
그러니 은빛 궁전과 아름다운 정원에 대해서는 말도 꺼내지 마라.
존경스러운 연장자와 정의로운 법률,
유리구슬에 비친 예언자의 지혜에 대해서도 마찬가지. 하지만 혹시라도?

내가 달빛 속을 이렇게 헤매고 다니는 건
잃어버린 반지와 리본 따위를 찾기 위해서가 아님을 누구보다 잘 안다.
하지만 언제나 그들이 한발 앞서 모든 것을 가져가버렸다.

증거가 될 만한 건 아무것도 남기지 않았으니.
죽음도, 나무토막도, 과일 껍질도, 아스파라거스도, 빵 조각도,
대패질하고 남은 부스러기도, 깨진 유리 파편도, 먹다 남은 고

깃덩이도, 쓰레기 조각도.

내가 몸을 숙이는 건 단지 길바닥에 굴러다니는 조약돌을 줍기 위해서일 뿐.
하지만 어디로 갔는지 그 돌에는 아무런 자취도 남아 있지 않다.
그들은 내게 신호나 단서를 남기는 것을 좋아하지 않는다.
흔적을 지우는 기술만큼은 타의 추종을 불허한다.

적절한 타이밍에 감쪽같이 사라져버리는 그들의 놀라운 재능에 대해
나는 이미 오래전부터 익히 들어 알고 있다.
그들의 뿔이나 꼬리, 하늘로 날아오르느라 잔뜩 부푼 드레스 자락은
결코 손에 잡히지 않는 신성한 것임을.
그들의 머리카락은 단 한 번도 머리에서 이탈하여 내 수중에 들어온 적이 없다.

내 궁리를 보란 듯이 비웃는 교활하고 영리한 생각들이 사방을 에워싸고 있다.
늘 꼭 한 발자국씩 내가 미처 쫓아가지 못할 만큼만 앞서간다.
선두를 차지한다는 게 얼마나 어려운지 조롱하듯 보여준다.

그들은 현존하지 않으며, 과거에도 결코 존재한 적이 없었다. 하지만 혹시라도?
나는 스스로에게 열심히 그 사실을 반복해서 주입시켜야만 한다.

혹시라도 누군가에게 순진한 어린아이처럼 보이지 않기 위해.

그러면 발아래에서 느닷없이 풀쩍 솟구쳐 오르는 건 과연 뭐지?
금세 내 발에 밟혀버렸기에 미처 멀리 달아나지 못한 채
도망치려 버둥거리는 것.
스스로를 침묵의 연장이라 여기는 것.
그것은 바로 그림자—어느 틈에 목표물에 가까이 다가섰다고 착각할 만큼
터무니없이 커져버린 나 자신.

분실물 보관소에서의 연설
Przemówienie w biurze znalezionych rzeczy

나는 남쪽에서 북쪽으로 가는 길에 몇몇 여신을 잃어버렸다.
또한 동쪽에서 서쪽으로 가는 길에 많은 신들을 놓쳐버렸다.
나의 별 몇 개가 영원히 꺼져버렸다. 하늘에서 흔적도 없이 사라졌다.
나의 섬이 하나 둘, 바닷속으로 가라앉았다.
심지어 어디에 발톱을 놓아두었는지도 통 모르겠다.
누가 내 거죽을 뒤집어쓰고 돌아다니는지, 내 껍데기 안에서 살아 숨 쉬는 건 무엇인지.
내가 육지로 기어 나왔을 때, 형제들은 다 죽었고.
단지 내 뼈 가운데 일부만 내 안에서 기념일을 맞고 있다.
나는 허물을 벗고 세상에 나와 부질없이 척추와 다리를 혹사하고 말았다.
그러곤 여러 차례 감각을 상실했다.
오래전에 이 모든 것에 대해 세번째 눈을 감았고,
지느러미를 움직였고, 나뭇가지를 뒤흔들었다.

사라지고, 소멸되고, 바람결에 사방으로 흩어졌다.
스스로 생각해도 이상하다, 내가 이렇게 조금밖에 남지 않았다니.
나는 한없이 개별적이고, 독립적인 존재다.

어제 전차 안에서 우산을 잃어버린 평범한 인간의 형체는 그저 잠시 동안 빌려온 허물에 불과할 뿐.

경이로움
Zdumienie

무엇 때문에 그 누구도 아닌 바로 이 한 사람인 걸까요?
다른 이가 아닌 오직 이 사람인 이유는 무엇일까요?
나 여기서 무얼 하고 있나요?
수많은 날들 가운데 하필이면 화요일에?
새들의 둥지가 아닌 사람의 집에서?
비늘이 아닌 피부로 숨을 쉬면서?
잎사귀가 아니라 얼굴의 거죽을 덮어쓰고서?
어째서 내 생은 단 한 번뿐인 걸까요?
무슨 이유로 바로 여기, 지구에 착륙한 걸까요? 이 작은 혹성에?
수없이 오랜 세월 존재조차 없다가 왜 갑자기?
모든 시간과 지평선을 뛰어넘어 왜 하필?
어째서 해조류도 아니고 강장동물도 아닌 걸까요?
무엇 때문에 지금일까요? 왜 단단한 뼈와 뜨거운 피를 가졌을까요?
나 자신을 나로 채운 것은 과연 무엇일까요?
왜 하필 어제도 아니고, 백 년 전도 아닌 바로 지금
왜 하필 옆자리도 아니고, 지구 반대편도 아닌 바로 이곳에 앉아서
어두운 구석을 뚫어지게 응시하며
영원히 끝나지 않을 독백을 읊조리고 있는 걸까요?

마치 고개를 빳빳이 세우고 으르렁대는 강아지처럼.

생일
Urodziny[4]

온 세상이 사방에서 한꺼번에 부스럭대고 있어요.
해바라기, 배따라기, 호루라기, 지푸라기,
찌르레기, 해오라기, 가시고기, 실오라기,
이것들을 어떻게 가지런히 정렬시키고, 어디다 넣어둘까요?
배추, 고추, 상추, 부추, 후추, 대추, 어느 곳에 다 보관할까요?
개구리, 가오리, 메아리, 미나리,
휴우, 감사합니다, 너무 많아 죽을 지경이네요.
오소리, 잠자리, 개나리, 도토리,
돗자리, 고사리, 송사리, 너구리를 넣어둘 항아리는 어디에 있나요?
노루와 머루, 가루와 벼루를 담을 자루는 어디에 있나요?
기러기, 물고기, 산딸기, 갈매기, 뻐꾸기는 어떤 보자기로 싸놓을까요?
하늬바람, 산들바람, 돌개바람, 높새바람은 어디쯤 담아둘까요?
얼룩빼기 황소와 얼룩말은 어디로 데려갈까요?
이런 이산화물二酸化物들은 값지고, 진귀한 법.
아, 게다가 다시마와 고구마도 있군요!
이것들은 모두 밤하늘의 별처럼 그 값이 어마어마하겠지요.
감사합니다. 하지만 과연 내가 이걸 받을 자격이 있는지는
솔직히 잘 모르겠네요.

태양도 노을도, 내 두 눈을 위한 것이라기엔 너무 과분하지 않을까요?

이것들을 다 만끽하기엔 생은 너무도 짧은걸요.

나는 여기에 그저 잠시 동안 머물다 갈 뿐입니다. 아주 짧은 찰나의 시간 동안.

멀리 있는 것은 미처 보지 못하고, 가까이 있는 것은 혼동하기 일쑤랍니다.

이 촉박한 여행길에서 나는 허무와 실재를 제대로 구분하는 법을 알기도 전에

그만 길가의 조그만 팬지꽃들을 깜빡 잊고, 놓쳐버리고 말았습니다.

이 사소한 실수가 얼마나 엄청난 것인지 그때는 미처 생각지 못했답니다.

아, 이 작은 생명체가 줄기와 잎사귀와 꽃잎을 피우기 위해

얼마나 많은 노력을 기울여야만 했을까요.

오직 한 번 무심한 듯 세심하고, 당당한 듯 연약한 모습을 드러냈다가

영원히 사라질 이 순간을 위해,

얼마나 오랜 시간 조바심쳐가며 애타게 기다려왔을까요.

알레그로 마 논 트로포: 빠르게 그러나 적당히
Allegro ma non troppo

나, 생을 향해 말한다―너는 아름답기 그지없구나.
더할 나위 없이 풍요롭고,
한결 더 개구리답고, 마냥 밤꾀꼬리답고,
무척이나 개미답고, 꽤나 종자식물답다.

생으로부터 사랑받고, 주목받고,
찬사받기 위해 부단히 노력 중이다.
순종의 의사를 얼굴 가득 드러내고서
언제나 제일 먼저 그 앞에 무릎을 꿇는다.

왼쪽이든, 오른쪽이든
기를 쓰고 쫓아간다.
환희의 날개를 단 채 날아오르기도 하고,
경탄의 물결에 몸을 던지기도 한다.

이 메뚜기는 얼마나 '초원'다운지
이 산딸기는 얼마나 '숲'스러운지
만약 내가 이 세상에 태어나지 않았다면
감히 이런 생각은 품지도 못했으리라!

나, 생을 향해 말한다―너와 견줄 만한 대상을
결국 찾지 못했노라.
그 누구도 이보다 낫지도, 못하지도 않은
바로 이런 솔방울을 만들어낼 순 없으리라.

네 관대함과 창의력, 활력과 정확성에
머리 숙여 찬사를 보내노라.
음, 또 뭐가 있을까―그래, 더 나아가
네 마력과 묘술에도 경의를 표하노라.

단지 네 기분을 망치지 않기를,
너를 화나게 하거나 귀찮게 하는 일 없기를.
수만 년 전부터 나는 늘 미소를 잃지 않고,
네 비위를 맞추려고 무던히 노력 중이다.

잎사귀의 끝자락을 향해 손을 뻗어
생을 잡아당겨본다.
그래서 멈췄는가? 무슨 소리가 들렸는가?
잠시라도 좋으니 단 한 순간만이라도
어디로 가고 있는지 잊은 적이 있었던가?

자기 절단[5]
Autotomia

위험을 무릅쓰고, 해삼은 둘로 쪼개어졌다.
한쪽은 굶주린 세상을 위해 자신을 온전히 바쳤고,
다른 한쪽은 도망을 쳤다.

그리하여 파멸과 구원, 응징과 보상,
이미 일어난 일과 앞으로 일어날 일로 격렬하게 양분되었다.

끝없는 심연이 해삼의 몸통 한가운데를 관통한 순간
눈 깜짝할 사이에 두 개의 낯선 해변이 나타났다.

한쪽 해변에는 죽음, 다른 쪽 해변에는 삶이 있었다.
이쪽에는 절망, 저쪽에는 위안이 있었다.

만약 그 사이에 천칭저울이 놓여 있다면, 어느 쪽으로도 기울지 않으리라.
만약 정의가 있다면, 바로 이런 것이리니.

필요하다면 얼마든지 죽을 수 있는 것, 적절한 한도 내에서.
필요하다면 얼마든지 다시 태어날 수 있는 것, 살아남은 잔여분의 필요에 따라.

우리도 마음만 먹으면, 그렇다, 스스로를 반으로 절단할 수 있다.
하지만 그건 '육체'와 간헐적인 '속삭임,'
'육신'과 '시'를 갈라놓는 단절에 불과하리니.

한쪽에는 목구멍, 다른 쪽에는 웃음소리.
너무나 조용해서, 순식간에 사그라지는,

이곳에는 무거운 심장, 저곳에는 non omnis moriar,[6]
마치 날아다니는 세 개의 깃털처럼 가벼운 세 개의 단어.

심연深淵은 결코 우리를 갈라놓을 수 없다.
단지 우리를 에워싸고 있을 뿐.

할리나 포시비아토프스카[7]를 추모하면서

부동자세
Znieruchomienie

이 사람은 그 유명한 발레리나, 덩컨[8] 양이 아닌가요?
뭉게구름과 산들바람, 바쿠스[9]의 여제,
달빛에 물든 호수, 넘실대는 파도, 부드러운 숨결은 바로 그녀가 아니던가요?

그녀가 지금 사진사의 아틀리에에 홀로 서 있네요.
자신의 몸에서 힘겹게, 고통스럽게 음악과 동작들을 떨쳐내버리고서,
위조된 증거를 남기기 위해
오로지 작위적인 포즈만이 덩그렇게 남았네요.

머리 위로 들어 올린 통통한 팔,
짧은 튜닉[10] 아래 드러난 무릎과 그 위에 묶여 있는 리본,
앞으로 쭉 뻗은 왼쪽 다리, 그 끝에는 새하얀 맨발과 발가락,
하나하나 세어보니 다섯 개의 발톱.

영원한 예술의 세계에서 인공적인 불멸을 향해 한 발자국 가까이 다가서고 있군요.
뭐, 썩 내키지는 않지만, 그래도 인정할 건 인정해야겠죠.
아무것도 없는 것보다는 한결 낫다는 걸,

아무것도 안 하는 것보다는 훨씬 그럴듯하다는 걸.

칸막이 뒤에는 분홍색 코르셋과 작은 손가방,
손가방 안에는 증기선을 타기 위해 끊어놓은 배표 한 장,
출항 날짜는 내일, 그러니까 60년 전.
다시는 돌아오지 않을 시간, 하지만 그 대가로 오전 9시 정각에 배는 항구를 떠날 예정.

꿈에 대한 찬사
Pochwała snów

꿈속에서
나는 델프트의 페르메이르[1]처럼 멋지게 그림을 그린다.

비단 살아 있는 사람이 아닐지라도
그들과 유창한 그리스어로 대화를 나눈다.

내 말에 절대 복종하는
자동차를 자유자재로 운전한다.

뛰어난 재능이 있어
위대한 서사시를 쓴다.

엄숙한 성인聖人들이 그러하듯
소리를 예민하게 감지한다.

내 탁월한 피아노 연주 솜씨에
너희들은 분명 경탄을 금치 못하리라.

마치 지극히 당연한 일이라는 듯
자신만의 비법으로 하늘을 향해 날아오른다.

지붕에서 추락하다가
초록빛 잔디 위에 사뿐히 내려앉을 수도 있다.

물속에서 자유자재로 숨 쉬는 것이
조금도 힘들지 않다.

아틀란티스를 발견한 것에
뿌듯함을 느낀다.

죽음에 이르기 직전에
꿈에서 깨어날 수 있다는 사실이 몹시 기쁘다.

전쟁이 일어나면
재빨리 승자의 편으로 돌아설 수 있다.

나는 시대의 산물이지만,
반드시 그래야 할 필요는 없다.

몇 년 전에는
두 개의 태양을 보았다.

그제는 펭귄을 보았다.
대낮처럼 또렷하고 생생하게.

행복한 사랑
Miłość szczęśliwa

행복한 사랑. 이것은 정상인가,
심각한가, 유용한가?
사랑에 눈먼 두 사람에게서
세상은 무얼 얻을 수 있나?

아무런 대가도 바라지 않고 서로를 숭배하고,
자신들이야말로 백만 명 중 가장 운이 좋은 첫번째 커플이라고,
이렇게 될 수밖에 없는 운명을 타고났다고, 섣부르게 확신한다.
그렇다면 이 기막힌 행운은 과연 무엇에 대한 보답이란 말인가?
실은 아무것도 한 일이 없는데.
별것도 아닌 이곳에 서 있는 그들에게만 한줄기 빛이 쏟아져 내린다.
그렇다면 왜 하필 다른 이들이 아니라 그들이란 말인가?
이것은 정의를 모욕하는 것인가? 그렇다.
조심스레 쌓아올린 질서를 뒤흔들고,
절정에서 윤리를 내팽개친 것인가?
그렇다. 맞는 말이다.

행복에 겨워하는 이들을 보라.
가면을 쓰고서라도

우울한 척하면서 친구에게 위안을 줄 수도 있었을 텐데.

그들의 웃음소리를 들어보라, 얼마나 소름 끼치는지.

그들의 언어에 귀 기울이라, 이해심 많은 척 꾸며대는 가식의 언어를.

그들의 의식과 허례는

서로를 위해 고안된 의무 조항,

인류의 등 뒤에서 맺어진 밀약이다.

사람들이 그들의 사례를 모방한다면

그 결과가 어떻게 될지 짐작하기 어렵다.

종교나 시 따위가 무슨 도움이 되겠는가?

과연 그들은 무엇을 기억하고, 무엇을 포기하게 될까?

과연 그들은 이 비좁은 제한 구역 내에서 영원히 머무르고 싶어 할까?

행복한 사랑. 이것은 반드시 필요한 것인가?

상식과 판단력이 행복한 사랑에 대해 무조건 침묵을 강요한다.

마치 완벽한 인생에 느닷없이 끼어든 망측한 추문이라도 되는 양.

행복한 사랑의 도움 없이도

완벽하게 훌륭한 아이들은 이 세상에 태어난다.

행복한 사랑이란 좀처럼 없기에

그것만으로 결코 지구를 채울 수 없다.

행복한 사랑을 모르는 이들이여,

행복한 사랑은 어디에도 없다고 큰 소리로 외쳐라.

그런 확신만 있으면 살아가는 일도, 죽는 일도
한결 견디기 쉬울 테니까.

* * *

'무無'의 의미는 다른 이들에게 그렇듯 내게도 완전히 다른 의미로 인식되어졌다.
철저하게 반대로 각인되었다.
수많은 행성들 가운데 하나,
머리부터 발끝 사이 어딘가에 나는 존재했었다,
'존재하지 않는다'는 게 어떤 건지 기억조차 못하는 채로.

오, 이곳에서 내가 만난 사람이여, 이곳에서 내가 사랑한 사람이여,
그대의 어깨에 손을 얹은 채 나는 막연히 상상해본다.
이곳에서 우리가 존재하기 위해
저곳에서 얼마나 많은 공허를 감내해야 했을지.
이곳에서 귀뚜라미 한 마리가 미약한 울음소리를 내기 위해
저곳에서 얼마나 오랜 적막이 이어졌을지.
이곳에서 괭이밥이 작은 잎새 하나를 틔우기 위해
저곳에서 얼마나 황량한 황무지가 펼쳐졌을지.
한 줄기 햇살은 암흑에 대한 보상이고,
한 방울의 이슬은 기나긴 가뭄의 대가이거늘!

우리의 삶은 늘 별처럼 운명에 맡겨져 있으니

이곳에서 그것은 항상 예상을 빗나가고, 기대를 뒤엎는다!
울퉁불퉁한 형태와 거친 표면, 복잡한 움직임, 무거운 체중을 비껴간다!
끝없이 광활한 하늘에는 무한한 휴식!
휘청대는 자작나무 모양을 한 비정형의 공간에는 안도의 한숨이 가득!

바람은 지금 구름을 움직이거나, 아니면 절대로 움직이지 않는다,
이곳에 바람이 부는 건 저곳에 불지 않기 때문이기에.
증인들이 입는 검은 양복을 차려입은 쇠똥구리가 오솔길에 나타났다,
짧은 생을 위한 오랜 시간의 기다림을 증명해 보이기 위해.

어찌어찌하다 보니, 나는 지금 네 옆에 서 있게 되었다.
이렇게 되기까지 무엇 하나 예사로운 것이 없었음을
뼈저리게 느끼는 바이다.

한 개의 작은 별 아래서

Pod jedną gwiazdką

우연이여, 너를 필연이라 명명한 데 대해 사과하노라.
필연이여, 혹시라도 내가 뭔가를 혼동했다면, 사과하노라.
행운이여, 내가 그대를 당연히 받아들이는 걸 너무 노여워 마라.
고인들이여, 내 기억 속에서 당신들이 점차 희미해진대도 너그러이 이해해달라.
시간이여, 매 순간, 세상의 수많은 사물들을 보지 못하고 지나친 데 대해 뉘우치노라.
지나간 옛사랑이여, 새로운 사랑을 첫사랑으로 착각한 점 뉘우치노라.
먼 나라에서 일어난 전쟁이여, 집으로 꽃을 사 들고 가는 나를 용서하라.
벌어진 상처여, 손가락으로 쑤셔서 고통을 확인하는 나를 제발 용서하라.
지옥의 변방에서 비명을 지르는 이들이여, 이렇게 미뉴에트 CD나 듣고 있어 미안하구나.
기차역에서 어디론가 떠나는 사람들이여, 새벽 다섯 시에 곤히 잠들어 있어 미안하구나.
막다른 골목까지 추격당한 희망이여, 용서해다오, 때때로 웃음을 터뜨리는 나를.
사막이여, 용서해다오, 한 방울의 물을 얻기 위해 수고스럽게 달려가지 않는 나를.
 그리고 그대, 아주 오래전부터 똑같은 새장에 갇혀 있는 한 마리 독수리여,
 언제나 미동도 없이, 한결같이 한곳만 바라보고 있으니,
 비록 그대가 박제로 만든 새라 해도 내 죄를 사하여주오.
 미안하구나, 잘려진 나무여, 탁자의 네 귀퉁이를 받들고 있는 다리에 대해.
 미안하구나, 위대한 질문이여, 초라한 답변에 대해.
 진실이여, 나를 너무 주의 깊게 주목하지는 마라.
 위엄이여, 내게 관대한 아량을 베풀어달라.
 존재의 비밀이여, 네 옷자락에서 빠져나온 실밥을 잡아 뜯은 걸 이해해달라.
 영혼이여, 내 안에 자주 깃들지 못한다고 나를 질타하지 마라.
 모든 것이여, 용서하라, 내가 동시에 모든 곳에 존재할 수 없음을.
 모든 이여, 용서하라, 내가 각각의 모든 남자와 모든 여자가 될 수 없음을.
 내가 살아 있는 한, 그 무엇도 나를 정당화할 수 없다는 걸 잘 알고 있느니.
 왜냐하면 내가 갈 길을 나 스스로 가로막고 서 있기에.
 언어여, 제발 내 의도를 나쁘게 말하지 말아다오,
 한껏 심각하고 난해한 단어들을 빌려와서는
 가볍게 보이려고 안간힘을 써가며 짜 맞추고 있는 나를.

거대한 숫자

(1976)

거대한 숫자
Wielka liczba

이 지구상에 존재하는 40억의 사람들.
내 상상력은 늘 그랬듯이 언제나 그 자리에 고정되어 있다.
거대한 숫자는 감당하지 못하고,
사소하고, 개별적인 것에 감동을 느낀다.
어둠 속에서 손전등 불빛처럼 날아다니며
가장 앞줄에 서 있는 얼굴들만 닥치는 대로 비추곤 한다.
그럴 때 뒷줄에 있는 나머지 얼굴들은 모조리 생략되고 만다.
기억의 대상도, 그리움의 대상도 되지 못한다.
저 위대한 단테조차도 그들의 소멸을 멈출 순 없다.
모든 뮤즈[1]가 함께 내게 영감을 불어넣는다 해도
존재를 상실한 그들을 위해 무엇을 할 수 있으랴.

Non omnis moriar[2] — 시기상조에 불과한 근심 걱정.
정녕 내가 온전하게 살아가고 있는지, 그것으로 충분한지.
단 한 순간도 충분하다고 느낀 적이 없었고, 지금은 더욱더 그러한데.
뾰족한 수가 없기에 끊임없이 버리면서 선택한다.
하지만 내가 버린 것들이 그 어느 때보다 많고,
빽빽하고, 성가시다.
말로 표현할 수 없을 만큼 많은 것을 상실한 대가는

고작 시 한 구절과 한숨뿐.
천둥과 같은 우렁찬 부름에 나는 속삭임으로 대답한다.
얼마나 많은 세월을 침묵 속에서 견뎌야만 했는지, 굳이 말하지 않으리라.
고향 산기슭에서 찍찍대는 생쥐 한 마리,
인생은 결국 그 생쥐가 모래 위에 발톱으로 끼적거린
몇 개의 희미한 흔적만큼만 지속될 뿐.

나의 꿈들—꿈속의 인구 밀도는 생각보다 낮은 편이다.
사람들의 무리나 시끌벅적한 소동보다는 텅 빈 고독이 더 많은 자리를 차지한다.
아주 가끔씩 오래전에 죽은 사람이 들를 때도 있다.
그 사람이 한 손으로 문고리를 돌린다.
메아리가 꼬리에 꼬리를 물고 빈집에 울려 퍼진다.
나는 문턱을 넘어 계곡으로 달음질친다.
그곳은 누구의 것도 아닌, 시대착오적이면서
고요한 계곡.

무엇 때문에 이 공간이 내 안에까지 비집고 들어왔는지
나는 알지 못한다.

감사
Podziękowanie

나는 사랑하지 않는 사람들에게
많은 빚을 지고 있다.

그들이 다른 누군가와 더 가깝다는 사실을 인정하며
안도를 느낀다.

내가 그 선한 양의 무리 속에서 늑대가 아니라는 사실에
기쁨을 느낀다.

그들과 함께하면 평화롭고,
그들과 함께하면 자유롭다.
그것은 사랑이 가져다줄 수도,
앗아갈 수도 없는 소중한 것이다.

나는 창문과 대문을 서성이며
그들을 기다리지 않아도 된다.
마치 해시계처럼
무한한 인내심으로
항상 너그럽게 그들을 이해한다,
사랑이 결코 이해 못하는 것을.

언제나 관대하게 용서한다,
사랑이 결코 용서 못하는 것을.

첫 만남부터 편지를 주고받을 때까지
영원의 시간이 필요한 것도 아니고,
단지 며칠이나 몇 주일만 기다리면 된다.

그들과 함께하는 여행은 언제나 성공적이다.
음악회에서도 끝까지 집중할 수 있고,
대성당도 속속들이 살펴볼 수 있다.
풍경도 또렷하게 잘 보인다.

일곱 개의 산과 일곱 개의 강이
우리를 갈라놓을지라도
그것은 이미 지도를 통해
우리에게 익숙한 바로 그 산과 강일 뿐,
그 이상 아무런 의미도 없다.

만일 내가 삼차원의 세계에서 살고 있다면,
서정적이지도 수사적이지도 않은 공간에서,
움직이는 지평선, 실존하는 공간에서 살고 있다면
그것은 모두 그들의 덕택이다.

그들 자신도 모른다.
맨주먹 안에 실은 얼마나 많은 것을 움켜쥐고 있는지.

"난 그들에게 아무런 빚도 없어."
아마도 사랑은 이렇게 말할 게다,
이 공개된 사안에 대해서.

시편 詩篇
Psalm

 오, 인간이 만들어낸 국경선은 얼마나 부실하고, 견고하지 못한지요!
 얼마나 많은 구름이 그 위로 아무런 제약 없이 유유히 흘러가고 있는지,
 얼마나 많은 사막의 모래 알갱이들이 한 나라에서 또 다른 나라로 흩날리고 있는지,
 얼마나 많은 산속의 조약돌들이 생기 있게 펄쩍펄쩍 뛰어오르며 낯선 토양을 향해 굴러가고 있는지.

 열을 지어 나르거나 혹은 국경선의 바리케이드 위에 내려앉은 새들의 이름을
 여기서 내가 굳이 일일이 언급할 필요가 있나요?
 뭐, 그냥 평범한 참새라고 칩시다―그 참새의 꼬리는 이미 이웃 나라에 속해 있겠죠.
 부리는 아직 이쪽을 향하고 있지만.
 게다가 가만있지 않고, 몸을 까딱까딱 흔들고 있다면 어떻게 할까요?

 무수히 많은 벌레들 중에 개미 한 마리를 예로 듭시다.
 국경 수비대의 오른쪽 신발과 왼쪽 신발 사이에 놓인 그 개미는

어디로 가는 중인지, 어디서 왔는지, 대답을 못 하고 우물쭈물
할 거예요.

각 대륙에 산재한 모든 혼란과 무질서를
정확히 바라볼 필요가 있습니다.
강물에 떠다니는 수십만 개의 잎사귀들 중에
반대편 해변에서 은밀히 떠내려온 쥐똥나무 잎이 섞여 있을 수
도 있으니까요.
뻔뻔스러우리만치 기다란 다리를 가진 문어가 그 발을 뻗어
바다 속 신성한 구역을 함부로 휘저어놓을 수도 있으니까요.

어떤 별이 어떤 별을 비추는지 분명히 볼 수 있게끔
별들의 위치를 바꿀 능력도 없으면서
과연 우리가 자연의 질서에 관해 논할 자격이 있는 걸까요?

사방으로 넓게 펼쳐진 괘씸한 안개!
반으로 쪼개어졌음을 거부하는 듯
위풍당당 초원을 가득 메운 저 먼지 덩어리들!
공기의 파장을 타고 공명하는,
뭔가를 부르는 비명과 알아듣기 힘든 웅얼거림!

오로지 인간의 소유물만이 완벽하게 낯선 것이 될 수 있는 법.
나머지는 그저 여러 초목이 뒤섞인 숲이고, 두더지가 파놓은 구
멍이고,
바람일 뿐입니다.

롯의 부인
Żona Lota[3]

아마도 호기심 때문에 뒤를 돌아봤을 것이다.
어쩌면 호기심 말고 다른 이유 때문일 수도 있었다.
은그릇에 미련이 남아서.
샌들의 가죽끈을 고쳐 매다가 나도 몰래 그만.
내 남편, 롯의 정의로운 뒤통수를 더 이상 쳐다볼 수가 없어서.
내가 죽는다 해도 남편은 절대로 동요하지 않을 거라는 갑작스러운 확신 때문에.
과격하지 않은 가벼운 반항심이 솟구쳐 올라.
추격자의 발소리에 귀를 기울이다가.
적막 속에서 문득 신이 마음을 바꿀지도 모른다는 희망이 샘솟았기에.
우리의 두 딸이 언덕 꼭대기에서 사라져버렸으므로.
문득 스스로가 늙었다는 생각이 들어서. 거리를 확인하고 싶어서.
방랑의 덧없음과 쏟아지는 졸음 탓에.
대지 위에 꾸러미를 내려놓다가 뒤를 돌아보았다.
어디로 향하는지 모른다는 두려움으로 뒤를 돌아보았다.
내가 걷고 있는 오솔길에 갑자기 뱀이 나타났기에.
거미와 들쥐와 어린 독수리가 내 앞을 가로막았기에.
유익하지도, 해롭지도 않은 그저 살아 있는 모든 생명체가
거대한 패닉 상태에 빠져 꿈틀대고, 뛰어오르는 걸 바라보면서.

갑작스러운 외로움 때문에 나는 뒤를 돌아보았다.

몰래 도망친다는 사실이 부끄러워서.

소리치고 싶고, 되돌아가고 싶은 욕망 때문에.

혹은 돌풍이 불어와 내 머리를 헝클고, 내 드레스 자락을 걷어올리던 바로 그 순간에.

그들이 소돔의 성벽에서 우리를 지켜보면서

계속해서 청천벽력처럼 요란한 웃음을 터뜨리고 있을 것만 같았기에.

아마도 분노 때문에 뒤를 돌아보았을지도.

어쩌면 그들에게 피할 수 없는 파멸을 안겨주기 위해서.

아무튼 위에서 열거한 구구한 모든 이유 때문에 나는 뒤를 돌아보았다.

내 의지와는 상관없이 뒤를 돌아보았다.

그것은 단지 내 발끝에 걸린, 으르렁거리는 돌멩이 하나 때문이었다.

그것은 단지 내 눈앞에서 돌연히 끊겨버린 오솔길 때문이었다.

그것은 단지 성벽의 가장자리에서 뒷발을 세우고 걷고 있는 한 마리 햄스터 때문이었다.

바로 그 순간 우리 두 사람은 동시에 뒤를 돌아보았다.

아니다, 아니다. 나는 계속해서 달렸다,

살금살금 기어갔다, 풀쩍 날아올랐다.

어둠이 하늘에서 쏟아져 내리기 전까지,

어둠 속에서 뜨겁게 달아오른 돌덩이들과 죽은 새들이 무참히 추락하기 전까지.

숨을 쉴 수 없었기에, 나는 빙글빙글 돌고, 또 돌았다.

누군가가 이 광경을 봤다면 아마도 내가 춤을 추고 있다고 생각했으리라.

바닥에 주저앉는 순간, 두 눈을 부릅뜨고 있었을지도.

얼굴을 도시 쪽으로 향하고 있었을지도.

위에서 내려다본 장면
Widziane z góry

시골 길에 죽은 딱정벌레 한 마리가 쓰러져 있다.
세 쌍의 다리를 배 위에 조심스레 올려놓은 채.
죽음의 혼란 대신 청결과 질서를 유지하면서.
이 광경이 내포하는 위험도는 지극히 적당한 수준,
갯보리와 박하 사이의 지정된 구역을 정확히 준수하고 있다.
슬픔이 끼어들 여지는 완벽하게 차단되어 있다.
하늘은 더할 나위 없이 푸르다.

우리를 안심시키기 위해 동물은 표면적으로 숨을 거둔다.
동물들은 죽지 않고 생을 마감한다.
우리가 믿고 싶은 대로 감각을 잃고, 세상과 단절하면서,
우리가 짐작하는 대로, 저승보다는 덜 비극적인 이곳을 떠나면서.
그들의 온순한 영혼은 절대로 어둠 속에서 우리를 겁주지 않는다.
그들은 거리를 존중한다.
그들은 배려가 뭔지를 안다.

여기 길 위에 죽은 딱정벌레 한 마리가 있다.
그 누구도 애도하지 않는 가운데, 태양 아래서 반짝반짝 빛나고 있다.
그저 쳐다봐주거나 생각해주는 것만으로도 딱정벌레에겐 충분

하다.

아무 일도 일어나지 않은 듯 지극히 태평스러워 보인다.

중요하고 심각한 일은 모조리 우리, 인간들을 위해 예정되어 있다.

삶은 오로지 우리들의 것이며,

언제나 당연한 듯 선행권先行權을 요구하는 죽음 또한 오로지 우리들만의 전유물이다.

실험
Eksperyment

우리를 울리고, 웃기기 위해서
배우들이 혼신의 힘을 다해 열연한 본 영화를 상영하기에 앞서,
특별 보너스로
머리를 이용한
흥미로운 실험을 보여드리겠습니다.

불과 몇 분 전까지만 해도 어딘가에 고착되어 있던
머리가
지금은 완벽하게 절단되었습니다.
자, 보십시오. 몸통에서 깨끗하게 분리되었음을 확인하실 수 있습니다.
목의 뒷부분에 주렁주렁 매달린 튜브는 기계에 연결되어
체내의 혈액 순환을 유지시켜줍니다.
네, 머리는
잘 지내는 중입니다.

고통의 징후도, 놀란 흔적도 없습니다.
다만 손전등의 불빛이 이리저리 움직이는 것을 불안한 듯 눈으로 쫓고 있을 뿐.
종소리가 울려 퍼지자 귀를 쫑긋 세웁니다.

축축하게 젖은 코는
돼지비계 냄새와 비실재非實在의 무취無臭를 예민하게 구분해냅니다.
입은 생리 현상에 경의를 표하기 위해
입맛을 쩝쩝 다시며 군침을 흘립니다.

강아지의 충성스러운 머리,
강아지의 상냥한 머리는
부드럽게 쓰다듬어주기라도 하면
아직도 제가 몸에 귀속된 신체의 일부인 양 착각하면서
바보처럼 눈을 찡긋거립니다.
등뼈를 살짝 어루만져주면 꼬리를 살랑살랑 흔들며
머리를 조아리던 오랜 습관을 버리지 못했기에.

행복에 대해서 생각하다가 나는 문득 두려움을 느꼈습니다.
만약 이런 게 인생이라면,
머리는 이 상태로
충분히 행복했을 테니까요.

미소
Uśmiechy

세상은 듣는 것보다는 보는 것에
더 많은 희망을 품고 있다.
거물급 정치가들은 늘 우아하게 미소 짓고 있어야만 한다.
미소는 사기가 꺾이지 않았음을 입증하는 중요한 단서이므로.
혹 일이 안 풀리고, 손해가 발생하고,
결과를 가늠하기 힘들어도
하얗게 빛나는 그들의 가지런한 치아는
늘 위로가 된다.

회담장에 들어설 때나
비행기 트랩에서 내려설 때 그들은 항상
이마를 찡그려서는 안 된다.
활기 넘친 자태와 명랑한 모습을 연출해야 한다.
누군가를 환영하고, 또 누군가와 작별하며
구경꾼들과 카메라 렌즈를 위해
늘 만면에 웃음을 띠고 있어야 한다.

치과 의술은 외교 업무를 수행함에 있어
빛나는 미래를 보장해준다.
매력적인 송곳니와 조화로운 앞니들은

위급한 상황에서 없어서는 안 될 중요한 요소다.
일상적인 슬픔을 얼굴에 맘 놓고 드러낼 수 있을 만큼
이 시대가 순탄하지 못하기 때문에.

몽상가들은 말한다,
"인류의 형제애가 지구를 웃음의 천국으로 바꾸어놓는다"고.
하지만 난 회의적이다.
그 말이 사실이라면 거물급 정치인들이
억지 미소를 지을 필요도 없을 테니.
그저 때때로, 봄 또는 여름이 와서 기쁠 때,
서두르거나 억지로 안면근육을 움직일 필요 없이
자연스레 미소를 지을 테니.
인간은 본래 천성적으로 슬픈 존재.
하지만 나 그 존재를 기다리며 벌써부터 기쁨에 젖는다.

테러리스트, 그가 주시하고 있다
Terrorysta, on patrzy

폭탄은 정확히 오후 1시 20분에 술집에서 폭발할 예정이다.
지금은 겨우 1시 16분.
어떤 이들은 때마침 안으로 들어가고,
어떤 이들은 때마침 밖으로 나온다.

테러리스트는 이미 길 반대편에서 서성대고 있다.
길을 사이에 둔 이 적당한 거리는
모든 나쁜 일들로부터 안온하게 그를 보호해준다.
마치 영화 속 한 장면처럼.

노란 반코트를 입은 여자, 안으로 들어가고,
짙은 색안경을 낀 남자, 밖으로 나온다.
청바지를 입은 소년들, 잡담을 나눈다.
1시 17분, 그리고 4초.
땅딸보는 운 좋게 스쿠터에 올라타고,
껑다리는 재수 없게 안으로 들어간다.

1시 17분, 하고도 40초.
머리에 초록색 리본을 맨 아가씨가 사뿐사뿐 걸어가는데
저런, 버스가 지나가는 통에 보이질 않는다.

거대한 숫자

1시 18분.
아가씨는 이미 사라졌다.
멍청하게 안으로 들어갔는지 아닌지는
나중에 바깥으로 실려 나오는 얼굴들을 보면 알 수 있겠지.

1시 19분.
아무도 안으로 들어가지 않는다.
대신 뚱뚱한 대머리 하나가 밖으로 나온다.
저런, 주머니 속에서 뭔가를 찾더니
10초 모자라는 1시 20분께,
하찮은 장갑 따위를 가지러 다시 안으로 들어간다.

1시 20분.
시간, 얼마나 더디게 흐르는지.
지금쯤 때가 된 것 같은데.
아직 아니구나.
아, 그래, 바로 지금.
폭탄, 마침내 터진다.

중세 시대 세밀화
Miniatura średniowieczna

가장 푸르른 언덕을 향해,
가장 보드라운 비단 안장으로 장식된,
가장 멋진 말들이 끄는 행렬이 막 시작되었다.

일곱 개의 탑이 솟아 있는 성城으로 향하는 중.
모든 탑이 최고로 높아 우열을 가릴 수 없다.

선두에는 공작公爵이 앞장선다,
가장 심한 아부를 덧붙이자면, 그는 절대로 뚱뚱하지 않음,
공작의 옆에는 공작 부인,
기막히게 젊고 매력적임.

공작 내외 뒤에는 몇 명의 하녀들,
마치 그림에서 금방 튀어나온 것처럼 어여쁘기 그지없음.
그 뒤로는 모든 하인들 중에서 가장 충성스러운 어린 급사,
급사의 어깨 위에는
원숭이와 비슷하지만 그보다 조금 더 큰 동물,
우스꽝스럽기 짝이 없는 주둥이와 꼬리를 가진 생명체.

그 뒤를 바짝 따르는 세 명의 기사들.

앞서거니 뒤서거니 정중하면서도 경쟁적으로.
그들 중 누군가가 근엄한 표정을 지으면
나머지는 재빨리 더욱더 위압적인 표정으로 맞선다.
그들 중 누군가가 적갈색의 준마를 타고 가면
다른 누군가는 더욱 진한 적갈색의 준마에 성큼 올라탄다.
열두 개의 말발굽이
길가에서 가장 흔한 데이지 꽃을 쓰다듬고 지나간다.

슬픔에 지치고, 고통에 인상을 찡그린 사람들,
팔꿈치에 구멍이 나고, 눈이 사팔뜨기인 사람들,
여기서 가장 눈에 띄게 부재중인 건 그들이다.

가장 새파란 하늘 아래 살고 있는
부르주아와 농민들의
가장 절박한 사안들도 부재중.

교수형에 처해도 시원치 않을
가장 독수리다운 눈빛도 부재중이기에
아무런 의혹의 그림자도 드리우지 못한다.

그렇게 그들은 가장 유쾌하게 걸음을 옮긴다,
여기, 가장 봉건적인 리얼리즘 속에서.

화가는 최선을 다해 균형을 유지하려 했다.
지옥은 이미 두번째 그림 속에서 그들을 맞이할 채비를 마쳤으니.

그렇다, 이 모든 것들은 가장 조용한 말조차 필요 없을 만큼 지극히 당연한 것이다.

언니에 대한 칭찬의 말
Pochwała siostry

우리 언니는 시를 쓰지 않는다.
아마 갑자기 시를 쓰기 시작하는 일 따위는 없을 것이다.
시를 쓰지 않았던 엄마를 닮아,
역시 시를 쓰지 않았던 아빠를 닮아
시를 쓰지 않는 언니의 지붕 아래서 나는 안도를 느낀다.
언니의 남편은 시를 쓰느니 차라리 죽는 편을 택할 것이다.
제아무리 그 시가 '아무개[4]의 작품'이라고 그럴듯하게 불린다 해도
우리 친척들 중에 시 쓰기에 종사하는 사람은 단 한 사람도 없다.

언니의 서랍에는 오래된 시도 없고,
언니의 가방에는 새로 쓴 시도 없다.
언니가 나를 점심 식사에 초대해도
시를 읽어주기 위해 마련한 자리는 아니라는 걸 나는 잘 알고 있다.
그녀가 끓인 수프는 숨겨진 모티프가 없이도 그럴싸하다.
그녀가 마시는 커피는 절대로 원고지 위에 엎질러질 염려가 없다.

가족 중에 시 쓰는 사람이 한 명도 없는 그런 가족들은 무수히 많다.

그러나 결국 시인이 나왔다면 한 사람으로 끝나진 않는다.
때때로 시란 가족들 상호간에 무시무시한 감정의 소용돌이를 일으키며
세대를 관통하여 폭포처럼 흘러간다.

우리 언니는 입으로 제법 괜찮은 산문을 쓴다.
그러나 그녀의 유일한 글쓰기는 여름 휴양지에서 보내온 엽서가 전부다.
엽서에는 매년 똑같은 약속이 적혀 있다:
돌아가면
이야기해줄게.
모든 것을.
이 모든 것을.

여인의 초상
Portret kobiecy

선택할 수 있어야 한다.
아무것도 바뀌지 않게 스스로 변해야 한다.
이것은 쉽고, 불가능하고, 어렵고, 그래서 더더욱 해볼 만한 일이다.
필요하다면 그녀의 눈동자는 때로는 짙푸르게, 때로는 잿빛으로 시시각각 변하리라.
검은빛을 띠다가도 때로는 명랑하게, 때로는 이유 없이 눈물을 머금으리라.
이 세상에 하나밖에 없는 단 한 사람, 혹은 수많은 사람 중 '누군가'가 되어
그와 함께 곤히 잠자리에 들리라.
그를 위해 네 명이거나, 한 명도 아니거나, 아니면 단 한 명의 아이를 낳아주리라.
순진무구하지만, 가장 적절한 충고를 하게 되리라.
연약하기 짝이 없지만 무거운 짐을 짊어지게 되리라.
목 위에 머리가 없지만,[5] 곧 갖게 되리라.
야스퍼스[6]와 여성지를 동시에 읽게 되리라.
나사를 어디에 조여야 하는지 모르면서도 근사한 다리를 만들어 세우리라.
항상 그래왔듯 젊은 모습으로, 갈수록 더 젊은 모습으로 남아

있으리라.
  양손에는 날개가 부러진 참새와,
  길고도 머나먼 여행을 위한 약간의 여비와,
  고기를 토막 내는 식칼과, 붕대와, 한 잔의 보드카를 들고,
  어디를 향해 그렇게 숨 가쁘게 달려가고 있는지, 피곤하지도 않은지.
  많이 고단하건, 조금 고단하건, 아무래도 상관없으니.
  그에 대한 사랑 때문이건, 아니면 아집 때문이건,
  좋은 일이건, 나쁜 일이건,
  혹은 신의 가호 덕분이건.

쓰지 않은 시에 대한 검열

Recenzja z nie napisanego wiersza[7]

시의 첫머리에서
이 여류 시인은 지구가 작다고 단정 짓는 반면,
하늘은 극단적으로 거대하게 묘사하고 있다.
잠시 인용해보자: "하늘에는 필요한 것보다 더 많은 별들이 있다."

하늘에 관한 표현에서 시인의 무력감이 발견된다.
저자는 저 끔찍한 무한대의 공간에서 길을 잃었다.
수많은 행성들이 무기력한 휴면 상태로 그녀에게 충돌한다.
머지않아 그녀의 지성, 부연 설명하자면 '그다지 견고하지 못한' 지성은
다음과 같은 의문을 품기 시작하리라:
태양 아래서, 햇살이 비치는 이 세상 곳곳에서, 우리는 결국 혼자가 아닐까?

이것은 가능성의 법칙을 철저히 무시하는 발상,
오늘날 보편적으로 확산된 가설을 완전히 뒤집는 행위,
아무 때나 인간의 손아귀에 들어갈 수 있는 명확한 증거에 정면으로 맞서는 일이다.
아, 도대체 시라는 건 왜 이 모양인지.

마침내 우리의 여류 시인은 지구로 돌아왔다.

그녀의 표현에 따르면 지구는 "목격자 없이 열심히 돌아가는 행성"이며,

"우주가 그 비용을 감당할 수 있는 SF소설"이다.

'안드로메다'나 '카시오페아' 행성도

파스칼(1623~1662, 편집자 주)의 절망에는

대적할 만한 것이 못 된다고 여기고 있다.

인간의 고독한 속성을 자꾸만 확대시키고, 거기에 얽매인다.

그리하여 끊임없이 다음과 같은 질문들을 던진다: 어떻게 살아야 할까, 기타 등등……

왜냐하면 시인에 따르면 "우리는 결코 공허의 늪에서 빠져나올 수 없기 때문이다."

인간은 자기 자신을 향해 이렇게 외친다. "신神이시여,

자비를 베푸소서, 길을 밝혀주소서……"

시인은 인생이 마치 고갈되지 않는 재고품이라도 되는 듯

함부로 낭비되는 것에 대해 일종의 강박 관념을 가지고 있다.

그녀의 비딱한 견해에 따르면 양측 모두에게 늘 패배를 안겨주는

'전쟁'에 관해서도 마찬가지.

사람이 사람 위에 "주인으로 군림하는 행위"(원문그대로임)에 대해서도 마찬가지.

도덕적인 성향이 작품 속에서 매우 강하게 느껴진다.

시인의 펜이 조금만 덜 노련했더라면, 그런 의도는 적나라하게 드러났으리라.

애석하긴 하지만, 그래서 뭐, 어쨌단 말인가.

시인은 "태양 아래서, 햇살이 비치는 이 세상 곳곳에서, 우리는 과연 혼자일까, 아닐까?"와 같은 본질적으로 설득력이 결여된 명제를

고상한 미사여구와 일상적인 언어가 뒤섞여버린

자신의 무심하고 태평한 문체 속에 억지로 쑤셔 넣어버렸다.

그러니 과연 누가 이 작품을 신뢰할 수 있겠는가?

확신컨대 이 작품을 납득할 수 있는 사람은 아무도 없다. 이것이 정답이다.

경고
Ostrzeżenie

우주 공간에 갈 때는 어릿광대들을 데려가지 말 것,
이것이 내 충고다.

열네 개의 죽은 혹성들과
몇 개의 혜성, 그리고 두 개의 별을 지나
마침내 세번째 행성을 향해 길을 떠날 때쯤이면
어릿광대들은 유머 감각을 완전히 잃어버리고 말 테니까.

우주는 말 그대로 우주다.
다시 말해 '완전하다'는 뜻.
어릿광대들은 바로 그 점을 절대 받아들일 수 없으리라.

그 무엇도 어릿광대들을 기쁘게 하지는 못하리라.
시간으로도—너무나 아득하니까,
아름다움으로도—결함이 없으므로,
위엄으로도—유쾌한 분위기로 되돌리려면 너무나 힘이 들기에.
모두가 경탄에 빠져 있을 때,
그들은 하품을 할 것이다.

네번째 행성으로 향하는 길은

더욱더 끔찍하리라.
씁쓸한 미소,
엉망진창이 되어버린 잠과 깨진 균형,
쓸데없는 잡담:
까마귀는 부리에 치즈를 물고 있고,
예수 그리스도의 초상화에는 파리가 앉았고,
원숭이는 사우나를 하고 있다는 둥.
―그래, 인생이란 다 이런 거지, 뭐.

그들은 편협하다.
무한한 시간보다는 목요일을 선택한다.
그들은 원시적이다.
광활한 음악의 세계보다는 조율 안 된 음 하나를 선택한다.
그들은 이론과 실제의 틈바구니,
원인과 결과의 사이에 존재할 때
가장 행복하다.
하지만 이곳은 지구가 아니라 모든 것이 완벽하게 결합된 우주 공간.

서른번째 행성에 도착했을 때,
(이곳이 허허벌판 황무지라는 사실에 주목하면서)
그들은 조종석에서 내리려고도 하지 않았다.
"머리가 아파요" "손가락을 다쳤어요"
기타 등등 온갖 자질구레한 핑계를 늘어놓으며.

아, 얼마나 수치스럽고, 난처한 일인가.
우주 공간에서 우리는 너무 많은 비용을 탕진하고 말았다.

양파
Cebula

양파는 뭔가 다르다.
양파에겐 '속'이란 게 존재하지 않는다.
양파다움에 가장 충실한,
다른 그 무엇도 아닌 완전한 양파 그 자체이다.
껍질에서부터 뿌리 구석구석까지
속속들이 순수하게 양파스럽다.
그러므로 양파는 아무런 두려움 없이
스스로의 내면을 들여다볼 수 있다.

우리는 피부 속 어딘가에
감히 접근할 수 없는 야생 구역을 감추고 있다,
우리의 내부, 저 깊숙한 곳에 자리한 아수라장,
저주받은 해부의 공간을.
하지만 양파 안에는 오직 양파만 있을 뿐
비비꼬인 내장 따윈 찾아볼 수 없다.
양파의 알몸은 언제나 한결같아서
아무리 깊숙이 들어가도 늘 그대로다.

겉과 속이 항상 일치하는 존재.
성공적인 피조물이다.

한 꺼풀, 또 한 꺼풀 벗길 때마다
좀더 작아진 똑같은 얼굴이 나타날 뿐.
세번째도 양파, 네번째도 양파,
차례차례 허물을 벗어도 일관성은 유지된다.
중심을 향해 전개되는 구심성求心性의 푸가.
메아리는 화성和聲 안에서 절묘하게 포개어졌다.

내가 아는 양파는
세상에서 가장 보기 좋은 둥근 배.
영광스러운 후광을
제 스스로 온몸에 칭칭 두르고 있다.
하지만 우리 안에 있는 건 지방과 정맥과 신경과
점액과, 그리고 은밀한 속성뿐이다.
양파가 가진 저 완전무결한 무지함은
우리에겐 결코 허락되지 않았다.

자살한 사람의 방
Pokój samobójcy

당신들은 틀림없이 그 방이 비어 있었으리라 단정합니다.
하지만 거기엔 등받이가 튼튼한 의자 세 개,
어둠을 밝히기에 딱 알맞은 전등 하나,
지갑과 신문이 놓인 책상이 있었습니다.
근심 걱정 없는 자애로운 부처, 고뇌와 비탄에 잠긴 예수,
행운의 상징인 일곱 마리 코끼리,
그리고 서랍 속에 수첩 한 개가 있었습니다.
당신들은 거기에 우리들의 주소가 적혀 있지 않았을 거라 생각합니까?

책과 그림과 음반들이 없었다고 생각합니까?
하지만 거기엔 검은 손이 연주하는 위로의 트럼펫 선율이 있었습니다.
진심 어린 꽃송이를 들고 서 있는 사스키아[8]가 있었습니다.
신성의 불꽃이 뿜어내는 환희가 있었습니다.
오디세우스[9]는 제5장에서 힘겨운 고난을 마치고
원기를 회복하기 위해 책장 안에서 달콤한 잠에 빠져 있고,
아름답게 무두질한 표지 위에는
금박으로 새겨진 도덕군자들의 이름이 자랑스레 새겨져 있었습니다.

그 옆에는 정치가들이 꼿꼿한 자세로 서 있었습니다.

문이 있으니 출구가 없는 것도 아니고,
창문이 있으니 전망이 안 보이는 것도 아닌데,
이 방에는 출구도, 전망도 없는 것처럼 느껴졌습니다.
먼 곳을 바라보기 위한 안경이 창턱에 놓여 있고,
아직까지 살아 있는 파리 한 마리가 윙윙대며 그 위를 날아다니고 있었습니다.

당신들은 편지가 적어도 뭔가를 밝혀줄 거라 기대하고 있군요.
하지만 애초에 편지 따윈 없었다면 어쩔 건가요?
한때 그의 절친한 친구였던 우리들은
유리컵에 기대어 세워놓은
텅 빈 봉투 속으로 다들 들어가버렸으니까요.

자아비판에 대한 찬사
Pochwała złego o sobie mniemania

대머리 독수리에게는 스스로를 비판할 거리가 아무것도 없다.
검은 표범에게는 양심의 가책이란 말이 낯설기만 한다.
피라니아는 자신의 행동이 정당하다는 데 일말의 의혹도 품지 않는다.
방울뱀은 무조건 자기를 추켜세운다.

스스로를 냉철하게 평가할 줄 아는 자칼[10]은 존재하지 않는다.
메뚜기, 악어, 선모충, 그리고 쇠파리도 마찬가지.
생긴 대로 살아가며 그것으로 만족한다.

범고래의 심장은 수백 근의 무게를 자랑하지만,
다른 관점에서 보면 가볍기 짝이 없다.

태양계의 세번째 행성에서
순수한 양심보다
더 동물적인 것은 없다.

인생이란…… 기다림
Życie na poczekaniu

인생이란…… 기다림.
리허설을 생략한 공연.
사이즈 없는 몸.
사고思考가 거세된 머리.

내가 연기하고 있는 이 배역이 어떤 것인지는 나도 잘 모른다.
단 한 가지 확실한 건, 이 역할은 나만을 위한 것이며,
내 맘대로 바꿀 수는 없다는 사실.

무엇에 관한 연극인지는
막이 오르고, 무대 위에 올라가야 비로소 알 수 있다.

인생의 절정을 맞이하기 위한 준비는 늘 엉망진창이다.
주어진 극의 템포를 나는 힘겹게 쫓아가는 중.
즉흥 연기를 혐오하지만, 어쩔 수 없다.
임기응변으로 상황에 맞는 즉석 연기를 해야 한다.
한 발자국 내디딜 때마다 사물의 낯설음과 부딪쳐 넘어지고 자빠지면서도.
내 삶의 방식은 언제나 막다른 골목까지 내몰려 있다.
내 본능은 어설픈 풋내기의 솜씨.

긴장 탓이라고 스스로를 위로해보지만, 그럴수록 더 큰 모멸감이 되돌아올 뿐.
정상 참작을 위한 증거들이 내게는 오히려 잔인하게만 느껴진다.

한번 내뱉은 말과 행동은 결코 되돌릴 수 없는 법,
밤하늘의 별들을 미처 다 헤아리지도 못했다.
서두르고 덤벙대다가 잘못 잠근 외투의 단추처럼
갑작스런 돌발사태가 빚어낸 안타까운 결과.

어느 수요일 하루만이라도 미리 연습할 수 있다면,
어느 목요일 하루만이라도 다시 한번 되풀이할 수 있다면!
하지만 금요일이 되면 벌써 새로운 시나리오 작가와 함께 어김없이 나를 찾는다.
그러곤 묻는다—자, 모든 게 이상 없죠?
(잔뜩 쉬어터진 거친 목소리로.
막 뒤에서 헛기침으로 미리 귀띔을 해주는 일조차 없이.)

지금 이 상황을 임시로 마련된 무대 위의 간단한 오디션이라고 생각한다면
그것은 커다란 착각이다. 절대로 그렇지 않다.
나는 정교한 무대 장치 아래 서서
모든 사물들이 얼마나 치밀하게 배치되었는지를 똑똑히 보고 있다.
구석구석 놓여 있는 소품들의 정확성과 견고함은 가히 충격적이다.

무대를 회전시키는 장치는 벌써 오래전부터 작동 중이다.
저 멀리서 성운星雲이 뜨겁게 타오르기 시작한다.
아, 이것은 틀림없는 개막 공연이다.
이 순간 내가 행하는 모든 것들은 아무리 사소한 것일지라도 다른 누구도 아닌 내가 저지른 것으로 영원히 굳어져버린다.

스틱스강에서
Nad Styksem

자, 개별적인 영혼들이여, 여기는 스틱스강[11]이다.
그래 맞다, 여기는 스틱스강이다. 뭣 때문에 그렇게들 놀라느냐?
머지않아 확성기를 통해 카론[12]의 굵은 저음이 들려오면,
속세의 숲에서 놀라 달아났던 님프의 보이지 않는 손이
너희를 안식처로 떠밀 것이다.
(모든 님프들은 벌써 오래전부터 정식으로 이곳에서 일하고 있다.)
화려한 스포트라이트를 받으며
강력한 콘크리트와 강철로 만든 견고한 방파제 너머로
케케묵은 썩은 나무로 만든 그 시절의 나룻배 대신
모터가 장착된 수백 개의 보트가 당당히 모습을 드러낸다.
인류의 과잉 번식으로 경계가 무너졌으니,
친애하는 영혼이여, 어쩌면 이것은 당연한 결과가 아닐는지.
강변의 정경을 심각하게 훼손시키며
고층빌딩이 빽빽이 솟아오르고 있다.
해마다 기하급수적으로 늘어나는 승객들에게
효율적인 운행과 안전을 보장한다는 명목으로
가건물과 창고, 각종 사무실과 선창이 우후죽순처럼 늘어나는 중.
친애하는 영혼이여, 여기 위대한 신들 가운데 하나인 헤르메스[13]가 있다.

그는 최소한 몇 년 앞서 미래를 내다보고, 계획을 세워야만 한다.
어느 나라에서 전쟁이 일어나고, 어느 지역에서 독재가 시작될지 예측해서
배에 오를 승객들의 자리를 미리미리 배정한다.
스틱스강을 건너는 운임은 무료.
단지 고풍스러운 고대 문명에 대한 감상적인 향수 때문에
다음과 같은 글귀가 적혀 있는 요금함이 형식적으로 놓여 있을 뿐:
"이곳에 단추 따위를 집어넣지 마시오."
자, 거기 있는 영혼이여, 시그마[14] 4 구역에 정박한 선박 타우[15] 30에 승선하라.
비록 배가 만원이어서 숨 막히게 더울지라도
당신을 위한 공간은 어딘가에 반드시 있으리라.
필연이 요구하는 대로 컴퓨터가 당신의 자리를 정확히 마련해놓았을 테니.
타르타로스[16]에서도 마찬가지.
넘쳐나는 예약 탓에 몸을 펴기 힘들 정도로 비좁고 갑갑하다.
마음대로 움직일 수도 없고, 옷자락은 형편없이 구겨지리라.
내 작은 유리병 안에는 레테의 강에서 퍼온 한 방울도 채 안 되는 물이 담겨 있다.
영혼이여, 명심하라.
저승에 대해 끊임없이 의구심을 가져야만
전망도 넓어지는 법이니.

유토피아
Utopia

모든 것이 명백하게 설명되어 있는 섬.

이곳에서는 탄탄한 증거의 토대를 딛고 서 있을 수 있다.

모든 길은 목적지를 향해 뻗어 있다.

덤불은 정답의 무게에 짓눌려 있다.

아득한 옛날부터 이곳에는 엉키지 않고 곧게 나뭇가지를 뻗은
'논리적인 가설의 숲'이 울창하게 우거져 있다.

우물가에는 눈부시게 곧은 '이해의 나무'가
"옳아! 이제 알겠어!"를 연방 외치는 중.

숲속으로 멀리 들어갈수록 '명백한 타당성의 계곡'이
더욱 넓게 펼쳐져 있다.

일말의 의구심이라도 싹트기 시작하면 바람이 불어와 사방으로 흩어놓는다.

메아리는 부르는 사람 없어도 저절로 응답하면서
세상의 비밀에 대해 기꺼이 속삭인다.

오른쪽에는 '의미'가 보관된 동굴.

왼쪽에는 '깊은 신념'의 호수.
바닥 깊숙한 곳에서 흘러나온 '진실'이 수면 위로 살포시 고개를 내민다.

'흔들리지 않는 확신'이 계곡 너머로 우뚝 솟았다.
그 꼭대기에서 '사물의 본질'이 한눈에 보인다.

하지만 이 모든 매력적인 조건에도 불구하고, 섬에는 사람이 살지 않는다.
다만 해변에서 희미한 발자국이 발견될 뿐.
그것들은 한 치의 예외도 없이 모두 바다를 향하고 있다.

할 수 있는 것이라곤 이곳을 떠나 다시는 돌아오지 않기 위해
바닷속으로 몸을 던지는 일뿐이라는 듯.

이해할 수 없는 일들로 가득한 삶 속으로.

다리 위의 사람들

(1986)

무대 공포증
Trema

시인, 그리고 작가.
흔히들 말한다.
시인은 작가가 아니라고, 그러면 대체 누구란 말인가?

시인은 '시'를, 작가는 '산문'을 쓴다?

산문 속에는 모든 것을 담을 수 있으며, 그 속에는 물론 '시'도 포함된다.
하지만 '시'는 단지 '시'여야만 한다.

'시'의 탄생을 널리 알리는 플래카드에는
화려한 아르누보풍으로 장식된 시인의 'ㅅ'자가
날개를 단 고풍스러운 라이어[1] 줄에 보란 듯이 멋지게 매달려 있다.
자, 나는 무대에 들어설 때 평범하게 뚜벅뚜벅 걷기보다는
사뿐사뿐 날아서 입장해야 마땅하리라.

어설프게 천사의 자태를 흉내 내려면
밑바닥에 무거운 가죽 밑창을 댄 낡은 장화를 신고
쿵쾅대며 뒤뚱뒤뚱 걷는 것보다는

차라리 가벼운 맨발이 나으리라.

드레스 자락이 끌리도록 좀더 길게 늘어뜨릴 걸 그랬나.
가방이 아니라 기다란 소맷자락에서 시를 꺼내는 건 어떨까.
성대한 축제나 흥겨운 퍼레이드에 걸맞는 옷차림으로,
웅장한 종소리와 함께 등장하는 건 어떨까.
뎅-그-렁.
뎅-그-렁.

저기, 무대 위에는 금박으로 장식된 다리를 가진
교령회交靈會[2]용 탁자 한 개가 덩그마니 놓여 있다.
작은 탁자 위에는 조용히 연기를 내뿜는 조그만 촛대 하나.

무대에 마련된 광경으로 미루어 보아
아마도 촛불 아래서 '시'를 낭독해야만 할 듯하다.
평범하기 짝이 없는 전깃불 아래서
탁, 탁, 탁, 좌판을 두드리며 기계적으로 써 내려간 '시'를.

이것이 과연 '시'일까, 아닐까,
어떤 종류의 '시'일까,
괜스레 앞당겨 걱정할 필요는 없겠지.

'시' 속에서 '산문'이 보이는 그런 '시'일까,
아님 '산문' 속에서 그럴듯하게 보이는 '시'일까?

그런데 대체 무슨 차이가 있단 말인가.
보라색 술이 달린 진홍빛 커튼을 드리운
흐릿한 불빛 속에서나
확연히 구분할 수 있음에야.

과잉
Nadmiar

새로운 별이 발견됐다.
그렇다고 하늘이 더 밝아졌다거나
부족했던 뭔가가 채워졌다는 의미는 아니다.

거대하지만 동시에 까마득히 멀리 있는 별.
너무 멀리 있어서, 작게만 보이는 별,
때로는 저보다 훨씬 작은 다른 별들보다
더 조그맣게 보이는 별.
만일 우리에게 놀라움을 음미할 시간이 주어진다면
이런 일쯤 아무것도 아니란 걸 깨닫게 되련만.

별의 나이, 별의 무리, 별의 위치,
이 모든 사실은 그저 박사학위 논문 한 편 쓰기에
충분할 정도다.
하늘과 가깝게 지내는 동료들이 모두 모여
포도주 한잔 들이켜기에 충분할 정도다.
천문학자와 그의 아내, 친척들과 친구들은
가벼운 옷차림을 한 채, 자유로운 분위기 속에서
세속적인 잡담을 나누며
지구에서 생산된 땅콩을 씹어 먹고 있다.

별이 제아무리 아름답다 해도
그것과는 비교도 안 될 만큼 가까이 있는
우리의 여인들을 위해
축배를 들지 못할 이유는 되지 못한다.

별은 언제나 좌충우돌, 계획성도 일관성도 없다.
날씨와 유행, 경기의 결과,
정책의 변화나 가계의 소득, 가치의 위기에도
아무런 영향을 미치지 못한다.

선동적인 과업이나 중공업 발전에도 보탬이 되지 못하고,
회담용 탁자의 번쩍이는 광택 속에 투영되는 일도 없다.
별은 우리가 열심히 헤아리는 인생의 무수한 날들보다 더 많고,
아득하다.

얼마나 많은 별들 아래서 사람들이 태어나는지,
찰나와도 같은 짧은 시간이 흐르고 나면
또 얼마나 많은 별들 아래서 사람들이 죽어가는지,
대체 이런 질문들이 다 무슨 소용이람.

새로운 별이 출현했다.
―그 별이 어디에 있는지, 그것만이라도 좀 보여줘.
―저 멀리 회색빛 구름 보이지?
뭉게구름의 들쭉날쭉한 가장자리와 저기, 왼쪽에 있는 아카시

아 가지,
 그 사이에서 반짝이고 있잖아.
 ―아하! 그렇구나! ―고개를 끄덕이는 나.

고고학
Archeologia

자, 불쌍하기 짝이 없는 인간이여,
내 분야에서 진보는 이미 이루어졌다.
네가 나를 '고고학'이라 부르기 시작한 지
벌써 수천 년의 시간이 흘렀으므로.

내게는 더 이상 화석의 신들이
필요치 않다.
판독하기 쉬운 글씨들이 새겨져 있는
폐허도 마찬가지.

네가 가진 것 중 아무거나 좋으니
내게 보여다오.
그러면 네가 누구였는지 정확히 알아맞히리라.
무언가의 안쪽, 깊숙한 바닥도 좋고,
아니면 꼭대기, 맨 윗부분도 좋다.
엔진의 파편. 브라운관에서 떨어져 나온 조각.
전선의 부스러기. 산산조각 난 손가락뼈.
그보다 더 작은 일부분, 아니 더욱더 미세한 단서여도 상관없다.

네가 살던 시대에는

미처 개발되지 않았던 기술을 동원하여
이루 헤아릴 수 없이 많은 요소와 성분들 속에서
곤히 잠자고 있던 기억을 모두 일깨우리라.
핏자국은 영원히 남는 법.
거짓은 명백하게 드러나게 마련이고,
비밀번호는 사방에 메아리 치고 있다.
모든 의혹과 의도들은 공개적으로 밝혀지리라.

너는 아마 믿을 수 없겠지.
내가 마음만 먹으면
침묵 속에 닫혀버린 네 목구멍 속까지
훤히 들여다볼 수 있음을.
(내가 과연 그렇게 할 생각이 있는지
넌 확신할 수 없겠지만.)
먼 옛날 네가 어떤 풍경을 바라보았는지
네 안구에서 고스란히 읽어낼 수 있다는 사실을.
네가 인생에서 죽음 말고 또 무엇을 기다려왔는지
사소한 세부사항들로 너를 일깨울 수 있으리라는 것을.

네가 뒤에 남겨놓은 것 중에
'무無'를 내게 보여다오,
그것으로 나는 숲과, 도로와, 비행장을 만들고,
비열함과 다정함을 되살리고,
무너진 집을 다시 일으켜 세울 테니까.

나에게 너의 시를 보여다오,
그러면 네게 말해주리라.
어째서 더 일찍도, 더 늦게도 아닌
바로 지금 이 순간 너의 시가 탄생했는지를.

저런, 아니야, 너는 내 말을 제대로 이해하지 못했구나.
문자들이 잔뜩 써 있는 이 우스운 종이 쪼가리를 어서 치우렴.
내게 필요한 건
땅 위에 쌓아 올려진 네 둥그런 흙무덤과
옛날, 아득히 먼 옛날부터
공기 속을 유영하던 뭔가를 태우는 냄새,
오직 그것뿐.

모래 알갱이가 있는 풍경
Widok z ziarnkiem piasku

우리는 그것들을 모래 알갱이라 알고 있지만
그 자신에게는 알갱이도 모래도 아니다.
모래 알갱이는 보편적이건, 개별적이건,
일시적이건, 지속적이건,
그릇된 것이건, 적절한 것이건,
이름 없이 지내는 익명의 상태에 익숙하다.

우리가 쳐다보고, 손을 대도 아무것도 아니다.
시선이나 감촉을 느끼지 못하기에.
창틀 위로 떨어졌다 함은 우리들의 문제일 뿐,
모래 알갱이에겐 전혀 특별한 모험이 아니다.
어디로 떨어지건 마찬가지.
벌써 착륙했는지, 아직 하강 중인지
분간조차 못하기에.

창밖에는 아름다운 호숫가 풍경,
그러나 풍경은 스스로를 보지 못한다.
우리가 사는 이 세상 속에서 풍경은
아무런 색깔도, 형태도,
소리도, 향기도, 고통도 없다.

호수 바닥에겐 바닥이 없고,
호수 기슭에겐 기슭이 없다.
호수에 고인 물에겐 축축함도, 건조함도 없다.
자신이 물결치는 소리를 듣지 못하는 파도는
크지도, 작지도 않은 바위를 향해
한 번도, 여러 번도 아닌 채 그렇게 휘몰아친다.

하늘 아래 모든 것은 하늘 아닌 어딘가에 존재한다.
그 하늘에서 태양은 지지 않고, 다만 스러져갈 뿐.
무심하게 흐르는 구름 뒤로 태양이 숨지 않고, 몸을 가리면
그저 바람이라는 이유로 공기 속을 유영하는 바람이
구름을 이리저리 휘몰고 다닌다.

1초가 지나고,
두번째 1초,
세번째 1초,
그것은 단지 우리에게만 3초일 뿐.

급한 전갈을 지닌 사자使者처럼 시간은 쏜살같이 흐른다.
하지만 그것은 단지 우리의 비유일 뿐.
상상이 빚어낸 가공의 인물이 급한 듯 서두른다,
인간의 것이 아닌 어떤 소식을 전하기 위해.

과장 없이 죽음에 관하여

O śmierci bez przesady

죽음은 농담을 모른다.
별이나 다리에 대해서도,
직조 기술, 채광, 곡식의 경작법이나
조선술, 빵 굽는 비법에 관해서도 알지 못한다.

내일을 설계하는 우리의 대화 속에
화제와는 아무런 상관없는
자신의 마지막 말을 느닷없이 끼워넣는다.

자신의 본업과 직결된
다른 사항들에 대해서도 전혀 모른다.
무덤을 파는 일도,
관을 짜는 것도,
모든 작업에 으레 수반되는 뒷정리조차도.

오로지 '죽이는 순간'에만 열중한 나머지
매사를 서투르게 처리하고 만다.
체계적인 계획이나 훈련도 없이.
이제 막 뭔가를 습득한 미숙하기 짝이 없는 우리들처럼.

대개는 눈부신 승리를 거두었지만,
실패 또한 얼마나 많았는지.
헛된 발길질과
또다시 반복되는 시도!

때로는 공중의 파리를 잡기에도
힘에 부치고,
몇 마리의 애벌레들과
기어가기 시합에서 패배하는 경우도 있다.

구근球根과 꼬투리,
더듬이, 지느러미, 호흡기,
짝짓기를 위한 깃털, 겨울나기에 필요한 털가죽.
죽음이 게으름 피우는 사이
이 모든 것들은 끊임없이 죽음에게
업무가 잔뜩 밀렸음을 경고하고 있다.

나쁜 의도만 가지고는 충분치 않다.
전쟁이나 테러를 동원한 우리의 지원 사격도
아직까진 턱없이 부족하다.

심장은 알 속에서 힘차게 고동친다.
갓난아기의 골격은 나날이 성장한다.
씨앗은 두 개의 떡잎으로 싹을 틔우고,
대부분 지평선에 우뚝 솟은 거대한 나무로 무럭무럭 자라난다.

스스로가 전능하다고 생각하는 자는
전혀 전능하지 않다는
살아 있는 증거.

어차피 삶에서는
단 한 순간의 불멸도
기대할 수 없다.

죽음은
언제나 간발의 차이로 뒤늦게 찾아드는 법.

보이지 않는 문고리를
헛되이 잡아당긴다.
한정된 시간 내에 얼마만큼 이루어내던
없던 일로 돌이키는 것은 불가능하다.

우리 조상들의 짧은 생애

Krótkie życie naszych przodków

서른 살까지 살아남는 사람은 정말 드물었다.
노년기는 단지 돌이나 나무의 특권일 뿐.
유년기는 새끼 늑대가 무럭무럭 자라듯 순식간에 종료되었다.
생명과 보조를 맞추기 위해 최대한 서둘러야만 했다.
해가 저물기 전에,
첫눈이 내리기 전에.

열세 살에 자식을 낳은 엄마들.
갈대숲에서 새 둥지를 향해 살금살금 다가가는 네 살배기 추격자들.
스무 살의 사냥꾼 우두머리들.
그들은 사라지기도 전에 벌써 존재하지 않았다.
불멸은 종말 속에 너무도 빨리 융화되었다.
마녀들은 몇 개 안 남은 쓸 만한 이빨로
주문을 씹는다.
아버지의 눈앞에서 아들은 남자가 되었다.
할아버지의 텅 빈 동공 앞에서 손자가 태어났다.

애초부터 나이 따위를 헤아리지도 않았다.
다만 그물과 냄비와 헛간과 도끼의 숫자를 세었을 뿐.

밤하늘의 보잘것없는 별들에겐 그처럼 관대하기만 하던 세월이
그들에겐 빈손을 불쑥 내밀었다가는
그것마저 아깝다는 듯 금세 거둬들이고 말았다.
한 발자국 가까이, 두 발자국 가까이
어둠 속에서 샘솟았다 어둠 속으로 사라지는
빛나는 강물을 따라서.

잃어버린 시간은 단 한 순간도 없었다.
미뤄진 질문도, 때늦은 계시도 없었다.
단지 타이밍을 정확히 맞춘 생의 체험만이 있었을 뿐.
지혜는 머리가 하얗게 셀 때까지 기다릴 수 없었다.
명백히 드러나기 전에 모든 걸 분명히 알아야만 했다.
사방으로 울려 퍼지기 전에 모든 소리를 들어야만 했다.

선과 악—
그들은 아는 게 별로 없었지만, 실은 모든 걸 알고 있었다.
악이 승리하면, 선은 자취를 감춘다는 걸,
선이 모습을 드러내면, 악은 슬그머니 꼬리를 내린다는 걸.
그 어느 것도 완벽하게 정복할 순 없으며,
돌이킬 수 없을 만큼 먼 곳으로 내칠 순 없다는 걸.
그러므로 기쁨 곁에는 언제나 공포가 따르고,
절망에는 고요한 희망의 그림자가 깃들기 마련이란 걸.
인생이란 아무리 긴 듯해도, 언제나 짧은 법.
거기에 뭔가를 덧붙이기엔 너무나도 짧은 법.

히틀러의 첫번째 사진
Pierwsza fotografia Hitlera

앙증맞은 유아복을 입은 요 갓난아이는 과연 누구?
히틀러 부부의 아들, 꼬맹이 아돌프.
법학 박사가 될까나, 아니면 비엔나 오페라의 테너 가수가 될까나?
요건 누구의 고사리 손? 요 귀와 눈, 코의 임자는 누구?
우유를 먹여 빵빵해진 이 조그만 배는 또 누구 거지? 아직은 알 수 없네.
인쇄공인지, 의사인지, 상인인지, 신부님인지.
요 우스꽝스러운 조그만 발이 결국엔 어디로 향할까나, 과연 어느 곳으로?
정원으로, 학교로, 사무실로,
아니면 시장 딸과 결혼하기 위해 결혼식장으로 가려나?

아기 천사, 금지옥엽, 재롱둥이, 애물단지,
1년 전 그가 세상에 나왔을 때
하늘과 땅에는 온갖 징조 가득했지.
봄의 햇살, 창틀에 핀 제라늄,
뜰에서 들려오던 아코디언 소리,
분홍빛 종이로 포장된 행운의 점괘,
태어나기 직전 어머니가 꾸었던 운명적인 태몽까지.

꿈속에서 비둘기를 보는 건 즐거운 소식,
그 비둘기를 잡는 건 오랫동안 기다리던 손님이 온다는 반가운 기별.
똑똑…… 누구세요? 아돌프의 조그만 심장이 우리들의 귓가를 두드리는군요.

장난감 젖꼭지, 기저귀, 턱받이, 딸랑이.
건장한 사내아이, 신에게 기도하자, 부정 타지 말고, 건강하게 자랄 수 있게.
부모를 닮았고, 바구니 속 새끼 고양이를 닮았고,
가족 앨범 속의 모든 다른 애들과 꼭 닮은 귀여운 아가.
쉿, 아가야, 지금은 울면 안 돼.
사진사 아저씨가 검은 천 아래서 찰칵 하고 사진을 찍을 거야.

클링거 사진관, 그라벤 거리, 브라우나우.
브라우나우는 작지만 멋진 도시.
건실한 회사들, 선량한 이웃들,
효모로 반죽한 맛있는 케이크와 회색빛 빨랫비누 내음.

개의 불길한 울음소리도, 운명의 발자국 소리도 들리지 않는 곳.
이곳에서 역사 선생님은 옷깃을 느슨히 풀고
공책을 쌓아놓은 채 늘어지게 하품을 한다.

20세기의 마지막 문턱에서
Schyłek wieku

우리의 20세기는 이전의 다른 세기들보다
훨씬 더 발전할 예정이었다.
그러나 그 사실을 입증할 기회를 놓치고 말았다.
모든 연도에 일련번호가 매겨졌다.
흔들리는 걸음걸이,
숨 가쁜 호흡.

일어나지 않았어야 할 일들이
이미 너무도 많이 일어났다.
또한 기대했던 수많은 일들이
발생하지 않았다.

무엇보다도 우리의 20세기는 행복을 향해서,
따뜻한 봄을 향해서 전진할 예정이었다.

공포는 골짜기 너머, 산 너머,
멀리멀리 내동댕이칠 예정이었다.
진실은 거짓보다 한발 앞서
목표 지점에 도달할 예정이었다.

예기치 못했던 몇 가지 불행이
우리를 엄습했다.
전쟁과 굶주림,
그와 유사한 다른 것들.

무방비 상태의 무력한 사람들을
존중할 예정이었다.
타인에 대한 신뢰,
혹은 그에 준하는 다른 가치들 또한 마찬가지였다.

인생을 즐기려고 마음먹은 사람은
결코 실현되지 못할 임무를
떠맡은 것과 매한가지.

어리석다는 건 결코 우스운 일이 아니다.
지혜롭다는 건 결코 유쾌한 일이 아니다.

희망,
그것은 더 이상 저 풋풋한 어린 소녀도,
그와 비슷한 그 무엇도 아니리니, 애석하구나.

바야흐로 신神은 수긍할 예정이었다,
인간이 선하면서, 동시에 강인할 수 있다는 사실을.
그러나 선함과 강함은 여전히 공존하지 못한다.
선한 인간은 강하지 못하고, 강한 인간은 선하지 않다.

"어떻게 살아야 할까요?" 누군가 내게 편지로 물었다.
이것은 내가 바로 그 사람에게 묻고 싶었던
질문이었다.

또다시, 늘 그래왔던 것처럼,
앞에서 언급했듯이,
순진하기 짝이 없는 질문들보다
더 절박한 질문들은 없다.

시대의 아이들
Dzieci epoki

우리들은 시대의 아이들,
바야흐로 시대는 정치적.

너와, 우리와, 너희의 모든 일들,
낮과 밤에 일어나는 모든 일들,
이 모든 것이 정치적.

원하건 원치 않건
우리의 유전자에는 정치적인 과거가,
우리의 피부에는 정치적인 색채가,
우리의 눈동자에는 정치적인 양상이 담겨 있다.

무엇에 대해 말하건, 늘 반향이 일어나고,
무엇에 대해 침묵하건, 늘 웅변으로 돌변하며,
마지막엔 결국 정치적인 내용으로 귀결되어진다.

원초적인 밀림을 지날 때도
우리는 정치적인 토대 위에서
정치적인 발걸음을 옮긴다.

비정치적인 시 역시 사실은 정치적일 따름이니
하늘 저편에는 휘영청 달이 밝건만,
그 아래 사물들은 달빛에 물들지 않았다.
여기 다음과 같은 질문이 있다: 죽느냐 사느냐.
이것은 어떤 질문일까? 어디 한번 대답해봐요, 내 사랑.
결국 정치적인 질문이다.

반드시 인간으로 태어나지 않더라도
모든 사물은 정치적인 의미를 부여받았다.
'석유'나 '단백질 식품' 또는 '가공 원료'로 존재할지언정
그것만으로도 이미 충분히 정치적이다.

아니면 '회담 탁자'여도 무방하리라.
몇 달씩 모여 탁자 모양에 대해 다투고:
그 주변에 둘러앉아 삶과 죽음을 놓고 중재를 하는
둥그렇거나 혹은 네모난 '회담 탁자.'

그동안 사람들은 목숨을 잃었고,
동물들은 죽었고,
집들은 불탔고,
들판은 폐허가 되었다,
덜 정치적이었던
아득한 태고의 그 어떤 시대처럼.

고문
Tortury

아무것도 변하지 않았다.
육신은 고통을 느낀다.
먹고, 숨쉬고, 잠을 자야 한다.
육신은 얇은 살가죽을 가졌고,
바로 그 아래로 찰랑찰랑 피가 흐른다.
꽤 많은 여분의 이빨과 손톱.
뼈는 부서지기 쉽고, 관절은 잘 늘어난다.
고문을 하려면 이 모든 것에 각별히 주의해야 한다.

아무것도 변하지 않았다.
몸은 여전히 떨고 있다, 지금까지 그래왔듯.
로마 건국 이전이나 이후,
기원전이나 기원후의 20세기 또한 마찬가지.
고문은 여전히 행해지고 있다, 지금까지 그래왔듯.
땅덩이만 줄었을 뿐, 그 위에서 일어나는 모든 일은
마치 벽 하나 사이에 둔 듯 가까이서 일어난다.

아무것도 변하지 않았다.
인구만 증가했을 뿐
해묵은 규칙 위반이 발생하면,

현실적이면서 타성에 젖은,
일시적이면서 대수롭지 않은,
새로운 과오가 다시금 되풀이된다.
그에 대한 책임으로 육신은 비명을 지른다.
이 무고한 비명 소리는
아득한 옛날부터 전해 내려온 음역과 음계를 준수하며
과거에도 그러했고, 현재에도 그렇듯이,
앞으로도 길이길이 존재하리라.

예식과 절차, 춤의 포즈들을 제외하고는
아무것도 변하지 않았다.
머리를 감싸 쥐는 손동작도
고스란히 남아 있다.
육신은 몸부림치고, 뒤틀리고, 찢겨져 나간다.
기진맥진 쓰러져, 무릎을 웅크리고,
멍들고, 붓고, 침 흘리고, 피를 쏟는다.

아무것도 변하지 않았다.
강물의 흐름과 숲의 형태, 해변, 사막과 빙하를 제외하고는.
낯익은 풍경들의 틈바구니 속에서 작은 영혼이 배회한다.
사라졌다 되돌아오고, 다가왔다 멀어진다.
스스로에게 낯설고, 좀처럼 잡히지 않는 존재.
스스로 알다가도 모르는 불확실한 존재.
육신이 존재하는 한, 존재하고 또 존재하는 한,
영혼이 머무를 곳은 어디에도 없다.

죽은 자들과의 모의
Konszachty z umarłymi

당신이 어떤 환경에 처했을 때 주로 죽은 사람들이 꿈에 나타납니까?
잠들기 전에 종종 그들을 생각하나요?
누구 얼굴이 제일 먼저 떠오르죠?
매번 같은 사람인가요?
이름은? 성은? 묘지명은? 사망 날짜는?

그들은 주로 무엇에 관해 이야기합니까?
오래된 우정? 혈연관계? 아니면 조국에 대해서?
그들이 어디서 왔다고 밝히던가요?
그들 배후에 누가 있는지,
당신 말고 또 누구의 꿈에 모습을 드러내는지 말하던가요?

그들의 얼굴은 사진과 똑같았습니까?
세월의 흐름과 더불어 그들도 늙었습니까?
그들은 건강해 보였나요, 아니면 안색이 창백했나요?
살해당한 자들은 예전의 치명적인 상처를 깨끗이 회복했나요?
누가 자기들을 죽였는지 여전히 기억하던가요?

손에는 무엇을 들고 있었습니까? 그 물건들을 쭉 적어보세요.

그것들은 썩었나요? 녹슬었나요? 불에 탔나요? 부서졌나요?
어떤 기색이 눈빛에 담겨 있었나요? 애원, 아니면 위협? 구체적으로 적어보세요.
당신은 그들과 단지 날씨에 관한 이야기만 했습니까?
새나 꽃에 대해서, 아니면 나비에 대해서 이야기했습니까?

그들이 난처한 질문을 하지는 않았습니까?
만약 그랬다면 당신은 뭐라고 대답했을까요?
신중하게 입을 다무는 편이 낫지 않았을까요?
아니면 은근슬쩍 꿈의 주제를 바꾼다든지
때맞춰 꿈에서 깨어나 현실로 돌아오는 건 어떤가요?

이력서 쓰기
Pisanie życiorysu

무엇이 필요한가?
신청서를 쓰고,
이력서를 첨부해야지.

살아온 세월에 상관없이
이력서는 짧아야 하는 법.

간결함과 적절한 경력 발췌는 이력서의 의무 조항.
풍경은 주소로 대체하고,
불완전한 기억은 확고한 날짜로 탈바꿈시킬 것.

결혼으로 맺어진 경우만 사랑으로 취급하고
그 안에서 태어난 아이만 자식으로 인정할 것.

네가 누구를 아느냐보다, 누가 널 아느냐가 더 중요한 법.
여행은 오직 해외여행만 기입할 것.
가입 동기는 생략하고, 무슨 협회 소속인지만 적을 것.
업적은 제외하고, 표창받은 사실만 기록할 것.

이렇게 쓰는 거야. 마치 자기 자신과 단 한 번도 대화한 적 없고,

언제나 한 발자국 떨어져 객관적인 거리를 유지해왔던 것처럼.

개와 고양이, 새, 추억의 기념품들, 친구,
그리고 꿈에 대해서는 조용히 입을 다물어야지.

가치보다는 가격이,
내용보다는 제목이 더 중요하고,
네가 행세하는 '너'라는 사람이
어디로 가느냐보다는
네 신발의 치수가 더 중요한 법이야.
게다가 한쪽 귀가 잘 보이도록 찍은 선명한 증명사진은 필수.
그 귀에 무슨 소리가 들리느냐보다는
귀 모양이 어떻게 생겼는지가 더 중요하지.
그런데 이게 무슨 소리?
이런, 서류 분쇄기가 덜그럭거리는 소리잖아.

장례식
Pogrzeb

"이렇게 갑자기 갈 줄, 누가 짐작이나 했겠어?"
"스트레스와 담배를 조심하라고 그렇게 그에게 주의를 주었건만"
"그럭저럭 지내고 있어, 고마워"
"이 꽃들, 포장 좀 끌러줘"
"형도 심장병으로 갔는데, 아마 유전인가 봐"
"턱수염을 기르니까 당신인 줄 몰라보겠어요"
"자업자득이지. 언제나 주제넘게 참견하는 것을 좋아했으니 말야"
"새로 온 그가 추모사를 하기로 했는데, 안 보이네"
"카제크는 바르샤바에 있고, 타데크는 외국에 나갔어요"[3]
"딱 한 번 당신이 똑똑하다고 느꼈는데, 그건 우산을 챙겨왔을 때였어"
"그들 중엔 그래도 그가 제일로 영리했지만, 그게 다 무슨 소용이람"
"문간방이라…… 바시카[4]는 동의하지 않을 텐데……"
"물론 그가 옳았어, 하지만 그건 이유가 안 돼"
"문짝을 새로 칠하는 데 얼마가 드는지 알아맞혀봐"
"노른자 두 개, 그리고 설탕 한 스푼"
"그와는 아무런 상관도 없는 일인데, 대체 거기 뭐가 있었을까"

"모두 파란색으로 통일해주세요, 그리고 치수는 작은 걸루요"
"다섯 번이나 물었는데, 아무런 대답도 없었지"
"그래 좋다고, 내가 할 수 있는 일이면 너도 할 수 있었잖아"
"그녀가 그나마 이런 일자리라도 얻어서 다행이야"
"글쎄, 잘 모르겠는데, 아마 친척인가 보지"
"저 신부는 벨몽도[5]를 꼭 닮았군"
"공동묘지 이쪽으로는 한 번도 와본 적이 없었는데"
"일주일 전 꿈에서 그를 보았는데 뭔가 불길한 예감이 들었어"
"그의 딸은 인물이 나쁘지 않은데"
"결국 우리들의 인생도 이렇게 끝나고 말겠지"
"미망인께 제 이름으로 애도의 뜻을 전해주세요, 저는 급히 갈 데가 있어서……"
"라틴어로 장례 미사를 할 때가 훨씬 더 장엄하게 느껴졌는데 말야"
"지난 일은 이미 다 물 건너갔는걸"
"안녕히 계세요, 부인"
"우리 어디 가서 맥주나 한잔하죠"
"전화해요, 얘기나 합시다"
"4번 버스, 아니면 12번 버스를 탈 거예요"
"저는 이만 이쪽으로"
"그럼 우린 저쪽으로"

포르노 문제에 관한 발언
Głos w sprawie pornografii

사유思惟보다 더 음란한 것은 없다.
데이지 꽃을 위해 마련된 화단에서
바람에 날아온 잡초가 무섭게 번식하듯
이런 외설스러움은 우리 안에서 금세 자라난다.

사유하는 자들에겐 성스러운 것이란 아무것도 없다.
사물들을 존칭 없이 무례하게 이름으로 부르기,
저속한 해석과 음탕한 결론,
벌거벗은 진실에 대한 야만적이고 방탕한 집착,
은밀한 주제에 대한 호색스러운 접근,
무수한 견해들의 산란産卵 그들의 귀에 듣기 좋은 풍악.

벌건 대낮이나 밤의 장막 아래서
짝을 지어 뒤엉킨다, 혹은 셋이서, 또는 무리를 이루어.
파트너의 성별과 연령에는 개의치 않고서.
눈은 번들거리고, 뺨은 후끈 달아오른다.
친구가 친구를 탈선으로 이끈다.
타락한 딸이 아버지를 부패하게 만든다.
오빠가 여동생에게 매춘을 강요한다.

그들은 잡지에 인쇄된 분홍빛 엉덩이보다
금지된 지식의 나무에 매달린 열매의 달콤한 맛을 더 선호한다.
이 단순 무지한 모든 것들이 결국엔 명쾌한 포르노다.
그들이 즐기는 책에는 아무런 삽화도 삽입되지 않았다.
노골적인 도색 잡지와 유일한 차이점은
손톱이나 색연필로 표시해놓은 특별한 문장들이 있다는 사실뿐.

끔찍하다, 저 방탕한 단순함으로
누군가의 정신이 또 다른 누군가의 정신을
임신시키는 데 성공했다니.
카마수트라조차 알지 못하는 그런 기묘한 체위로.

그들이 밀회하는 순간, 홍차가 천천히 우러난다.
사람들은 의자에 앉아, 입술을 움직인다.
각자 한쪽 다리에 다른 쪽 다리를 얹는다.
한쪽 발은 땅을 딛고,
다른 발은 공중에서 흔들면서.
때때로 누군가 자리에서 일어나
창가로 다가가서는
구멍 난 커튼의 틈새로
은밀하게 거리를 훔쳐본다.

노아의 방주 속으로
Do arki

끝없는 비가 이제 막 내리기 시작한다.
방주 속으로 대피하라, 너희는 어디든 몸을 숨겨야 하므로:
한 사람의 목소리로 노래하는 시들이여,
사적인 즐거움이여,
불필요한 재능이여,
여분의 호기심이여,
짧은 사정거리 안에 위치한 슬픔과 공포여,
여섯 개의 방향에서 사물을 입체적으로 들여다보고픈 열망이여.

강물이 솟구쳐 올라 강둑 위로 범람한다.
방주 속으로 대피하라: 모든 명암明暗과 반음半音들이여,
변화와 수식 어구, 그리고 세부 항목들이여,
어리석은 예외들이여,
기억에서 잊힌 표징表徵들이여,
셀 수 없이 많은 잿빛의 어두운 그늘이여,
유희를 위한 유희여,
너무 크게 웃어 눈가에 맺히는 눈물방울이여.

시선이 머무는 곳은 온통 물과 안개 자욱한 수평선뿐.
방주 속으로 대피하라: 머나먼 미래를 위한 계획들이여,

다르다는 데서 오는 기쁨이여,
더 나은 것을 향한 찬사여,
둘 중의 하나로 제한되지 않은 선택의 가능성이여,
진부한 양심의 가책들이여,
심사숙고하기에 충분한 시간이여,
언젠가는 이 모든 것들이
다 쓸모 있을 거라는 믿음이여.

우리는 여전히 어린아이에 불과하다.
아이들의 정서를 고려하여
동화는 반드시 해피엔딩으로 끝나기 마련.

게다가 이 이야기에 다른 결말은 전혀 어울리지 않으므로.
비는 그치고,
풍랑은 가라앉으리라.
맑게 갠 하늘에서는
구름들이 사방으로 흩어지리라.
구름의 본질에 지극히 충실하게
우리 머리 위에서 '헤쳐 모여'를 반복하며
끊임없는 형상을 만들어내리라.
당당하면서도, 엄숙한 체하지 않는 구름들은
햇살을 받아 뽀송뽀송 마른
환희의 섬과,
어린양들과,
콜리플라워[6]와,

갓난아기의 새하얀 기저귀를 꼭 닮았다.

선택의 가능성
Możliwości

영화를 더 좋아한다.
고양이를 더 좋아한다.
바르타강 가의 떡갈나무를 더 좋아한다.
도스토옙스키보다 디킨스를 더 좋아한다.
인류를 사랑하는 나 자신보다
사람들을 사랑하는 나 자신을 더 좋아한다.
실이 꿰어진 바늘을 갖는 것을 더 좋아한다.
초록색을 더 좋아한다.
모든 잘못은 이성이나 논리에 있다고
단언하지 않는 편을 더 좋아한다.
예외적인 것들을 더 좋아한다.
집을 일찍 나서는 것을 더 좋아한다.
의사들과 병이 아닌 다른 일에 관해서 이야기 나누는 것을 더 좋아한다.
오래된 줄무늬 도안을 더 좋아한다.
시를 안 쓰고 웃음거리가 되는 것보다
시를 써서 웃음거리가 되는 편을 더 좋아한다.
사랑과 관련하여 매일매일을 기념하는 것보다는
비정기적인 기념일을 챙기는 것을 더 좋아한다.
나에게 아무것도 섣불리 약속하지 않는

도덕군자들을 더 좋아한다.

지나치게 쉽게 믿는 것보다 영리한 선량함을 더 좋아한다.

민간인들의 영토를 더 좋아한다.

정복하는 나라보다 정복당한 나라를 더 좋아한다.

만일에 대비하여 뭔가를 비축해놓는 것을 더 좋아한다.

정리된 지옥보다 혼돈의 지옥을 더 좋아한다.

신문의 제 1면보다 그림 형제의 동화를 더 좋아한다.

잎이 없는 꽃보다 꽃이 없는 잎을 더 좋아한다.

품종이 우수한 개보다 길들지 않은 똥개를 더 좋아한다.

내 눈이 짙은 색이므로 밝은색 눈동자를 더 좋아한다.

책상 서랍들을 더 좋아한다.

여기에 열거하지 않은 많은 것들을

마찬가지로 여기에 열거하지 않은 다른 많은 것들보다 더 좋아한다.

숫자의 대열에 합류하지 않은

자유로운 제로(0)를 더 좋아한다.

기나긴 별들의 시간보다 하루살이 풀벌레의 시간을 더 좋아한다.

불운을 떨치기 위해 나무를 두드리는 것을 더 좋아한다.[7]

얼마나 남았는지, 언제인지 물어보지 않는 것을 더 좋아한다.

존재, 그 자체가 당위성을 지니고 있다는

일말의 가능성에 주목하는 것을 더 좋아한다.

기적을 파는 시장
Jarmark cudów

흔해빠진 기적:
지금 이 순간에도 끊임없이 발생하는
무수한 보편적인 기적들.

평범한 기적:
고요한 밤, 보이지 않는 개들이
멍멍 짖어대는 소리.

많은 기적들 중 하나:
공기처럼 가볍고 조그만 구름 하나가
저 무겁고 거대한 달을 가릴 수 있다는 사실.

하나의 기적 속에 포함된 몇 가지 기적들:
수면 위에 아롱아롱 비친 오리나무가
왼쪽, 오른쪽을 반대로 움직이는 것,
화관花冠에서 뿌리까지 거꾸로 자라는 것,
아무리 물이 얕아도
절대로 바닥까지 닿을 수는 없다는 것.

종종 일어나는 기적:

맹렬한 기세로 몰아치는 폭풍 한가운데서,
비교적 부드럽게, 적당히 부는 한줄기 산들바람.

첫 손가락에 꼽히는 탁월한 기적:
'소'는 결국 '소'라는 사실.

두번째, 그러나 앞의 것과 견주어 결코 뒤지지 않는 기적:
다름 아닌 바로 이 복숭아 씨앗에서
다름 아닌 바로 이 과수원이 만들어졌다는 사실.

망토와 비단 모자를 걸치지 않은 기적:
날개를 파닥이는 새하얀 비둘기 떼.

기적이라고, 그렇게 부를 수밖에 없는 기적:
오늘 태양이 오전 3시 하고도 14분에 떴고,
오후 8시 1분에 저물 거라는 사실.

이상하게 여겨야 마땅한 사실을 당연하게 받아들이는 기적:
손에서 뻗어 나온 손가락이 여섯 개보다는 적고,
대신 네 개보다는 많다는 사실.

그저 주위를 빙 둘러보는 기적:
어디에나 현존하는 이 세상.

모든 것에는 여분이 있듯이 추가적인 기적:

미처 생각지 못했던 어떤 일이
실은 얼마든지 생각할 수 있는 일이라는 것.

다리 위의 사람들
Ludzie na moście[8]

이상한 혹성, 그곳에 살고 있는 이상한 사람들.
시간에 복종하면서도 좀처럼 인정하려 들지 않는,
자신들의 저항 의지를 표현할 뚜렷한 방법을 가진 사람들.
예컨대 그들은 다음과 같은 그림을 그린다:

언뜻 보기에 특별한 것은 아무것도 없다.
물이 보인다.
수면 위로 수많은 해안선 중 하나.
힘겹게 물살을 거슬러 올라가는 조각배.
그 너머로 다리와 그 위에 서 있는 사람들이 보인다.
그들은 성큼성큼 발걸음을 재촉한다.
이제 막 먹구름에서
거센 비가 퍼붓기 시작했기에.

여기서 중요한 건, 더 이상 아무 일도 일어나지 않는다는 것.
구름은 색깔도, 모양도 바꾸지 않고,
빗줄기 또한 거세지거나, 멈추거나 하지 않는다.
조각배는 요란한 움직임 없이 고요히 흘러만 가고.
다리 위의 사람들은 달려가고 있다.
정확히 조금 전 달려갔던 바로 그곳으로.

바로 그곳을 향해 전력 질주하고 있다.

이 시점에서 해설을 빠트릴 순 없을 것 같다:
이건 절대로 순진하거나 어수룩한 그림이 아니다.
여기서 시간은 정지되었다.
시간의 법칙은 더 이상 고려되지 않는다.
시간이 사건의 전개에 미치는 영향력을 박탈당했다.
시간은 무시되고 모욕당했다.

먼 옛날 동방의 어느 곳에서 태어났다가
정해진 순서에 따라 세상을 떠났던
우타가와 히로시게라는
어떤 반항아의 제안으로
시간은 보기 좋게 넘어지고, 나자빠졌다.

이것은 어쩌면 의미 없는 하찮은 장난.
아니면 은하수 몇 개 정도 규모에 불과한 희롱.
하지만 만일의 경우에 대비하여
이 기록에 다음과 같은 견해를 보태고자 하노니:

후손들이여, 이곳에선 언제나 점잖은 목소리로
그림을 높이 평가할 것.
작품에 매료당하고, 대대손손 그 감동을 전할 것.

그러나 이것만으로는 충분치 않다고 여기는 사람들이 있으니.

그들의 귀는 빗방울이 튀는 미세한 소리도 감지하고,
목덜미와 등줄기는 물방울의 냉기도 느낀다,
그들은 다리와 그 위에 서 있는 사람들을 쳐다보며
그 속에서 자신의 모습을 발견한다.
언제나 똑같은 속도로
영원히 따라잡아야 할
저 끝없는 길을 질주하는 사람들을 보면서
그들은 배짱 좋게도 믿고 있다,
이것이 진짜 현실이라고.

끝과 시작

(1993)

하늘
Niebo

그래, 하늘, 여기서부터 시작해야겠다.
창턱도, 창틀도, 유리도 없는 드넓은 창.
오로지 구멍 외엔 아무것도 없는,
그러나 광범위하게 활짝 열린 하늘.

하늘을 쳐다보기 위해
일부러 목을 길게 빼거나
화창한 밤을 기다리지 않아도 된다.
나는 등 뒤에, 손안에, 눈꺼풀 위에 하늘을 가지고 있다.
하늘은 나를 단단히 감아서
아래로부터 번쩍 들어 올린다.

가장 높다란 산봉우리라고 해서
가장 깊숙한 골짜기보다
하늘에 더 가까운 것은 아니다.
그 어떤 곳에 있어도 다른 곳보다
하늘을 더 많이 가지진 못한다.
떠도는 구름은 하늘에 의해 무참히 짓이겨져
공동묘지의 무덤들처럼 공평하게 조각나고,
두더지는 날개를 퍼덕이는 부엉이처럼

가장 높은 천상天上에서 부지런히 굴을 파고 있다.
심연으로 떨어지는 모든 것들은
결국 하늘에서 하늘로 떨어지는 것.

부서지기 쉽고, 유동적이며, 바위처럼 단단한,
휘발성으로 변했다가, 또 가볍게 날아오르기도 하는
하늘의 조각들, 하늘의 얼룩들,
하늘의 파편과 그 부스러기들.
하늘은 어디에나 현존한다,
심지어 어둠의 살갗 아래에도.

나는 하늘을 먹고, 하늘을 배출한다.
나는 덫에 갇힌 함정이다.
인질을 가둔 포로다.
포획당한 포옹이다.
질문에 관한 대답 속에 존재하는 질문이다.

하늘과 땅을 분명하게 구분 짓는 건
이 완전무결한 통일체를 인식하는
적절한 방법이 아니다.
누군가 나를 찾고자 할 때
좀더 빨리 발견할 수 있도록
편의상 보다 확실한 주소지에 머물도록
하늘이 내게 허락했을 따름이다.
내가 가진 특이한 인적 사항,

그것은 바로 감탄과 절망.

제목이 없을 수도

Może być bez tytułu

어쩌다 보니 이 화창한 아침,
어느 한적한 강가의 나무 그늘 아래 이렇게 앉아 있다.
이것은 역사의 한 페이지에는 결코 기록되지 않을
지극히 사소한 일에 지나지 않는다.
동기가 무엇인지 낱낱이 분석되어져야 할
중요한 전투나 조약도 아니고,
기억할 만한 폭군의 학살도 아니다.

하지만 나는 바로 지금 이 강변에 앉아 있고,
그것은 움직일 수 없는 명백한 사실.
내가 이 자리에 이렇게 도달했다는 건
어딘가에서 이곳을 향해 출발했다는 사실을 의미한다.
갑판에 오르기에 앞서
다른 정복자들과 마찬가지로
육지의 여러 곳에서 지냈으리라.

비록 일시적인 순간에 불과하다 해도
누구나 자신만의 무수한 과거를 지니고 있으니
토요일이 오기 전에는 자신만의 금요일이 있으며,
6월이 오기 전에는 자신만의 5월이 있게 마련.

사령관의 망원경에 포착된 풍경처럼
지극히 현실적인 자신만의 지평선을 가지고 있다.

이 나무는 수년 전에 뿌리를 내린 포플러나무.
이 강은 오늘이 아니라 이미 예전부터 유유히 흐르던 라바강.
관목 사이 저 오솔길을 누군가가 밟은 건
어제오늘의 일이 아니다.
구름을 뿔뿔이 흩어놓기 위해
바람은 한발 앞서 구름을 여기까지 싣고 왔으리라.

비록 주변에서 거창한 사건은 일어나진 않았지만
그렇다고 세상의 세부적인 항목들이 빈곤해진 건 아닐 테니.
민족의 대이동이 세상을 덮쳤을 때보다
그저 조금 덜 그럴싸할 뿐,
그저 조금 덜 명확할 뿐.

침묵이 꼭 비밀 조약에만 수반되는 것도 아니고,
원인과 그 일행이 항상 성대한 대관식에만 참석하는 것도 아니다.
혁명의 기념일만 돌고 도는 게 아니라
강가의 조약돌 역시 구르고 또 구른다.

환경이 수놓은 자수는 복잡하고 견고하다.
풀 속에 숨어 있는 개미의 바느질 한 땀,
대지 위에 꿰매진 잔디,
나뭇가지로 뜨개질한 파도의 문양.

어쩌다 보니 내가 여기까지 오게 되었고, 강물을 바라보게 되었다.
내 위로 하얀 나비가 오직 자신만의 것인 날개를 파닥거리며,
내 손에 그림자를 남긴 채 포드닥 날아간다.
다른 무엇도 아니고, 그 누구의 것도 아닌, 오직 자신만의 것인
그림자를 남긴 채.

이런 광경을 바라볼 때마다
나는 더 이상 확신을 할 수가 없다,
과연 중요한 것이 중요하지 않은 것보다
더 중요하다고 함부로 단정 지을 수 있는지.

어떤 사람들은 시를 좋아한다
Niektórzy lubią poezję

어떤 사람들—
그러니까 전부가 아닌,
전체 중에 다수가 아니라 단지 소수에 지나지 않는 일부를 뜻함.
시를 전문적으로 연구하는 학교에 다니는 사람들과
시인 자신들을 제외하고 나면
아마 천 명 가운데 두 명 정도에 불과할 듯.

좋아한다—
하지만 치킨 수프[1]를 좋아하는 사람들도 있고,
그럴듯한 칭찬의 말이나 파란색을 좋아하는 사람들도 있다.
낡은 목도리를 좋아하기도 하고,
자신의 뜻대로 하기를 좋아하거나,
강아지를 쓰다듬는 것을 좋아할 수도 있다.

시를 좋아한다는 것—
여기서 '시'란 과연 무엇일까?
이 질문에 대한 여러 가지 불확실한 대답들은
이미 나왔다.
몰라, 정말 모르겠다.
마치 구조를 기다리며 난간에 매달리듯

무작정 그것을 꽉 붙들고 있을 뿐.

끝과 시작
Koniec i początek

모든 전쟁이 끝날 때마다
누군가는 청소를 해야만 하리.
그럭저럭 정돈된 꼴을 갖추려면
뭐든 저절로 되는 법은 없으니.

시체로 가득 찬 수레가
지나갈 수 있도록
누군가는 길가의 잔해들을
한옆으로 밀어내야 하리.

누군가는 허우적대며 걸어가야 하리.
소파의 스프링과
깨진 유리 조각,
피 묻은 넝마 조각이 가득한
진흙과 잿더미를 헤치고.

누군가는 벽을 지탱할
대들보를 운반하고,
창에 유리를 끼우고,
경첩에 문을 달아야 하리.

사진에 근사하게 나오려면
많은 세월이 요구되는 법.
모든 카메라는 이미
또 다른 전쟁터로 떠나버렸건만.

다리도 다시 놓고,
역도 새로 지어야 하리.
비록 닳아서 누더기가 될지언정
소매를 걷어붙이고.

빗자루를 손에 든 누군가가
과거를 회상하면,
가만히 듣고 있던 다른 누군가가
운 좋게도 멀쩡히 살아남은 머리를
열심히 끄덕인다.
어느 틈에 주변에는
그 얘기를 지루히 여길 이들이
하나둘씩 몰려들기 시작하고.

아직도 누군가는
가시덤불 아래를 파헤쳐서
해묵어 녹슨 논쟁거리를 끄집어내서는
쓰레기 더미로 가져간다.

이곳에서 무슨 일이 일어났는지
분명히 알고 있는 사람들은
이제 서서히 이 자리를 양보해야만 하리.
아주 조금밖에 알지 못하는,
그보다 더 알지 못하는,
결국엔 전혀 아무것도 모르는 이들에게.

원인과 결과가 고루 덮인
이 풀밭 위에서
누군가는 자리 깔고 벌렁 드러누워
이삭을 입에 문 채
물끄러미 구름을 바라보아야만 하리.

증오
Nienawiść

보아라, 우리의 세기에 증오가
어떻게 효율적으로
자신을 가꾸고 관리하는지.
높은 장애물을 얼마나 사뿐히 뛰어넘는지.
도약하고, 덮치는 것이 그에겐 얼마나 수월한 동작인지.

다른 감정들과는 근본적으로 다르다.
그것들보다 늙었지만, 동시에 젊기에
스스로 원인을 양산하고,
그 안에서 생명을 싹틔운다.
어쩌다 잠들어도, 그것은 영원한 안식이 아니다.
불면은 힘을 앗아가기보다는 오히려 보태어줄 뿐.

종교 탓이건, 그 밖의 다른 이유 때문이건—
적당한 구실로 채비를 한 뒤, 출발선 앞으로 나간다.
조국 때문이건, 그 밖의 다른 이유 때문이건—
그럴듯한 핑계를 대면서, 질주하기 위해 벌떡 일어선다.
출발 단계는 그럭저럭 괜찮은 편이고 정의도 함께하지만
결국에 전속력으로 달리는 건 증오 혼자뿐.
증오. 증오.

그 얼굴은 사랑의 황홀경으로
일그러진다.

병약하고, 무기력하기 짝이 없는
다른 감정들.
언제부터 '박애'가
군중들을 염두에 두기 시작했는가?
'연민'이 단 한 번이라도
결승점에 제일 먼저 도착한 적이 있었던가?
'의심'이 진정으로 사람들을 장악한 적이 있었는가?
오직 스스로를 정확하게 파악하고 있는 증오만이
사람들을 끌어모을 수 있다.

영리하고, 재치 있으며, 부지런하기까지 하구나.
증오가 얼마나 많은 노래를 작곡했는지 꼭 말로 해야만 하나?
두꺼운 역사책 속에서 얼마나 많은 페이지를 차지했는가?
얼마나 무수한 광장과 스타디움에
인간의 시체로 카펫을 깔았는가?

자, 이제 아름다움을 창조할 수 있다고
서로를 속이는 일 따위는 그만두자.
캄캄한 밤, 증오의 홍조가 찬란히 빛난다.
장밋빛 여명에 폭발하는 연기는 장대하기 그지없다.
폐허의 비장함을 부인하고, 그 폐허 위에 우뚝 솟은
우람한 기둥 끝에 놓인 음탕한 유머를

부정하는 것은 힘겨운 일이다.

증오는 대비의 명수다.
소란과 정적,
시뻘건 핏자국과 새하얀 눈,
무엇보다 증오가 결코 싫증내지 않는 모티프는
추레한 희생자 위에 우뚝 선 단정한 살인자의 모습이다.

증오는 새로운 임무에 항시라도 적응할 채비를 갖추고 있다.
필요하다면 언제나 끈질기게 기다린다.
사람들은 눈이 멀었다고 수군대지만,
증오가 장님이라구? 천만의 말씀.
저격수의 날카로운 눈으로
용감하게 미래를 응시하는 건
오로지 증오뿐이다.

현실이 요구한다
Rzeczywistość wymaga

현실이 요구한다,
이 말만은 꼭 해달라고:
인생은 끊임없이 굴러간다.
칸나에²와 보로디노,³
코소보⁴와 게르니카⁵에서도 여전히 계속된다.

예리코의 작은 광장에는
주유소가 있다.
빌라 호라⁶의 공원에는
이제 막 새로 페인트를 칠한 벤치들이 즐비하다.
진주만에서 헤이스팅스⁷까지
우편물은 정기적으로 배달된다.
사르데냐⁸에서는
로마 시대부터 이곳을 수호하는 사자 상이 지켜보는 가운데
가구를 실은 트레일러가 운행 중.
베르됭⁹ 근교에서는
꽃이 만발한 과수원을 향해
폭풍의 기운이 서서히 다가오는 중.

'무無'를 그럴듯하게 감추고 있는

'전부'는 무수히 많다.
악티움[10] 해변에 정박한 요트에서는
흐르는 음악에 몸을 맡긴 채
햇볕이 쏟아지는 갑판 위에서 연인들이 춤을 춘다.

도처에서 무수히 많은 일들이
필연의 요구에 따라 끊임없이 발생한다.
모든 것이 무너져 폐허가 된 그곳에는
아이스크림을 실은 손수레 주위를
어린아이들이 빙 둘러싸고 있다.

히로시마[11]가 있던 곳에는
또다시 히로시마가 세워졌다.
일상을 위한 수많은 일용품들도
다시금 넘쳐난다.

끔찍한 세상일망정 전혀 매력이 없는 것은 아니다.
아침에 눈을 뜰 만한 가치는 충분하다.

마치에요비체[12] 들판에서
잔디는 눈부신 초록색.
여느 잔디와 마찬가지로
영롱한 이슬이 맺혀 있다.

아마도 세상의 모든 들판은 다 전쟁터가 아니었을까.

우리가 아직도 기억하고 있는,
혹은 우리가 어느새 잊어버린 장소:
자작나무 숲과 삼나무 숲,
설원과 모래밭,
무지갯빛 늪과 어두운 나락의 계곡,
갑작스런 충동에 따라
사람들이 덤불 속에 쭈그리고 앉아 오줌을 싸는 곳.

이곳에는 과연 일말의 '윤리'가 샘솟고 있을까? 아니, 전혀.
뭔가가 샘솟고 있다면, 그것은 금세 메말라버리고 말 붉은 피와
늘 그래왔듯, 몇 개의 강과 몇 개의 구름일 뿐.

비극의 본거지였던 산등성이에서
바람은 무심결에 머리 위의 모자를 날려버린다.
설사 이 광경이 우스꽝스럽다 해도
우리에겐 어쩔 도리가 없다.

현실

Jawa

현실은 꿈이 사라지듯
느닷없이 푸드덕 날아가버리지는 않는다.
술렁대는 바람의 기운도, 초인종 소리도
감히 흩어지게 할 수 없고,
날카로운 비명 소리도, 요란한 경적도
감히 멈출 순 없다.

꿈속에 나타난 영상은
아련하고 모호해서
다양한 방식으로 해석이 가능하다.
현실이란 말 그대로 현실일 뿐,
풀기 힘든 난해한 수수께끼이다.

꿈에는 열쇠가 있지만
현실은 스스로 문을 열고는
도무지 잠글 줄 모른다.
그 안에서 학교에서 받은 성적표와 별들이
와르르 쏟아져 나온다.
나비 떼와 오래된 다리미들,
윗부분이 닳아 없어진 모자들과

구름의 조각들.
그것들이 모두 어우러져 절대로 풀 수 없는
정교한 그림 퍼즐을 만들어낸다.

우리가 없으면 꿈이 존재할 수 없다.
그런데 무엇이 없으면 현실이 존재할 수 없는지는
아직까지 밝혀지지 않았다.
누군가의 만성적인 불면증이 만들어낸 산물은
잠에서 깨어나는 모두에게 유용하게 배분된다.

꿈은 미치지 않았다,
미친 것은 현실이다.
비록 사건의 흐름 속에서
어떻게든 버텨내려고
완강히 저항하고는 있지만.

꿈속에서는 얼마 전에 죽은 그가
여전히 살아 있다.
건강한 모습으로, 아니 더 나아가
청춘의 아름다움을 고스란히 되찾은 채로.
현실은 우리의 눈앞에
그의 시체를 내려놓는다.
현실은 한 발자국도 뒤로 물러나는 법이 없다.

꿈이란 덧없는 연기 같아서,

기억은 그 꿈을 손쉽게 털어버린다.
현실은 망각을 두려워할 필요가 없다.
현실이란 만만치 않은 상대다.
우리의 어깨를 짓누르고,
우리의 심장을 무겁게 만들고,
때로는 우리의 발아래서 산산이 부서지기도 한다.

현실로부터 도망칠 수 있는 탈출구는 어디에도 없다.
매 순간 가는 곳마다 우리와 동행하기에.
우리의 여행길에서
현실은 매 정거장마다 먼저 와서 우리를 맞이한다.

빈 아파트의 고양이

Kot w pustym mieszkaniu

죽어버리는 행위는, 고양이에겐 해서는 안 되는 짓이다.
혼자 남은 고양이가 이 텅 빈 아파트에서
과연 무엇을 할 수 있으리.
벽을 타고 기어오르기.
가구들 사이에서 몸을 문지르기.
아무것도 변한 게 없는 듯하지만
틀림없이 뭔가가 달라졌다.
아무것도 이동한 게 없는 듯하지만
틀림없이 뭔가가 움직였다.
어둠이 찾아와도 이제는 아무도 불을 밝히지 않는다.

계단에서 들리는 발자국 소리,
예전의 그 발걸음이 아니다.
작은 접시 위에 물고기를 놓는 손,
예전의 그 손길이 아니다.

이곳에선 평소의 그 시각에
더 이상 뭔가가 시작되지 않는다.
이곳에선 지극히 당연한 일과처럼
더 이상 아무 일도 일어나지 않는다.

누군가가 분명 여기 살았었는데,
어느 날 문득 흔적도 없이 사라져버리더니
고집스럽게도 더 이상 존재하지 않는다.

장롱들을 샅샅이 살펴보았다.
선반들을 모조리 뒤져보았다.
양탄자 밑으로 들어가 꼼꼼히 확인했다.
규칙을 위반하고
사방으로 종이를 흩뿌려보기도 했다.
그밖에 할 수 있는 일이 또 뭐가 있지?
잠자기. 그리고 기다리기.

제발 돌아와주기를,
제발 나타나기를.
고양이에게 이런 짓을 해서는 안 된다는 걸
이미 충분히 알았을 테니.
만일 그가 모습을 드러내면
못 이기는 척 그에게 다가가리라.
천천히, 살금살금,
내키지 않는 듯한 발걸음으로.
보자마자 훌쩍 뛰어오르거나
야옹거리며 반기는 일 따위는
절대로 없으리라.

풍경과의 이별
Pożegnanie widoku

난 봄을 탓하고 싶지 않다,
또다시 찾아온 데 대해서.
난 봄을 책망하지 않는다,
해마다 주어진 의무를
충실히 이행하는 데 대해서.

난 잘 알고 있다,
내 슬픔이 신록을 멈추게 할 수는 없다는 걸.
풀잎이 흔들린다면
그건 바람 때문이란 걸.

물가의 오리나무 숲이
또다시 뭔가로 인해 바스락거린다 해도
내게는 더 이상 고통을 안겨주지 못한다는 걸.

네가 아직 살아 있다는 소식을 받아들이듯
어떤 호숫가가
예전처럼 변함없이 아름답다는 사실을
담담히 받아들일 뿐.

유감은 없다.
지금 내 눈앞에 펼쳐진 풍경이
태양이 작열하는 만灣이라는 사실에 대해.

심지어 바로 이 순간
이 부서진 자작나무 그루터기에
우리가 아닌 다른 사람들이 앉아 있는 광경도
상상할 수 있다.

속삭일 수도, 웃을 수도 있으며,
행복하게 침묵할 수도 있는
그들의 권리를 존중한다.

심지어 그들이 사랑으로 맺어지고,
그가 살아 있는 두 팔로
그녀를 뜨겁게 포옹하는 것도
너그러이 이해할 수 있다.

새를 닮은 새로운 생명체가
갈대밭에서 버스럭댄다.
제발 그들이 이 소리를 듣길
간절히 기원한다.

밀려드는 파도에게는
아무런 변화도 요구하지 않으리라.

민첩하면서 동시에 게으르고,
내 말에는 좀처럼 복종하지 않는 파도에게는.

숲의 고유한 색조에게는
아무것도 바라지 않으리라.
때로는 에메랄드 빛이었다가
때로는 사파이어 빛이었다가
때로는 검게 빛나는 그 색조에게는.

단 한 가지만 동의하지 않으리니,
저기, 저곳으로 돌아가야만 한다는 사실.
현존의 특권—
나, 이제 과감히 단념하련다.

나는 너보다 더 오래 살았다.
이렇게 멀리서 네 생각에 잠길 만큼
딱 그만큼만 더.

강신술 降神術
Seans

우연이 자신의 술수를 드러내 보인다.
먼저 소맷자락에서 코냑 잔을 꺼내고,
헨리크를 그 앞에 마주 앉힌다.
나는 술집에 들어가 꼼짝 앉고 서 있었다.
헨리크―그는 다른 누구도 아닌
아그니에슈카의 남편의 형이다.
아그니에슈카는 조시아 숙모의 시누이와
친척 관계이다.
알고 보니 우리는 동일한 조상을 가졌다.

우연의 손아귀에서
공간은 접혔다, 펴졌다,
좁아졌다, 넓어졌다를 끊임없이 반복한다.
마치 마술사의 주문에 따라
커다란 테이블보가 작은 손수건으로 변하듯.
한번 맞춰보라, 내가 바로 그곳, 캐나다에서,
몇 년의 세월이 흐른 뒤에
누구를 만났는지
틀림없이 죽었을 거라고 생각했는데
그는 메르세데스 벤츠를 타고 있었다.

아테네로 가는 비행기에도,
도쿄의 스타디움에도 있었다.

우연은 손 안에서 만화경萬畵鏡을 빙글빙글 돌린다.
그 속에서 수억만 개의 유리구슬이 형형색색으로 반짝인다.
순간 갑자기 야시의 구슬이
마우고시아의 구슬에 부딪힌다.
한번 상상해보라. 바로 그 호텔에서,
바로 그 엘리베이터 안에서,
바로 그 장난감 가게에서,
쉐프스카 거리와 야기엘론스카 거리 사이 바로 그 교차로에서
그들은 맞닥트렸다.

우연은 새하얀 망토에 둘러싸여 있다.
사물은 그 속에서 사라졌다가 다시 발견되곤 한다.
한번은 나도 모르게 우연과 충돌한 적이 있었다.
순간 내 몸이 기우뚱 기울었지만, 얼른 일으켜 세웠다.
도둑맞은 식기 세트에 들어 있던 숟가락 하나가
내 눈에 들어왔다.
만일 팔찌를 끼고 있지 않았다면
올라인지 알아보지 못했으리라.
언젠가 잃어버렸던 그 시계를 프워츠크[13]에서 찾았다.

우연이 우리의 눈동자를 깊숙이 들여다본다.
머리가 갑자기 무겁게 느껴진다.

끝과 시작

눈꺼풀이 감긴다.
우리는 웃고 싶고, 또 울고 싶다.
도저히 믿을 수가 없기에.
4학년 2반 교실에서 군함까지,
여기에는 분명 어떤 의미가 있으리라.
우리는 큰 소리로 외치고 싶다.
세상은 좁다고.
그러므로 두 팔 벌려 끌어안는 건 식은 죽 먹기라고!
아주 잠깐 동안 기쁨의 물결이 우리를 휩쓸고 지나간다.
너무나도 눈이 부셔 두 눈을 멀게 만드는 그런 환희가.

첫눈에 반한 사랑
Miłość od pierwszego wejrzenia

갑작스러운 열정이 둘을 맺어주었다고
두 남녀는 확신한다.
그런 확신은 분명 아름답지만,
불신은 더욱더 아름다운 법이다.

예전에 서로를 알지 못했으므로
그들 사이에 아무 일도 없었다고 생각한다.
그러나 오래전에 스쳐 지날 수도 있었던
그때 그 거리나 계단, 복도는 어쩌란 말인가?

그들에게 묻고 싶다,
정말로 기억나지 않으냐고—
언젠가 회전문에서
마주쳤던 순간을?
인파 속에서 주고받던 "죄송합니다"란 인사를?
수화기 속에서 들려오던 "잘못 거셨어요"란 목소리를?
—그러나 난 이미 그들의 대답을 알고 있다.
아니오, 기억나지 않아요.

이미 오래전부터

'우연'이 그들과 유희를 벌였다는 사실을 알면
그들은 분명 깜짝 놀랄 것이다.

그들은 스스로가 운명이 될 만큼
완벽하게 준비를 갖추지 못했다.
그렇기에 운명은 다가왔다가 멀어지곤 했다.
길에서 예고 없이 맞닥뜨리기도 하면서,
낄낄거리고 싶은 걸 간신히 억누르며,
옆으로 슬며시 그들을 비껴갔다.

신호도 있었고, 표지판도 있었지만
무슨 소용이란 말인가, 제대로 읽지 못했음에야.
어쩌면 3년 전,
아니면 지난 화요일,
누군가의 어깨에서 다른 누군가의 어깨로
나뭇잎 하나가 펄럭이며 날아와 앉았다.
누군가가 잃어버린 것을 다른 누군가가 주웠다.
어린 시절 덤불 속으로 사라졌던
바로 그 공인지 누가 알겠는가.

누군가가 손대기 전에
이미 누군가가 만졌던
문고리와 초인종이 있었다.
수화물 보관소엔 여행 가방들이 서로 나란히 놓여 있었다.
어느 날 밤, 깨자마자 희미해져버리는

똑같은 꿈을 꾸다가 눈을 뜬 적도 있었다.

말하자면 모든 시작은
단지 '계속'의 연장일 뿐.
사건이 기록된 책은
언제나 중간부터 펼쳐져 있다.

1973년 5월 16일

Dnia 16 maja 1973 roku

이미 내게는 아무런 의미도 없는
수많은 나날 중 하나.

그날 나는 어디에 갔었나,
무엇을 했었나—모르겠다.

만일 가까운 곳에서 범죄가 발생했다 하더라도
—난 결코 알리바이를 대지 못했을 거다.

내가 미처 알아채지 못하는 사이
태양이 타오르다 저물었고,
내가 미처 노트에 기록하지 못하는 사이
지구는 자전을 했다.

잠시 죽었었노라고 생각하는 편이
훨씬 견디기 쉬울 듯하다,
쉼 없이 계속 살아 있었음에도
아무것도 기억을 못하는 것보다는.

그때 나는 분명 유령이 아니었다.

숨 쉬고 있었고, 밥을 먹었고,
뚜벅뚜벅 소리가 들릴 정도로
분명하게 발걸음을 옮겼으리라.
문고리에는 분명
내 지문이 남았으리라.

거울에 비친 내 모습을 보았다.
분명 어떤 색깔의 옷을 걸치고 있었다.
적어도 몇몇 사람들은 틀림없이 나를 보았을 테니.

어쩌면 바로 그날,
나는 예전에 잃어버렸던 물건을 찾았으리라.
아니면 나중에 되찾게 될 물건을 잃어버렸으리라.

확고한 감정과 구체적인 느낌들이 나를 충만히 채웠으리라.
하지만 지금 이 순간 그 모든 것들은
괄호 속 '말줄임표'처럼 생략되었다.

나는 어디에 숨었었는가?
어디에 자신을 파묻었는가?―
스스로의 눈앞에서 자취를 감출 수 있다는 건
제법 쓸 만한 기술이다.

기억을 뒤흔들면―
그 가지 위에서

여러 해 동안 잠들었던 뭔가가
우수수 떨어져 내리리라.

아니다.
가장 분명한 건
내가 너무 지나친 걸 요구하고 있다는 사실.
무려 1초나 바라고 있으므로.

어쩌면 이 모든 일들이

Może to wszystko

어쩌면 이 모든 일들이
조그만 실험실 안에서 벌어지고 있는지도 몰라.
밝은 대낮 한 개의 전등불 아래서,
어두운 밤, 수억만 개의 별빛 아래서.

어쩌면 우리들은 실험용 세대인지도 몰라.
유리병 속에서 또 다른 유리병으로 옮겨지고,
삼각 플라스크에 담겨져 이리저리 뒤섞이고,
눈보다 더 정교한 그 무엇에 의해 면밀히 관찰되고,
그러다가 결국엔 핀셋으로 집혀서
제각기 따로 들어 올려질지도 몰라.

아니, 어쩌면 영 딴판일지도 몰라.
아무런 간섭도 없을지 몰라.
모든 변화는 정해진 계획에 따라
스스로 생성될지도 몰라.
그래프의 눈금은 미리 예측한 지그재그의 윤곽을
천천히, 정확하게 아로새겨 나갈지도 몰라.

지금까지처럼 우리에겐 흥미로운 일이 일어나지 않을지도 몰라.

감시용 모니터를 작동시키는 일은 좀처럼 없을지도 몰라.
단지 전쟁이 일어났을 때만, 그것도 큰 규모일 경우에만,
혹은 지구의 어느 영토 위로 미확인 비행 물체가 출현했을 때만.
아니면 A지점에서 B지점까지 대규모의 민족 이동이 발견된 상황에만.

어쩌면 정반대일지도 몰라.
그곳에선 사람들이 자질구레한 에피소드에 관심을 보일지도 몰라.
자, 보라구! 거대한 화면 속에서 어린 소녀가
소매에 단추를 달기 위해 열심히 바느질을 하고 있잖아.
경보가 울리고
직원들은 이리저리 뛰어다닌다.
박동하는 조그만 심장을 품고 있는
저 가냘픈 존재는 과연 무엇인가!
얽히고설킨 실타래를 손에 쥐고도
얼마나 의연하게 평정을 유지하고 있는지.
누군가가 기쁨에 넘쳐서 소리칠 거야.
"자, 보스에게 전하시오,
와서 직접 보시라고!"

슬랩스틱 코미디
Komedyjki

만일 천사가 있다면,
절망으로 끝난 희망에 대한
우리의 소설을
아마도 읽지 않을 것이다.

애석하게도, 그들은
세상에 대한 원망으로 가득 찬
우리의 시를 외면할 것 같아 두렵다.

우리의 연극 속에 등장하는
비명과 경련은―짐작건대―
그들에겐 고통이리라.

천사의 고유한 임무,
그러니까 인간의 것이 아닌 임무를 벗어나
비번을 맞은 천사들은
우리가 등장하는
무성영화 시대의 슬랩스틱 코미디를 관람한다.

옷깃을 갈기갈기 쥐어뜯고

고통으로 이를 갈며
탄식하고 울부짖는 자들보다는
—적어도 내 생각으론—
물에 빠져 허우적대다가 지푸라기 대신 가발을 움켜잡거나
배고파서 자신의 구두끈을 게걸스럽게 먹어 치우는
저 불쌍한 사내를
훨씬 선호하리라.

허리에서 위쪽으로는 뜨거운 가슴과 열정,
하지만 그 아래 바짓가랑이 속에는
겁먹은 생쥐 한 마리.
오, 그래,
그들은 틀림없이 손뼉 치며 환호하리라.

끝없이 반복되던 무모한 추적은
도망자들을 피해 도망가는 탈주로 뒤바뀐다.
터널의 끝에서 기다리는 한 줄기 빛은
호랑이의 눈동자임이 밝혀진다.
백 가지 재앙은
백 가지 심연 위를 구르는
백 가지 익살스러운 재주넘기로 탈바꿈한다.

만일 천사가 존재한다면
—부디 바라건대—
그들을 납득시킬 수 있어야 하리라.

두려움에 이리저리 흔들리면서도
모든 것이 완벽한 적막 속에 자행되기에
차마 '살려달라'는 비명조차 지르지 못하는
이 아슬아슬한 쾌락의 본질을.

용기 내어 추측해보건대
아마도 그들은 날개를 접었다 폈다 하며
신나게 박수를 치리라.
그들의 눈에서 눈물이 흐르는 것은
절대로 슬퍼서가 아니다. 그저 너무 많이 웃었기 때문이다.

공짜는 없다
Nic darowane

공짜는 없다, 모든 것은 다 빌려온 것이다.
내 목소리는 내 귀에게 커다란 빚을 졌다.
나는 내 자신에 대한 대가로
스스로를 고스란히 내놓아야 하며,
인생에 대한 대가로 인생을 바쳐야 한다.

자, 여기 모든 것이 마련되어 있다.
심장은 반납 예정이고,
간도 돌려주기로 되어 있다.
물론 개별적인 손가락과 발가락도 마찬가지.

계약서를 찢어버리기엔 이미 늦었다.
내가 진 빚들은 전부 깨끗이 청산될 예정.
내 털을 깎고, 내 가죽을 벗겨서라도.

나는 채무자들로 북적대는
세상 속을 조용히 걸어 다닌다.
어떤 이들은 자신의 날개에 대한 부채를 갚으라는
압박에 시달리는 중.
또 다른 이들은 싫든 좋든 어쩔 수 없이

나뭇잎 하나하나마다 셈을 치르는 중.

우리 안의 세포 조직은
송두리째 채권자의 손으로 넘어가버렸다.
솜털 하나, 줄기 하나도
영원히 간직할 순 없는 법.

명부의 기록은 모두 다 정확하며,
그 내용을 살펴보면
우리는 빈털터리가 될 예정이다.

나는 기억할 수 없다.
언제, 어디서, 무엇 때문에
이 복잡한 청구서를
스스로 펼쳐 보게 되었는지.

이 거래에 대한 저항을
우리는 '영혼'이라 부른다.
이것은 명부에 포함되지 않은
유일한 항목이기도 하다.

사건들에 관한 해석 제1안
Wersja wydarzeń

만일 우리에게 선택의 자유가 주어졌다면,
우리는 아마도 오랫동안 망설였으리라.

우리에게 제공된 육체는 어딘가 불편해서
그만 흉하게 망가져버렸다.

허기를 달래라고 제공된 음식들은
도리어 우리를 메스껍게 했다.
수동적으로 세습된 각종 성향들과
분비샘의 횡포는
우리를 질리게 만들었다.

우리를 에워싸기로 한 세상은
끊임없이 썩어 들어갔다.
그 속에서 원인에 대한 결과가 세상을 향해 분노를 퍼부었다.

우리에겐 개개인의 운명을 감시하라는
사명이 주어졌지만
무한한 슬픔과 공포 때문에
우리는 대부분 거부했다.

그리하여 다음과 같은 질문들이 야기되었다.
죽은 아기를 낳기 위해
출산의 고통을 감내할 필요가 있을까,
뭍에 다다르지 못한다면
뱃사람이 되는 것이 무슨 의미가 있을까.

우리들은 죽음에 동의했다.
그러나 모든 유형에 다 찬성한 것은 아니다.
사랑이 우리를 매료시켰다.
그래, 하지만 약속을 지키는 사랑만 그렇다.

바다의 변덕스러움과
걸작의 유한함이
우리로 하여금 예술에 대해 경각심을 불러일으켰다.

모두가 이웃 나라의 간섭이 없는 조국을 원하며
전쟁과 전쟁 사이 휴전 기간 동안에
태어나기를 갈망했다.

우리 중 아무도 권력을 장악하거나
혹은 그것에 복종하기를 원치 않았다.
자신 혹은 타인의 헛된 환상으로 인해
희생양이 되기를 바라는 자는 아무도 없었다.
행렬이나 군중 속으로,

아니 한술 더 떠, 이미 지구상에서 사라져가는 부족들 속으로
뛰어들길 원하는 지원자는 단 한 명도 없었다.
─하지만 그들이 없었다면
역사는 그 어떤 방법으로도
예정된 시간을 향해 흘러갈 수 없었으리라.

바로 그때 너무 일찍 빛을 발한
몇 개의 별들이
느닷없이 소멸되고, 식어버렸다.
결정을 내리기엔 최적의 시간이다.

수많은 불길한 징조 속에서
마침내 후보자들이 모습을 드러냈다.
몇몇은 탐험가나 치유자감으로
몇몇은 인정받지 못하는 고독한 철학자 후보로.
이름 없는 정원사를 꿈꾸는 사람도,
예술가나 음악가 지망생도 있었다.
─더 이상 다른 신청자는 없었지만
이들 살아 있는 자들은
자신의 바람을 이루지 못했다.

모든 것을 깊이 생각하고,
신중히 고민할 필요가 있었다.

우리는 금방 되돌아와야 하고,

또 반드시 돌아와야 할
짧은 여행을 제안받았다.

영원 너머, 유한한 세월 속으로의 여행.
동시에 시간의 흐름에 대해서는
무지하기 짝이 없는, 단조로운 여행.
어쩌면 기회는 더 이상 오지 않을 수도 있었다.

문득 우리는 의구심을 느꼈다.
모든 것을 미리 알고 있다고 해서,
과연 모든 것을 다 안다고 단언할 수 있을까.

한발 앞서 내리는 결정을
과연 '선택'이라고 할 수 있을까,
차라리 망각 속에 던져버리는 게
낫지 않을까,
만일 선택이 불가피한 것이라면
저 아래, 저곳에서 하는 게 옳지 않을까.

우리는 지구를 내려다보았다.
거기에는 이미 물불을 가리지 않는 무모한 생명체가
존재하고 있었다.

연약한 잡초가
바위틈에 달라붙어 있었다.

바람이 불어와도
결코 자신을 바위에서 떼어놓지 못할 거라는
경솔한 믿음을 버리지 못하고서.

조그만 동물 하나가
굴속에서 열심히 구멍을 파고 있었다.
우리가 이해할 수 없는
기묘한 활기와 희망을 품고서.

순간 우리 스스로가 소심하고, 보잘것없고,
우스꽝스런 존재로 여겨졌다.

결국 우리는 저 세상으로 사라지기 시작했다.
가장 참을성이 부족한 이들이 제일 먼저 떠났다.
그들은 그곳에서 첫번째 불꽃을 피워 올렸다.
그래, 그것은 틀림없는 생생한 불꽃이었다.
험준한 절벽으로 둘러싸인 현실의 강기슭에서
활활 불을 피웠다.

그들 중 몇몇은
이곳으로 다시 돌아오기 위해 귀향길에 올랐다.
그러나 끝내 우리 곁으로 돌아오지 못했다.
과연 그들의 손에는 저 세상에서 쟁취한 뭔가가 들려 있었을까?

이것은 커다란 행운
Wielkie to szczęście

이것은 커다란 행운.
우리 스스로가 어떤 세상에 살고 있는지
정확히 알지 못한다는 건.

그걸 알기 위해선 아주 긴 세월 동안
존재해야만 한다,
'행운'이라는 단어가 생겨난 시점보다
훨씬 오래전부터.

아니면 비교를 통한 인지가 가능하도록
다른 세상을 경험해야만 하리.

한계투성이에다
뭐하나 제대로 수행하지 못하는
육신으로부터 훌훌 벗어날 수 있어야 하리.

연구에 완벽을 기하기 위해서,
보다 선명한 영상을 위해서,
결정적인 성과를 올리기 위해서,
모든 것들을 재촉하고, 옭아매는

시간의 한계쯤은 초월할 수 있어야 하리.

자, 이런 관점에 주목하면서
세부적인 사항이나 자질구레한 사건들과는
영원히 작별의 인사를 나누시오.

요일을 계산하고 따져보는 것쯤은
무의미한 행동으로 치부할 수 있어야 하리.

우체통에 편지를 던져 넣는 일은
젊은 날의 어리석은 객기로 간주할 수 있어야 하리.

'잔디를 밟지 마시오'라는 표지판 따위는
정신 나간 소리쯤으로 무시할 수 있어야 하리.

순간

(2002)

순간
Chwila

초록빛으로 물든 언덕길을 오른다.
풀밭, 그 풀밭 위 작은 꽃들,
그림책 삽화에서 본 듯한 풍경.
안개 낀 하늘엔 어느새 푸른 기운이 감돌고
저 멀리 또 다른 봉우리가 적막 속에 펼쳐진다.

고생계古生界도 중생계中生界도 애초에 없었던 듯
스스로를 향해 포효하는 바위도,
심연의 용기도 없었던 듯.
번쩍이는 섬광 속엔 밤이 없고,
어둠의 실타래 속엔 낮이 없다.

뜨거운 열병 속에서도
얼음장 같은 오한 속에서도
아직 평원은 여기까지 떠밀려오지 않은 듯.

바다가 소용돌이치고 해안선이 산산조각 나는 것도
어딘가 다른 곳의 일인 듯.

현지 시각 9시 30분.

모든 것은 약속대로 정중하게 그 자리에 놓여 있다.
골짜기의 시냇물은 시냇물의 모습으로 한결같이.
오솔길은 오솔길의 모양으로 언제나 그렇게.
숲은 숲의 형상을 갖추고 영원히 그 자리에.
그 위를 나는 새들은 나는 새의 역할에 충실하게.

시선이 닿는 저 너머까지
이곳을 송두리째 지배하는 건 찰나의 순간.
지속되기를 모두가 염원하는
지상의 무수한 순간 중 하나.

무리 속에서
W zatrzęsieniu

나는 바로 이러이러한 사람.
그것은 모든 우연이 그러하듯
이해할 수 없는 우연.

다른 이들이 내 조상이 될 수도 있었을 텐데.
다른 둥지에서
날아올랐을 수도,
다른 그루터기에서
다른 껍데기를 쓰고
기어 나왔을 수도 있었을 텐데.

자연의 옷장에는
꽤나 많은 옷들이 걸려 있다.
거미, 갈매기, 들쥐의 의상.
모든 것이 맞춘 것처럼 절묘하게 들어맞는다.
닳아서 해질 때까지
각자 주어진 의상을 열심히 입는다.

나 역시 스스로 선택하진 않았지만
그렇다고 불만이 있는 건 아니다.

지금보다는 훨씬 덜 개별적인
존재가 될 수도 있었기에.
물고기 떼나 개미집, 윙윙대는 벌 떼의 일부로,
바람에 흔들리는 풍경 속의 한 조각으로.

지금보다는 훨씬 덜 행복한
존재가 될 수도 있었기에.
누군가의 모피를 위해, 혹은 명절 음식용으로
사육될 수도 있었기에.
유리 상자 속에 갇혀 그 안에서 헤엄쳐 다니는
그 무엇이 될 수도 있었기에.

시시각각 다가오는 불길 속에
속수무책 대지에 뿌리박은 한 그루의 나무.

이해할 수 없는 사건에 휩쓸려
무자비하게 짓밟혀진 풀잎.

누군가에게는 찬란하게 보일 수도 있는
어두운 별빛 속을 돌아다니는
수상쩍은 사람이 될 수도 있었기에.

만일 내가 사람들에게 단지 공포의 대상이거나 혐오감,
혹은 동정심이나 불러일으키는 존재라면?

지금 내가 속한 종족이 아닌
전혀 다른 종족으로 세상에 태어났고,
앞길이 막막하게 막혀버렸다면?

지금껏 운명은
내게 자애로웠다.

행복했던 순간의 기억들은
내 것이 아닐 수도 있었다.

자꾸만 뭔가와 견주고 싶어 하는
내 열망이 거세당할 수도 있었다.

나는 내 자신이 될 수도 있었다―
일말의 의구심도 없이
이것은 내가 완전히 다른 누군가가
될 수도 있었음을 의미하는 것이다.

구름
Chmury

구름을 묘사하려면
급히 서둘러야만 하지.
순식간에 지금과는 다른
새로운 형상으로 변하기에.

구름의 속성이란
모양, 색조, 자세, 배열을
한순간도 되풀이하지 않는 것.

아무것도 기억할 의무가 없기에
사뿐히 현실을 지나치고,

아무것도 증언할 필요 없기에
곧바로 사방으로 흩어져버린다.

구름과 비교해보면
인생이란 그래도 확고하고 안정적인 것,
제법 지속적이고, 꽤 영원하다.

구름 곁에서는 바윗덩이조차도

의지할 수 있는 형제처럼
믿음직스럽게 느껴진다.
그에 비하면 구름은 마치
변덕스러운 먼 사촌 누이 같다.

인류여, 원한다면 계속해서 존재하라,
그 다음엔 차례차례 죽는 일만 남았으니.
구름에겐
이 모든 것이
조금도 낯설거나 이상스럽지 않다.

너의 전 생애와
아직은 못 다한 나의 생애 너머에서,
구름은 예전처럼 우아하게 행진을 계속한다.

구름에겐 우리와 함께 사라질 의무가 없다.
흘러가는 동안 눈에 띄어야 할 필요도 없다.

부정
Negatyw

희뿌연 하늘 위로
더더욱 희뿌연 구름
태양이 검은 테두리를 둘렀다.

왼쪽에, 다시 말해 오른쪽에,
체리 나무 흰 가지에 검은 꽃이 피었다.

너의 어두운 얼굴에 밝은 그림자가 드리웠다.
식탁에 앉은 너는
잿빛으로 변한 여윈 두 손을
그 위에 가지런히 올려놓는다.

마치 산 자를 부르는
유령과도 같은 모습으로.

(아직까진 산 자의 무리에 속해 있으니
유령에게 슬며시 다가가 이렇게 말하리.
잘 자, 다시 말해, 좋은 아침이야,
잘 가, 다시 말해, 만나서 반가워.
비록 아무런 대답이 없을지라도

유령에겐 그 어떤 질문도 아끼지 않으리.
그 질문이 삶과 관련된 거라면.
다시 말해 적막이 오기 전에 찾아드는
폭풍과 관련된 거라면.)

수화기
Słuchawka

잠에서 깨어나는 꿈을 꾼다,
전화벨 소리가 들려오기에.

죽은 이가 내게 전화한다고 굳게 믿는
꿈을 꾼다.

수화기를 들기 위해 손을 내미는
꿈을 꾼다.

그런데 늘 사용하던 그 수화기가 아니다.
갑자기 무거워졌다.
마치 어떤 것에 꽉 매여 있거나
어딘가에 깊숙이 파묻혔거나
뿌리에 꽁꽁 묶인 것처럼.
수화기를 들려면
지구 전체를 번쩍 들어 올려야 할 것처럼.

쓸데없는 일에 애를 쓰는
꿈을 꾼다.

적막이 찾아오는 꿈을 꾼다,
전화벨 소리가 잠잠해졌기에.

스르르 잠들었다가
또다시 벌떡 깨는 꿈을 꾼다.

가장 이상한 세 단어

Trzy słowa najdziwniejsze

내가 "미래"라는 낱말을 입에 올리는 순간,
그 단어의 첫째 음절은 이미 과거를 향해 출발한다.

내가 "고요"라는 단어를 발음하는 순간,
나는 이미 정적을 깨고 있다.

내가 "아무것도"라고 말하는 순간,
나는 이미 무언가를 창조하게 된다,
결코 무無에 귀속될 수 없는
실재하는 그 무엇인가를.

식물들의 침묵

Milczenie roślin

나와 너희들 사이의 일방적인 낯익힘은
그럭저럭 순조롭게 진행되고 있구나.

나는 잎이 뭔지, 꽃잎과 이삭, 솔방울과 줄기가 어떤 모양인지,
4월이나 12월에 너희들에게 무슨 일이 일어나는지 잘 알고 있어.

너희는 내 관심 따위엔 아무런 반응이 없지만
나는 부러 허리를 굽히고, 고개를 숙인 채
너희들 중 몇몇을 정성껏 들여다보곤 하지.

단풍, 우엉, 우산이끼,
겨우살이, 히스, 향나무, 물망초,
너희는 나한테 이름으로 불리지만,
너희에게 나는 아무런 이름도 없어.

우리는 함께 여행을 하고 있는 거란다.
동승한 사람들끼리는 으레 이야기를 나누는 법.
최소한 날씨에 대해 의견을 주고받거나
빠르게 스쳐 지나가는 역들에 대해서 떠들곤 하지.

우리는 많은 공통점을 가지고 있기에 화제가 부족하진 않을 거야.
같은 별이 우리를 같은 곳에 살도록 지탱해주고 있고,
같은 법칙에 따라 그림자를 드리우고 있으니까.
자신만의 방법으로 뭔가를 알아내려 한다는 점,
그 밖에 우리가 모르는 사실들조차 서로 많이 닮았으니까.

가능한 한 열심히 설명해줄 테니 뭐든 물어보렴.
내 두 눈으로 무얼 보고 있는지,
어째서 내 심장이 고동치는지,
왜 내 육신은 대지에 뿌리박혀 있지 않은지.

그러나 하지도 않은 질문엔 대답할 도리가 없잖니.
게다가 너희에게 나라는 존재가
아무것도 아닌 하찮은 의미라면 더더욱 그렇지.

덤불, 관목, 잔디, 골풀—
내가 너희를 향해 말하는 건 전부 혼잣말,
너희들이 귀담아듣지 않는 독백이구나.

너희들과의 대화는 필요하지만, 불가능한 일.
황망한 삶에서 시급한 줄 알면서도
기약 없이 미루다 끝내 실현되지 못하는.

어린 여자아이가 식탁보를 잡아당긴다
Mała dziewczyna ściąga obrus

여자아이가 이 세상에 존재한 지 1년 남짓 되었다.
모든 것이 미리 조정되고, 통제되어질 수는 없는
이 세상에.

오늘 시도하는 실험은
제 스스로는 도저히 움직일 수 없는 사물들과 연관되어 있다.

따라서 그들이 밀고, 당기고,
들어 올리고, 자리를 옮기는 일을
도와줘야만 한다.

물론 모든 사물이 움직이길 원하는 건 아니다.
예를 들어 장롱과 찬장, 단호한 벽과 탁자는 꼼짝하지 않으려 한다.

하지만 고집 센 탁자 위에 깔린 식탁보는
—만일 끝자락이 제대로만 손에 잡힌다면—
여행을 떠나려는 의지를 한껏 드러내 보이고 있다.

식탁보 위에는 유리잔, 접시들,

우유병, 숟가락, 사발이 이리저리 놓여 있어
흔들고픈 욕망을 일렁이게 만든다.

그것들이 가장자리에서 위태롭게 비틀거릴 때
과연 어떤 움직임을 택할지
너무나 궁금하다.
천장에서 정처 없이 헤매 다닐까?
등잔 근처를 빙글빙글 비행할까?
창턱을 껑충 뛰어넘어 나무를 향해 날아갈지도?

위대한 과학자 뉴턴 역시 이 문제에 관해서는 아무 말도 없다.
이봐요, 뉴턴 선생님, 하늘에서 내려다보다가 손이나 흔들어주시죠.

이 실험은 반드시 행해져야 한다.
꼭 그렇게 되리라.

추억 한 토막
Ze wspomnień

한창 도란도란 이야기꽃을 피우다가
우리는 갑자기 입을 다물고 말았네.
발코니에 모습을 드러낸 소녀,
아, 무척이나 아름다웠네.
그녀의 자태가 눈부시게 황홀했기에
우리는 무심히 휴가를 즐길 수만은 없었다네.

바시아는 넋을 잃고 바라보는 남편의 시선을 놓치지 않았고,
크리스티나는 반사적으로 남편의 손을 꼭 잡았네.
순간 나는 생각했지: 남편에게 전화를 걸어 이렇게 말하리라.
—당분간 여기 오지 마.
며칠 동안 내내 비가 올 거래.

과부인 아그네슈카만이
환한 미소를 머금고 그 사랑스러운 소녀를 반겼다네.

웅덩이
Kałuża

어린 시절 두려움의 기억이 생생하다.
나는 언제나 웅덩이를 피해 가곤 했다.
소나기가 내리고 난 뒤 새로 생긴 것일수록 더 무서워하곤 했다.
겉보기에는 서로 비슷비슷하지만
개중에는 한없이 깊은 것도 있으니까.

한 걸음 내딛는 순간 몸 전체가 수렁에 빠질 수도 있다.
반대편을 향해 도약하는 순간, 바닥으로 가라앉을 수도 있다.
좀더 깊숙이 밑바닥으로,
수면에 비추어진 구름 저편까지
아니 그보다 더 멀리.

시간이 지나면 웅덩이는 마르고,
내 앞에서 자취를 감춘다.
그러나 나는 어딘가에서 영원히 덫에 걸려버렸다,
표면 위로 끄집어내지 못한 비명 소리와 더불어.

먼 훗날에야 깨달았다.
세상의 법칙 속에는
항상 운 나쁜 일만 있는 건 아니라는 사실을.

아슬아슬 불운이 덮쳐올 듯해도
꼭 실제로 일어나는 건 아니라는 사실을.

첫사랑
Pierwsza miłość

사람들은 말한다,
첫사랑이 가장 소중하다고.
매우 낭만적이긴 하지만
내 경우는 아니다.

우리 사이에 뭔가가 있었다가 없어졌고,
어떤 일이 일어났다 사라졌다.

자질구레한 추억의 물건들을 우연히 발견하거나
리본도 아닌 노끈으로 아무렇게나 묶인
편지 뭉치를 열어볼 때도,
내 손은 결코 떨리지 않는다.

오랜 세월이 흐른 뒤 단 한 번의 만남
차가운 탁자를 사이에 두고
마주 앉아 나눈 대화.

다른 사랑들은
지금껏 내 안에서 깊게 숨 쉬고 있다.
그러나 내 첫사랑은 호흡이 가빠 숨을 내쉴 수조차 없다.

그렇지만 그게 바로 내 첫사랑.
감히 다른 사랑이 못하는 걸 할 수 있으니—
기억조차 나지 않고,
꿈에도 깃들지 않는 그 사랑은
나를 죽음에 익숙하게 만들어버린다.

영혼에 관한 몇 마디

Trochę o duszy

우리는 이따금 영혼을 소유한다.
끊임없이, 영원히 그것을 가지는 자는
아무도 없다.

하루, 그리고 또 하루,
1년, 그리고 또 1년,
영혼이 없이도 시간은 그렇게 잘만 흘러간다.

어린 시절 이따금씩 찾아드는
공포나 환희의 순간에
영혼은 우리의 몸속에 둥지를 틀고
꽤 오랫동안 깃들곤 한다.
때때로 우리가 늙었다는
섬뜩한 자각이 들 때도 그러하다.

가구를 움직이거나
커다란 짐을 운반할 때
신발 끈을 꽉 동여매고 먼 거리를 걷거나
기타 등등 힘든 일을 할 때는
웬만하면 우리에게 손을 내밀지 않는다.

설문지에 답을 적거나
고기를 썰 때도
대개는 상관하지 않는다.

수천 가지 우리의 대화 속에
겨우 한 번쯤 참견할까 말까,
그것도 자주 있는 일은 아니다.
원체 과묵하고 점잖으니까.

우리의 육신이 쑤시고 아파오기 시작하면
슬그머니 근무를 교대해버린다.

어찌나 까다롭고 유별난지
우리가 군중 속에 섞여 있는 걸 탐탁지 않게 여긴다.
하찮은 이익을 위해 목숨 거는 우리들의 암투와
떠들썩한 음모는 영혼을 메스껍게 한다.

기쁨과 슬픔
영혼에게 이 둘은 결코 상반된 감정이 아니다.
둘이 온전히 결합하는 일치의 순간에만
우리 곁에 머무른다.

우리가 그 무엇에도 확신을 느끼지 못할 때나
모든 것에 흥미를 가지는 순간에만

영혼의 현존을 기대할 수 있다.

구체적인 사물 가운데
추가 달린 벽시계와 거울을 선호한다.
아무도 쳐다봐주지 않아도
묵묵히 제 임무를 수행하므로.

어디에서 왔는지
또 어디로 사라질 건지 아무 말도 않으면서
누군가가 물어봐주기를 학수고대한다.

보아하니
영혼이 우리에게 그러한 것처럼
우리 또한 영혼에게
어떤 이유로든 꼭 필요한 존재임에 틀림없다.

이른 시간
Wczesna godzina

나 아직 잠들어 있다.
그동안 다음과 같은 일들이 일어난다.
창문이 희뿌옇게 밝아오고,
어둠은 회색빛으로 바랜다.
방이 흐릿한 공간 너머 제 모습을 드러내고,
그 안에서 창백하고 불안정한 광선들이 지원을 요청한다.

모든 일들이 서두르지 않고 차근차근 진행된다.
이것은 엄연한 의식이므로.
천장과 벽 사이의 평면에 빛이 스며들고,
어떤 것으로부터 다른 어떤 것이,
오른쪽으로부터 왼쪽으로,
형상의 선명한 분리가 시작된다.

사물과 사물 사이의 간격에서 먼동이 트고,
유리컵과 문고리에서
첫번째 섬광이 반짝인다.
이 모든 것들은 단지 그럴듯해 보이는 게 아니라
명확한 실재이다.
어제 어디론가 밀려났던 그것,

바닥에 내동댕이쳐졌던 그것이
지금은 확고한 틀 안에 담겨져 있다.
아직 세부적인 항목들만
시각의 영역으로 들어오지 않았을 뿐.

그러나 주의, 또 주의!
여러 가지 징후에 따르면 색깔은 반드시 되돌아오는 법.
심지어 가장 사소한 존재들조차 그림자의 음영과 더불어
자신의 고유한 빛깔을 회복하는 법.

드물지만 이따금 날 경탄하게 만드는 이 광경은 꼭 필요하다.
일상적으로 나는 '때늦은 증인'의 역할을 연기하며 늦게 일어난다,
이미 기적이 일어나고 난 뒤에,
이미 일과가 확정되고 난 뒤에.
새벽이 아침으로 능숙하게 탈바꿈하고 난 뒤에.

통계에 관한 기고문
Przyczynek do statystyki

백 명의 사람들 가운데

모든 것을 더 잘 아는 사람
―쉰둘

매번 발걸음을 내디딜 때마다 확신이 없는 사람
―나머지 전부 다

비록 오래가진 못할지라도
기꺼이 도움의 손길을 내미는 사람
―최대한 많이 잡아 마흔아홉

다른 성향은 생각조차 할 수 없어
늘 착하기만 한 사람
―넷, 아니, 어쩌면 다섯

시기심 없이 순수하게 찬사를 보낼 줄 아는 사람
―열여덟

누군가에 대한, 혹은 무언가에 대한

끝없는 두려움을 안고 살아가는 사람
—일흔일곱

진정으로 행복을 만끽할 줄 아는 사람
—최대한 스물 하고 몇 명

혼자 있을 땐 전혀 위협적이지 않지만
군중 속에서는 사나워지는 사람
—틀림없이 절반 이상

주변의 강압에 몰리면
잔인하게 돌변하는 사람
—이 경우는 근사치조차 모르는 편이 나음.

소 잃고 외양간 고치는 사람
—소 잃기 전에 외양간 고치는 사람보다
단지 몇 명 더 많을 뿐

인생에서 몇 가지 물건들 말고는
아무것도 건질 게 없는 사람
—마흔
(내가 틀렸기를 간절히 바라지만)

불빛도 없는 깜깜한 암흑 속에서
고통에 몸부림치는 사람

―여든셋
(지금이건, 나중이건)

연민을 느낄 만한 가치가 있는 사람
―아흔아홉

죽게 마련인 사람
―백 명 중에 백 명 모두
이 수치는 지금껏 단 한 번도 바뀐 적이 없음.

9월 11일 자 사진

Fotografia z 11 września[1]

그들은 불타는 계단에서 아래를 향해 뛰어내렸다—
하나, 둘, 셋, 그리고 몇 명에서
조금 더 많거나 아니면 적거나.

사진은 그들을 어떤 생에서 멈춰 세웠다.
대지를 향하고 있는 미지의 상공에서
그들의 현재를 온전히 포착했다.

현재로선 모든 것이 무사하다.
각자의 얼굴도 그대로고,
몸속에서는 피가 정상적으로 순환 중이다.

머리카락이 엉클어지고,
주머니에서 열쇠와 동전이
와르르 쏟아져 내리기까지
아직 시간은 충분하다.

그들은 여전히 존재하고 있다.
이제 막 열린 어떤 특정한 구역,
공기가 유영하고 있는 한정된 범위 내에서.

내가 지금 그들을 위해 할 수 있는 건 단 두 가지뿐.
그들의 수직 비행에 대해 구구절절 묘사하거나,
아니면 마지막 문장을 보태지 않고 과감히 끝을 맺는 것.

되돌아온 수하물
Bagaż powrotny

아주 작은 무덤들이 자리를 차지한 공동묘지의 어느 구획.
그들보다 오래 살아남은 우리들은 슬며시 그곳을 지나쳐버린다.
부자가 빈민가를 모른 채 외면하듯이.

여기 조시아와 야체크, 도미니크가 누워 있다.
너무나도 일찍 태양과 달빛과
계절의 변화와 구름을 빼앗긴 아이들이.

되돌아온 수하물 속에 그 애들이 모아둔 것은 그다지 많지 않다.
어떤 풍경의 단편적인 조각들,
그나마 몇 개 안 되어 열 손가락을 넘기기 힘들 정도다.
나비 한 마리 겨우 날개를 퍼덕거릴 정도밖에 안 되는 한 줌의 공기.
약의 쓴맛을 인지하게 해준 티스푼 하나.

어쩌면 생명의 위협이 될 수도 있는
사소한 규칙 위반들.
차가 다니는 큰길가에서 즐겁게 공을 쫓아가기.
깨질 듯 얇은 얼음판 위에서 유쾌하게 스케이트 타기.

한 아이는 저기, 다른 아이는 그 옆에, 그리고 또 다른 아이들
은 저쪽 끝에 잠들어 있다.
 문고리에 손이 닿을 만큼 자라기도 전에
 손목시계를 망가뜨리기도 전에
 첫번째 유리창을 박살내기도 전에.

마우고자타, 네 살,
그중 두 해 동안은 누워서 천장만 바라보며 지냄.

라파우에크, 다섯 살이 되기까지 꼭 한 달이 모자람.
주지아는 따스한 입김이 서리로 바뀌는 겨울,
크리스마스를 미처 세지도 못하고 세상을 떠났음.

인생의 하루, 혹은 1분, 1초에 대해
대체 무슨 말을 할 수 있겠는가.
어둠, 번쩍이는 전구의 불빛, 그리고 또다시 어둠?

KÓSMOS MAKRÓS

CHRÓNOS PARDOKSOS

(거대한 우주, 역설적인 시간)
낡은 비석에 새겨진 오래된 희랍어만이
적절한 표현을 찾아냈다.

목록
Spis

질문 목록을 만들어보았다.
솔직히 답변을 기대하진 않는다.
대답을 듣기에는 아직 너무 이르거나,
아니면 그 대답을 이해할 여력이 내게는 부족하므로.

질문 목록은 매우 길며,
중요한 사안과 덜 중요한 사안을 포함하고 있다.
당신들을 따분하게 만들고 싶지 않기에
몇 가지만 발표하겠다.

무엇이 진실이었는가,
행성, 혹은 행성의 대체 공간에 마련된
이 관중석에서,
입장권과 퇴장권을
한꺼번에 요구하는 이곳에서,
대체 무슨 일이 벌어졌는가,

생생하게 살아 있는 이 세상에 대한 질문은 어떨까?
비록 살아 있는 다른 세상들과
비교하기엔 늦어버렸지만.

내일 자 신문에는
무엇이 씌어 있을까,

전쟁은 언제 끝나며
무엇이 그 자리를 대신하게 될까,

내게서 훔쳐간―내가 잃어버렸던
반지는 누구의 약지에 끼워져 있을까,

존재하면서 동시에
존재하지 않을 수 있는
자유 의지를 위한 공간은 어디에 있을까,

이 열 명의 사람들은 또 어떤가―
우리는 정말로 아는 사이였을까,

더 이상 아무 말도 할 수 없게 되었을 때
M이 내게 애써 말하려 했던 건 무엇이었을까,

나는 왜 옳은 것을 위한다는 명목으로
옳지 않은 것을 선택했을까,
더 이상 혼동하지 않기 위해
내게 꼭 필요한 것은 무엇일까?

잠들기 직전에 끼적였던
몇몇 질문들은
아침에 눈을 뜨고 나니
글씨조차 알아볼 수 없었다.

이따금 의문이 든다,
그것들이야말로 진정 타당한 기호가 아니었을까.
하지만 그 질문들 또한
언젠가는 나를 버리고 홀연히 사라지겠지.

모든 것
Wszystko

"모든 것"—
이것은 뻔뻔스럽고 주제넘기 짝이 없는 낱말이다.
따옴표 안에 집어넣고, 매우 신중하게 사용해야 한다.
마치 빼먹은 건 하나도 없다는 듯,
집중하고, 아우르고, 수용하고, 포함하는 척
그럴듯하게 연기를 하고 있다.
그저 순간적인
폭풍이 남긴 파편에 불과할 뿐이면서.

콜론

(2005)

부재
Nieobecność

내 어머니가
즈둔스카 볼라 출신의 B 모 씨와
결혼할 가능성은 절대로 희박하지 않았다.
그들 사이에 딸이 태어났다면 그건 내가 아닐 것이다.
그 애는 사람 이름이나 얼굴,
혹은 처음 듣는 멜로디를 외우는 데
나보다 비상한 기억력을 가지고 있을지도 모른다.
척 보기만 해도 새의 이름을 알아맞힐 수 있을지도 모른다.
국어 점수는 형편없지만
물리나 화학에서 뛰어난 점수를 받을지도 모른다.
그러면서도 내 작품들보다 훨씬 흥미로운 시를
남몰래 끼적거릴지도 모른다.

같은 시각, 내 아버지가
자코파네 출신의 R 모 씨와
결혼할 가능성은 절대로 희박하지 않았다.
그들 사이에 딸이 태어났다면 그건 내가 아닐 것이다.
그 애는 자기주장을 내세우는 일에 훨씬 고집스러울지도 모른다.
두려움 없이 깊은 물에 첨벙 뛰어들지도 모른다.
여론의 동향에 쉽게 흔들릴지도 모른다.

끊임없이 여기저기를 싸돌아다니지만,
책 속에 파묻혀 지내는 적은 거의 없고,
주로 뒷마당에서 사내아이들과 공을 차고 있을지도 모른다.

어쩌면 이 두 아이는
같은 학교, 같은 반에서 만나게 될지도 모른다.
하지만 단짝 친구는 절대로 아닐 테고,
혈연관계도 아닐 테니,
단체 사진에서는 서로 멀찌감치 떨어져 있으리라.

"이봐요, 여학생들. 이쪽에 서보세요."
사진사가 외친다
"저기 작은 학생은 앞으로, 거기 키 큰 학생은 뒷줄로.
내가 신호를 하면 다들 예쁘게 웃으세요.
자, 마지막으로 인원수를 점검해보죠.
모두 다 있는 거죠?"

"네, 아저씨. 모두 다 있어요."

ABC

이제 절대로 알 수 없으리라,
나에 대해서 A가 어떻게 생각했는지.
B는 끝까지 나를 용서치 않았는지.
어찌하여 C는 괜찮은 척, 잘 지내는 척했는지.
D의 침묵에 E가 어떤 방식으로 관여했는지.
F가 기대했던 건 무엇이었는지. (혹시라도 기대를 했었다면)
모든 걸 알면서도 G는 왜 모른 척했는지.
H는 무엇을 숨기고 있었는지.
I가 덧붙이고 싶었던 말은 무엇이었는지.
내가 곁에 있었다는 사실이
그 어떤 의미라도 남겼는지
J와 K, 그리고 나머지 알파벳에게.

우리가 없는 이튿날에

Nazajutrz - bez nas

아침에는 안개가 끼고 서늘하겠습니다.
서쪽에서 비구름이 몰려와 시야가 흐려지겠습니다.
도로는 미끄럽겠습니다.

한낮에는
북쪽에서 다가오는 고기압의 영향으로
곳에 따라 점차 날씨가 개는 곳도 있겠습니다.
하지만 갑작스러운 강한 돌풍이 불어와
천둥 번개가 칠 수도 있겠습니다.

한밤중에는
전국에 걸쳐 화창한 날씨를 보이겠습니다만,
남동부 지방에서는
곳에 따라 비가 내리는 경우도 있겠습니다.
기온은 급격히 떨어지고, 기압은 오르겠습니다.

내일은
대체로 날씨가 맑겠습니다만,
여전히 살아 계신 분들에겐
우산이 유용하겠으니

외출 시 꼭 챙기시기 바랍니다.

노교수
Stary Profesor

그에게 물었다, 그 시절에 대해서,
순진하고, 성급하고, 어리석고, 미처 준비를 갖추지 못했던,
우리들이 아직 젊은이였던 시절.

그 시절에서 남은 게 조금은 있죠. 젊음만 빼고요.
 그가 대답했다.

그에게 물었다, 여전히 알고 있냐고,
인류에게 무엇이 좋은 것이고, 무엇이 나쁜 것인지.

그건 아마 착각 중에서도 치명적인 착각일걸요.
 그가 대답했다.

그에게 물었다, 미래에 대해서,
여전히 앞날이 훤히 보이느냐고.

그러기엔 역사책을 너무 많이 읽었네요.
 그가 대답했다.

그에게 물었다, 사진에 관해서.

액자 속에 있는, 책상 위에 있는.

예전엔 있었지만, 다들 떠나버렸어요.
남동생, 사촌, 제수씨,
아내, 아내 무릎 위에 앉은 딸,
딸의 품에 안긴 고양이,
막 꽃망울을 터뜨리기 시작한 벚나무,
그 벚나무 위로 정체를 알 수 없는 새 한 마리.
 그가 대답했다.

그에게 물었다, 때로는 행복하냐고.

아직도 일을 합니다.
 그가 대답했다.

그에게 물었다, 벗에 대해서.
아직도 친구가 있느냐고.

자기들도 벌써 전前 조교를 갖게 된
과거에 내 전 조교였던 몇몇 친구들,
살림을 맡아주는 루드미와 부인,
아주 가까운 친구 하나는 멀리 해외에 나가 있고,
도서관에 근무하는 두 명의 여인들, 둘 다 미소가 아름답죠.
 우리 집 맞은편에 사는 어린 그제시, 그리고 마르쿠스 아우렐리우스.[1]

그가 대답했다.

그에게 물었다, 기분은 어떤지, 건강은 괜찮은지.

커피와 보드카, 담배를 삼가고,
상념이든 물건이든, 무거운 건 절대 짊어지고 다니지 말라더군요.
그럴 때면 못 들은 척할 수밖에요.
그가 대답했다.

그에게 물었다, 정원에 대해서, 그 정원에 놓인 벤치에 대해서.

날씨가 화창한 저녁이면 하늘을 보곤 해요.
얼마나 볼거리가 많은지
놀라지 않을 수 없다니까요.
그가 대답했다.

관망 觀望
Perpektywa

타인처럼 스쳐 갔다,
어떤 말도, 몸짓도 없이,
그녀는 가게로 향하고,
그는 자동차로 걸어갔다.

어쩌면 갑작스런 공황상태에 빠져서,
어쩌면 경황없이 허둥대느라,
아니면 찰나의 시간,
서로를 영원토록 사랑했음을
기억하지 못하기에.

하긴 그들이 바로 그들이라는
보장도 없다.
멀리서는 그랬지만,
가까이서는 전혀 아닐 수도.

나는 창가에서 그들을 봤다,
위에서 내려다보는 사람이
틀릴 확률은 매우 높다.

그녀는 유리문 안쪽으로 사라졌고,
그는 운전석에 올라 서둘러 출발했다.
결국 아무 일도 일어나지 않았다.
설사 일어났다 한들 또 어떠랴.

내가 본 장면에 확신을 가질 수 있었던 건
단지 한순간뿐이었으니
지금 나는 덧없는 시구 속에서
독자 여러분을 설득하려 애쓰고 있는 중,
그것은 슬픈 일이었노라고.

맹인들의 호의

Uprzejmość niewidomych

시인이 맹인들 앞에서 시를 낭독한다.
이렇게 힘든 일인 줄 미처 몰랐다.
목소리가 떨린다.
손도 떨린다.

여기서는 문장 하나하나가
어둠 속의 전시회에 출품된 그림처럼 느껴진다.
빛이나 색조의 도움 없이
홀로 임무를 완수해야 한다.

그의 시에서
별빛은 위험한 모험이다.
먼동, 무지개, 구름, 네온사인, 달빛,
여태껏 수면 위에서 은빛으로 반짝이던 물고기와
높은 창공을 소리 없이 날던 매도 마찬가지.

계속해서 읽는다 그만두기엔 너무 늦었기에
초록빛 풀밭 위를 달려가는 노란 점퍼의 사내아이,
눈으로 개수를 헤아릴 수 있는 골짜기의 붉은 지붕들,
운동선수의 유니폼에서 꿈틀거리는 등번호들,

반쯤 열린 문틈으로 보이는 벌거벗은 낯선 여인에 대해서.

입을 다물고 싶다, 이미 불가능한 일이지만
교회 지붕 꼭대기에 올라앉은 모든 성인聖人들,
열차의 창가에서 벌어지는 작별의 몸짓,
현미경의 렌즈와 반지의 광채,
화면과 거울, 수많은 얼굴이 담긴 사진첩에 대해서.

하지만 맹인들의 호의는 정말로 대단하다,
그들은 한없는 이해심과 포용력을 가졌다.
귀 기울이고, 미소 짓고, 박수를 보낸다.

심지어 그들 중 누군가가 다가와서는
거꾸로 든 책을 불쑥 내밀며
자신에겐 보이지도 않는 저자의 서명을 요청한다.

사건에 휘말린 어느 개의 독백
Monolog psa zaplątanego w dzieje

개들은 다양하다. 하지만 나는 선택된 개였다.
혈관에는 늑대의 피가 흐르고, 그럴듯한 족보도 있었다.
자연의 향기를 듬뿍 마시며, 고산 지대에서 살았다.
햇빛이 쨍쨍할 땐 풀밭에서, 비가 오면 전나무 숲에서,
눈이 내릴 땐 동토(凍土)에서 지냈다.

번듯한 집도 있고, 시중드는 사람들도 있었다.
내게 먹이를 공급하고, 씻기고, 빗질하고,
우아하게 산책을 시켜주었다.
그것은 친밀감의 차원이 아닌 존경의 표시였다.
내가 누구의 개인지 모두들 똑똑히 기억하고 있었기에.

몸에 이가 들끓는 하찮은 잡종들도 주인을 가질 순 있다.
하지만 주의하시라 함부로 비교해서는 안 되는 법.
내 주인은 정말 특별한 종류의 사람이었다.
화려한 무리들이 늘 그의 뒤를 졸졸 쫓아다니며
두려움과 찬탄이 뒤섞인 시선으로 그를 바라보았다.

내게는 다들 질투 섞인 일그러진 미소만 보냈다.
왜냐면 풀쩍 뛰어올라 주인을 맞이할 권리는

나한테만 주어졌기에.
바짓부리를 이빨로 잡아끌며 작별 인사를 하는 것도,
그의 무릎에 머리를 파묻는 것도
내게만 허락된 일이었기에.
그가 쓰다듬거나 귀를 잡아당기는 대상은
오로지 나뿐이었기에.
단지 나만이 그의 곁에 앉아 자는 척할 수 있었고,
그때마다 나를 향해 몸을 숙인 채
뭔가를 속삭이는 그의 목소리를 듣는 것도
나 혼자만 누릴 수 있는 특권이었으므로.

주인은 다른 이들에게는 종종 화를 내고 사납게 굴었다.
그들과 다투고, 사납게 소리를 지르고,
초조한 듯 이리저리 뛰어다니기도 했다.
그는 오직 나만 좋아한다고,
더 이상 그 누구도 좋아하지 않는다고 확신했다.

물론 내게 주어진 의무 조항도 있었다: 기다리기, 그리고 믿음을 가지기.
주인은 잠깐 나타났다가 오랫동안 사라지기 일쑤였으므로.
골짜기 너머에서 무엇이 그를 붙잡는지 알 수는 없었다.
하지만 뭔가 중요한 일 때문이라는 건 짐작할 수 있었다,
적어도 내가
고양이나 기타 쓸데없이 분주하게 움직이는 것들과
티격태격하는 일만큼이나 중요한 일임에 틀림없었다.

하지만 운명이란 변화무쌍한 것. 내 것 또한 갑자기 변했다.
어느 날 봄이 찾아왔을 때,
그는 더 이상 내 곁에 없었다.
알 수 없는 야단법석이 온 집 안을 휩쓸었다.
상자와 트렁크, 궤짝이 자동차에 실렸다.
산 밑으로 내려가는 요란한 바퀴 소리도 잠시,
모퉁이를 돌자마자 잠잠해졌다.

발코니에서 부서진 가구와 넝마 조각들이 불태워졌다.
노란 상의와 검은 마크가 새겨진 완장들,
무수히 많은 낡은 상자들과
그 속에서 와르르 쏟아져 나온 깃발들도 함께.

난장판 속에서 나는 하염없이 서성거렸다.
화가 났다기보다는 어안이 벙벙했다.
나를 향한 곱지 않은 시선에 털끝이 쭈뼛 섰다.
마치 내가 주인 없는 개라도 되는 듯.
문간에서 당장 빗자루를 들고 쫓아버려야 할
귀찮은 떠돌이라도 되는 듯.

은도금을 한 내 목걸이를 누군가가 낚아채 갔다.
며칠 전부터 텅 비어 있던 내 밥그릇을 누군가가 걷어찼다.
마지막까지 남아 있던 일행 중 하나가
길 떠나기 직전 운전석에서 몸을 내밀었다.

그리고 나를 향해 방아쇠를 두 번 당겼다.

심지어 과녁 하나 제대로 맞추지 못했다.
내가 꽤 오랫동안, 고통스럽게 죽어간 걸 보면.
버릇없는 파리가 귓가에서 윙윙대는 소리를 들으며 서서히 죽어갔다,
나, 내 주인의 충성스러운 개는.

시인의 끔찍한 악몽

Okropny sen poety

내가 어떤 꿈을 꾸었는지 상상도 못할 거예요.
겉으로는 우리가 사는 이곳과 똑같아 보이네요.
발밑의 토양, 물과 불, 공기,
수평과 수직, 삼각형과 원,
왼쪽과 오른쪽.
견딜 만한 날씨, 그럴싸한 풍경
그리고 언어를 부여받은 몇몇 존재들.
하지만 그들의 언어는 지구상의 그것과 다르네요.

문장을 지배하는 건 비非조건문.
명칭들은 사물들과 매우 정교하게 밀착되어 있어
함부로 덧붙이거나, 생략하거나, 변형시키거나, 위치를 바꿀 순 없어요.

시간은 시계 속의 개념대로 기능하는 것.
과거형과 현재형은 모두 좁은 범위에서 사용되고 있죠.
회상에는 지나버린 각각의 1초가 할당되고,
예측에는 이제 막 시작될
2초가 배당됩니다.

단어는 꼭 필요한 만큼만. 한 마디도 넘치는 법이 없으니,
다시 말해 시도 없고,
철학도, 종교도 없다는 뜻.
이곳에선 그런 종류의 유희는 허용되지 않으니까요.

사색을 필요로 하는 건 아무것도 없고,
눈을 감아야 보이는 것 또한 아무것도 없네요.

뭔가를 찾는다면, 그건 분명 옆에 있는 것.
뭔가를 묻는다면, 그건 분명 대답이 명확한 것.

놀라움의 근거들이 어딘가에 존재한다는 사실에
놀라움을 느낄 줄만 안다면,
그들은 분명 매우 놀랄 텐데요.

'불안'이라는 표제어가 그들에겐 사뭇 외설적으로 느껴지기에
사전을 뒤적일 용기조차 갖지 못하는군요.

아무리 짙은 어둠이 깔려 있어도
세상은 밝게만 표현되는군요.
모두에게 헐값에 나누어졌기에
계산대 앞에서 거스름돈을 요구하는 사람은 하나도 없군요.

감정 가운데 남은 건 오로지 만족감뿐. 괄호 속 부연 설명은 전혀 없네요.

마침표가 늘 따라붙는 인생. 그리고 은하수의 부르릉, 엔진 소리.

인정하세요, 시인에게 있어
이보다 더 나쁜 일은 없다는 사실을.
그렇다고 서둘러 잠에서 깨어난다 해도
나아지는 건 조금도 없네요.

그리스 조각상
Grecki posąg

인간들과 다른 원소들의 도움으로
시간은 비교적 원활하게 조각상과 관련된 임무를 수행해나갔다.
먼저 코를 도려내고, 나중에는 은밀한 부위를,
계속해서 손가락과 발가락을 삭제해나갔다,
세월이 흘러가면서 어깨를 차례로 없애더니,
오른쪽 허벅지와 왼쪽 허벅지,
등과 허리, 머리와 엉덩이를 제거했다,
떨어져 나간 부분은 조각조각 잘게 부서져
돌멩이가 되고, 자갈이 되고, 모래가 됐다.

만약 살아 있는 누군가가 이렇게 죽어간다면
매번 일격을 가할 때마다 많은 피를 흘렸으리라.

하지만 대리석 조각상들은 하얗게 무너져 내린다.
게다가 완벽하게 사라지는 경우는 드물다.

앞서 언급한 조각상에서 간신히 살아남은 건 토르소뿐이다.
몸뚱이는 근육을 잔뜩 긴장시키며 애써 숨을 참고 있다.
지금 이 순간
나머지 부위들이 잃어버린

모든 매력과 권위를
자신에게로
되돌려놓아야 하기에.

토르소는 그렇게 한다,
아직까진 성공적이다.
성공을 거두며, 눈부시게 빛난다,
눈부시게 빛나며, 존재를 지속한다

이 시점에서 시간 또한 찬사를 받을 만하다.
일찌감치 하던 일을 멈추었을 뿐만 아니라
일부는 나중으로 미루었기에.

사실상 모든 시에는

Właściwie każdy wiersz

사실상 모든 시에는
'순간'이라는 제목을 붙일 수 있다.²

한 구절이면 충분하나니
그것이 현재형이든,
과거형, 혹은 미래형이든.

그것으로 충분하나니
무엇이든 단어가 전달하는 것들이
바스락거리고, 반짝거리고,
흩날리고, 흘러간다면,
그럼에도 가상의 불변성을 유지할 수 있다면,
움직이는 그림자와 더불어.

한마디면 충분하나니
누군가의 옆에 있는 누군가에 관해서,
혹은 뭔가의 옆에 있는 누군가에 관해서.³

고양이를 가진 알라에 관해서,
혹은 더 이상 고양이를 갖고 있지 않은;⁴

혹은 또 다른 알라들에 관해서
또 다른 고양이들과 고양이가 아닌 다른 것들에 관해서
바람결에 책장이 넘겨진
또 다른 입문서들에 관해서:

그것으로 충분하나니
작가에 의해서
시선이 닿는 반경 내에
일시적인 산과 가변적인 골짜기가
자리매김할 수 있다면.[5]

때마침 기회가 주어졌을 때
겉으로만 영원하고 안정적인
하늘에 대해서 넌지시 이야기할 수 있다면;[6]

한창 펜을 움직이고 있는 손끝에서
누군가의 것이라고 분명히 말할 수 있는
유일한 뭔가가 모습을 드러낸다면;[7]

그것으로 충분하나니
추측이나 어림짐작으로 그랬건,
아님 중요한 이유든, 하찮은 이유든 간에,
흰 종이 위에 검은 펜으로
물음표가 적혀 있다면,

그리고 대답으로
달랑 이렇게 적혀 있다면.
콜론 :

옮긴이 주

예티를 향한 부름
1 조너선 스위프위프트(Jonathan Swift, 1667~1745): 『걸리버 여행기』의 저자로 유명한 영국의 풍자 작가이자 성직자, 정치평론가.
2 루드비카 바브쥔스카(Ludwika Wawrzynska, 1908~1955): 폴란드의 초등학교 교사. 1955년 2월 8일, 바르샤바의 한 초등학교 목조 건물에서 불이 났는데, 어린이들이 안에 갇혀 있다는 얘기를 듣고, 건물 안으로 뛰어 들어가 네 명의 어린이들을 구해냈다. 심한 화상을 입은 바브쥔스카는 병원으로 후송됐지만, 며칠 후에 숨을 거두고 말았다.
3 1956년 10월 23일 헝가리의 부다페스트에서 대학생들이 주축이 되어 사회주의 정권에 대항하여 일으킨 봉기를 소재로 한 시다. 이후 전국적으로 헝가리 국민들이 동참하면서 혁명으로 발전하였다. 하지만 소련이 무장 진압으로 대응하면서 혁명은 결국 수만 명의 사상자를 내며 실패로 끝났고, 다수의 지식인을 포함한 20만 명의 헝가리인들이 고국을 등지고 망명하였다.
4 셰익스피어의 희곡 『햄릿』 5막 1장에서 햄릿이 공동묘지에서 무덤을 파고 있는 두 명의 어릿광대와 대화를 나누다가, 임금의 어릿광대였던 재담꾼 요릭의 두개골을 보고 비탄에 잠겨 심복인 호레이쇼에게 말하는 대목에서 모티프를 가져왔다.
5 예리코Jericho: 성서에 나오는 지명으로 요르단 골짜기 남단에 위치한 도시. 세계에서 가장 오래된 성곽으로 둘러싸여 있다. 이스라엘 백성이 40여 년간의 광야 생활을 마치고, 약속의 땅인 가나안에 첫발을 디딘 후 함락한 도시가 바로 예리코이다. 성서에 따르면 이스라엘 백성은 무력으로 예리코 성을 공격한 것이 아니라 하느님의 계시를 받은 여호수아의 지휘 아래 성 주위를 일곱 바퀴 돌면서 고함을 질러 성벽을 무너뜨렸다고 한다.
6 여기에 등장하는 이름들은 모두 전형적인 유대인의 이름들이다. 제2차 세계대전 당시 폴란드 땅에서 열차를 타고 아우슈비츠 수용소로 끌려가 가스실에서 연기가 되어 사라진 유대인들을 추모하며 쓴 시이다.
7 『신약성서』 「마태복음」 10장 30절에 "참새 한 마리도 너희의 아버지께서 허락하지 않으시면 땅에 떨어지지 않는다. 아버지께서는 너희의 머리카락까지도 낱낱이 다 세어두셨다. 그러니 두려워하지 말라"라는 구절이 나온다. 「누가복음」 12장

7절에도 비슷한 내용이 있다. "더구나 하느님께서는 너희의 머리카락까지도 낱낱이 다 세어두셨다. 그러므로 두려워하지 말라."
8 레흐Lech: 슬라브의 전통을 이어받은 전형적이고 보편적인 폴란드 이름.
9 "아주 큰 구름에서 나온 가느다란 빗줄기Z dużej chmury mały deszcz"라는 폴란드 속담이 있다. 그 의미는 뭔가 큰일이 일어날 줄 알았는데 알고 보니 별것 아니라는 뜻이다.
10 예티Yeti: 히말라야 산속에 살고 있다고 전해지는 전설 속의 설인雪人.
11 이것은 폴란드에서 대대로 내려오는 전통 민요의 가사이다.
12 바다의 신 포세이돈이 대서양에 만들었다고 전해지는 전설의 대륙.

소금

1 폴란드어로 '그라치아gracja'는 '우아함, 고상함, 매력'이란 의미를 가지고 있으며, 라틴어에서 유래하였다. 영어로는 'grace'이다. 중세 폴란드어에서는 이 단어를 쓸 때 'j' 대신 'y'를 썼다.
2 카산드라Kassandra: 그리스 신화에 나오는 여자 예언자. 트로이의 마지막 왕 프리아모스와 헤카베의 딸이다. 트로이 전쟁을 미리 예견하였으나 아무도 그녀의 말에 귀를 기울이지 않았다.
3 14~16세기에 널리 연주되던, 기타와 비슷하게 생긴 현악기.
4 문학이나 미술 등의 분야에서 퇴폐주의를 표방하는 예술 운동의 한 갈래.
5 얼어붙은 강이나 호수에서 바람이 통하는 얼지 않은 곳.
6 사모코프Samokov: 불가리아에 있는 도시.
7 생마르탱Saint-Martin: 파리 시내에 있는 운하.
8 페이드아웃fade out: 영화나 TV에서 화면이 차차 어두워져서 깜깜해지는 것. 방송이나 녹음에서는 소리가 차차 사라져가는 것을 뜻함.
9 웁살라Uppsala: 스웨덴 스톡홀름 북쪽에 있는 도시.
10 소피아Sofia: 불가리아의 수도.
11 캅카스Kavkaz: 흑해와 카스피 해 사이에 있는 지역. 영어로는 '코카서스Caucasus'라고 불린다.
12 형식 또는 형태를 갖춤으로써 비로소 일정한 사물을 이루는 소재素材. 예를 들어 건축물의 경우 구조는 형태, 재목은 질료에 해당된다.
13 우니베르숨Universum: 라틴어로 '온 세상'이란 의미.
14 야스오Jaslo: 폴란드 남부 카르파티아 산맥 근처에 있는 도시로 이곳에는 제2차 세계대전 당시 유대인 거주 지역인 게토Getto가 있었으나 전쟁 막바지에 독일군에 의해 완전히 파괴되었다.
15 동방 정교에서 예수 그리스도나 성인들을 그린 초상화. 폴란드는 가톨릭 국가이

지만 러시아의 영향을 받아 이콘을 허용했으며, 특히 제일의 가톨릭 성지인 쳉스토호바의 '검은 성모 마리아상'이 유명하다.
16 민들레나 메밀 등 건조과 식물의 열매로, 겉으로는 씨처럼 보이지만 속에 또 하나의 씨를 갖고 있다.
17 그리스 신화에서 태양의 신 아폴론을 부르는 이름.
18 이스Ys: 프랑스 브르타뉴 지방의 신화에서 유래한 바닷속에 가라앉은 전설의 도시.
19 티레Tyre: 레바논에 있는 유서 깊은 고도古都로 기원전 3천 년경에 이곳에 도시국가가 건설되었다고 전해진다.
20 폴란드 남동부를 흐르는 강.
21 『구약성서』「창세기」 11장에 나오는 바벨탑.
22 베헤못Behemoth: 성서의 「욥기」에 등장하는 육지의 괴물로, 생김새는 황소를 닮았으며 무쇠 빗장 같은 갈비뼈와 굵은 힘줄, 억센 허리를 가졌다고 전해짐.
23 리바이어던Leviathan: 성서의 「욥기」에 나오는 바다 괴물. 용을 닮은 일종의 거대한 물고기로, 단단한 비늘과 무서운 이빨을 가졌고, 입에서는 불을 내뿜었다고 함.
24 헤라클레이토스Heracleitos: 기원전 6세기경에 활동한 것으로 알려진 그리스의 자연 철학자. "사람은 같은 강물 속에 두 번 몸을 담글 수는 없다. 두번째 강물은 이미 전혀 다른 물이기 때문이다"라는 유명한 말을 남겼다. 쉼보르스카는 헤라클레이토스가 남긴 명언에서 착안하여 이 시를 썼다.
25 숫자 0의 기원과 발명한 사람에 대해서는 알려져 있지 않다. 다만 5~6세기경에 인도에서 고안된 것으로 전해진다.
26 여기서 메모라는 것은 '문자'를 의미한다. 6연에 등장하는 나뭇가지와 뱀의 독침, 나이테 등은 모두 고대의 상형 문자를 의미하는 것이다.

애물단지
1 스페인이나 멕시코 등지에서 머리와 어깨를 덮는 여성용 대형 스카프.
2 히로니뮈스 보스(Hieronymus Bosch, 1450~1516): 네덜란드 출신의 대표적인 플랑드르 화가. 20세기 초현실주의의 선구로 평가받는 보스의 작품들은 '광기와 부조리로 가득 찬 지옥도地獄圖'라 일컬어지고 있다. 다양하게 변모되고 합성된 기괴한 동물과 식물들이 화면을 가득 메우고 있으며, 그의 작품의 근간을 이루는 어두운 해학은 당시의 종교적 배경과 관련된 상징 체계와 연관을 맺고 있다. 대표작으로「쾌락의 정원」「건초 수레」「동방 박사의 경배」등이 있다.
3 은판銀板에 찍는, 초창기 사진술을 말함.
4 예수나 성도에 의한 기적을 소재로 한 중세의 종교극.
5 호메로스Homeros: 고대 그리스의 시인으로 영웅 서사시인 『일리아스』와 『오디세이아』의 작가로 널리 알려져 있다. 작품의 탄생 연대에 관해서는 여러 가지 설

이 분분하나 대체로 기원전 9~8세기로 추정되고 있다. 두 서사시는 고대 그리스의 국민적 서사시로서 문학의 고전이라 불리고 있으며, 헬레니즘 시대를 거쳐 중세와 근세에까지 상당한 영향을 미쳤다.
6 옷깃을 크게 하여 목과 어깨를 드러내는 옷.
7 메리 스튜어트(Mary Stuart, 1542~1587): 스코틀랜드의 국왕 제임스 5세가 죽고, 생후 7일 만에 아버지의 뒤를 이어 스코틀랜드 여왕으로 등극하였다. 영국 국왕 헨리 7세의 손녀딸이기도 했다. 엘리자베스 여왕이 즉위할 당시 메리 스튜어트에게도 계승권이 있었기 때문에 두 사람은 이후 25년간 반목을 거듭했다. 미모와 부드러운 화술로 몇 번씩 정략결혼의 희생물이 되었던 메리 스튜어트와 독신을 고집하며 여자이기보다는 여왕으로서의 삶을 택했던 엘리자베스 여왕은 평생 동안 서로를 견제하며 살아야 했다. 종교에 있어서도 엘리자베스 여왕은 신흥 종교인 성공회를 추종했지만, 메리 스튜어트는 독실한 가톨릭 신자였다. 가톨릭교도의 저항과 반대에 부딪쳤던 엘리자베스 여왕은 메리를 지지하는 가톨릭 세력 때문에 골치를 앓고 있었다. 사태가 점점 악화되는 가운데 엘리자베스 여왕을 암살하려는 시도가 일어났고, 메리가 직접 쓴 암살 지령에 관한 밀서가 영국 정부의 손에 들어갔다. 결국 메리 스튜어트는 재판에 회부되었고, 엘리자베스 여왕이 3개월을 망설인 끝에 메리의 사형을 수락하는 문서에 서명함으로써 형장의 이슬로 사라졌다. 엘리자베스 여왕이 죽고 난 뒤 그녀의 뒤를 이어 영국의 왕위에 오른 것은 메리 스튜어트의 아들인 제임스 6세였다.
8 여성용 내의인 슈미즈처럼 단순한 디자인의 원피스.
9 엘리자베스 튜더(Elizabeth Tudor, 1533~1603): 헨리 8세와 사형당한 그의 두번째 왕비인 앤 볼레인 사이에서 태어난 딸로 엘리자베스 1세가 되었다. 그녀는 배다른 언니인 메리 여왕이 신교를 탄압하자, 거짓으로 가톨릭을 믿는 척하다가 메리가 죽고 왕관을 물려받은 뒤 다시 성공회로 복귀하게 되었다. 이후 훌륭한 정치로 영국의 국력을 늘렸고, 영국 역사에서 가장 빛나는 황금시대를 이룩한 공적을 인정받아 국민들로부터 큰 존경과 사랑을 받았다.
10 종교 분쟁 당시 말도 안 되는 이유를 갖다 붙여서 이교도를 처형하던 관행을 풍자하는 표현이다. 1960년대 폴란드 젊은이들의 우상이었던 작가 마레크 흐와스코Marek Hlasko는 밀고와 숙청이 난무했던, 스탈린 시대의 폴란드 사회를 풍자하기 위해 『부엉이, 제빵사의 딸*Sowa, córka piekarza*』이란 소설을 쓰기도 했다. 쉼보르스카는 흐와스코의 동명 소설에서 착안하여 중세 시대 마녀 사냥을, 스탈린 체제를 비판하는 정치적 알레고리로 차용하고 있다.
11 예수의 유해를 무릎에 안고 비탄에 잠긴 성모 마리아를 그린 그림 또는 상像.
12 이 시에 등장하는 이름들은 전부 독일식이다. 폴란드에 세워진 아우슈비츠 수용소에서는 수감된 유대인들에게 온갖 생체 실험을 행한 것은 물론이고, 그들을 가

스실에서 학살하고 난 뒤, 몸에서 나온 기름으로 비누를 만들고, 머리카락을 모아 매트리스를 만들었다고 한다. '결백'이라는 역설적인 제목을 붙인 이 시에서 쉼보르스카는 '인간의 머리카락으로 만든 매트리스'와 아무것도 모른 채 탐스러운 긴 머리를 늘어뜨린 독일 소녀들을 대비시킴으로써 아우슈비츠 수용소의 만행을 강조하고 있다.
13 그리스·로마 신화에 등장하는, 우라누스의 피에서 태어났다고 알려진 복수의 세 여신.
14 기원전 1세기에 활약했던 고대 로마의 서정시인 베르길리우스가 남긴 위대한 서사시 『아이네이스』에 나오는 "사물 또한 눈물을 흘린다"는 구절을 인용한 것. 베르길리우스는 애국적인 정서와 종교적 경건함, 풍부한 교양, 완벽한 시적 기교로 '시성詩聖'이라 불렸으며, 특히 단테가 『신곡』에서 그를 안내자로 삼은 것은 유명한 일화이다.
15 볼레크Bolek, 톨레크Tolek, 롤레크Lolek는 우리나라의 철수, 민수, 영수처럼 폴란드에서 흔한 남자 이름이다.
16 동인도 제도에 서식하는 것으로 알려진 원숭이류의 동물. 안경을 쓴 것처럼 동그랗고 큰 눈이 특징이다.
17 일종의 물신 숭배로 나무나 돌 따위에 마력이 있다고 믿고, 맹목적으로 숭배하는 원시 종교의 한 형태.
18 압력의 단위. 1파스칼은 1제곱미터의 넓이에 1뉴턴의 힘이 가해질 때의 압력을 의미하며, 기호는 Pa를 쓴다.
19 유대교에서는 하늘을 일곱으로 나누고, 일곱번째 하늘을 신과 천사들이 사는 가장 높은 하늘이라 믿는다.
20 고대 로마에서 시민이 입던 겉옷. 남자가 14세가 되면 성년의 표시로 착용했다.

만일의 경우

1 원문에서는 '면도칼brzytwa'이라는 표현을 사용했음. 폴란드에는 '물에 빠진 사람은 면도칼이라도 잡는다Tonący brzytwy się chwyta'라는 속담이 있다.
2 마니아Mania: 폴란드에서 다소 촌스럽다고 여겨지는 구식 여자 이름이다. 오늘날에는 아기에게 '마니아'란 이름을 지어주는 경우가 거의 없다. 폴란드 사람들은 하녀 혹은 유모의 전형적인 이름이라고 생각한다.
3 외계의 변화에도 불구하고 체내의 안정을 유지하고자 하는 경향.
4 여러 가지 다양한 생물과 사물들이 등장하는 이 시는 의도적으로 각운이 맞는 단어들을 선택하여 운율에 따라 그룹별로 나누어 제시하고 있는 것이 특징이다. 번역하는 과정에서 그 사물들의 명칭을 직역하기보다는 운율을 살리는 것이 훨씬 더 중요하다고 판단되어 기본적인 서술어는 그대로 번역하고, 명사의 경우에

는 한국어로 운율을 표현할 수 있는 다른 단어들을 골라 의역했음을 밝힌다.
5　곤충 등의 생물이 적을 피하기 위해서 자기 몸의 일부를 잘라버리는 일.
6　고대 로마의 시인이었던 호라티우스(B.C. 65~B.C. 8)의 발라드에서 인용한 구절로 "내 전부가 죽어 없어지는 것은 아니다"라는 뜻이다.
7　할리나 포시비아토프스카(Halina Poświatowska, 1935~1967)는 폴란드의 시인으로 쉼보르스카의 절친한 친구였다. 두 사람 모두 야기엘론스키 대학에서 수학하고, 크라쿠프를 무대로 작품 활동을 했다.
8　이사도라 덩컨(Isadora Duncan, 1877~1927): 미국의 현대 무용가로 영국, 독일, 러시아 등지에서 활동하며 맨발의 자유로운 춤으로 유럽 예술계를 뒤흔들어놓았다. 그녀는 잘 짜여지고 정형화된 동작을 고통스럽게 표현하던 이전의 발레와는 달리, 춤추는 사람 스스로의 내면을 표현하고, 관객과 공감하는 새로운 무용을 만들어냈다. 미국의 재력가인 패리스 싱어와의 사이에서 낳은 두 아이를 모두 교통사고로 잃었고, 17세 연하의 천재 시인 세르게이 예세닌과 결혼식을 올렸으나 그 역시 자살로 생을 마감함으로써 평생을 외롭고 불운하게 살았다. 1927년 불의의 사고로 사망했다.
9　로마 신화에 나오는 술의 신이며, 그리스 신화의 디오니소스 신에 해당된다.
10　허리 밑까지 내려와 띠를 두르게 된, 여성용의 낙낙한 블라우스 또는 코트.
11　얀 페르메이르(Jan Vermeer, 1632~1675) : 네덜란드 델프트 출신의 화가. 생애에 대해서는 거의 알려지지 않고 있으며, 19세기 중반에 가서야 겨우 진가를 인정받았다. 붉은색과 파란색, 노란색의 절묘한 대비를 통한 뛰어난 색감을 자랑하는 40여 편의 소품을 남겼다. 주로 한두 명의 주인공이 등장하는 일상을 묘사한 그림이나 종교화가 대부분인데, 부드러운 빛과 색깔의 조화로 조용한 정취와 정밀감이 넘치는 것이 특징이다. 대표작으로는 '북구의 모나리자'로 일컬어지는 「진주 귀걸이를 한 소녀」 「레이스를 뜨는 소녀」 「우유 따르는 하녀」 「편지를 읽는 여인」 등이 있다. 문화관광부 고시 제2005-32호(2005. 12. 28) 「포르투갈어, 네덜란드어, 러시아어 외래어 표기법」 고시 이전에는 '얀 베르메르'로 표기했었다.

거대한 숫자
1　그리스 신화에 나오는 음악의 정령.
2　「만일의 경우」 주 6 참조.
3　이 시는 「창세기」 19장에 나오는 소돔과 고모라 이야기를 모티프로 하고 있다. 죄악에 물든 소돔과 고모라를 심판하기로 한 하느님이 아브라함의 조카인 롯에게 이 사실을 예고하면서, 도망쳐서 생명을 보존하되 절대로 뒤를 돌아보아서는 안 된다고 일렀으나, 롯의 아내는 그만 뒤를 돌아봐 결국 소금 기둥이 되고 말았다.
4　폴란드어 원문에는 '아담 마체돈스키Adam Macedonski'로 되어 있다. 이는 우리

말의 '아무개'처럼 익명을 사용하여 불특정 다수 중에 어떤 한 사람을 지칭할 때 쓰는 말이다.
5 폴란드 속담에 "남자는 집안의 머리이고, 여자는 목이다"라는 말이 있다. 목이 움직여야 머리도 움직일 수 있듯이 집안의 우두머리이자 가장은 남자이지만, 그 가장을 좌지우지하는 건 여자라는 뜻에서 비롯된 속담이다.
6 카를 야스퍼스(Karl Jaspers, 1883~1969): 독일의 사회철학자로 칸트, 키르케고르, 니체 등의 영향을 받아 실존 철학을 체계적으로 정리한 저서 『철학』(전 3권)을 썼다. 그는 실증주의 철학이 내세우는 과학에 대한 과신過信을 경고하고, 근원적인 불안에 노출된 인간의 비합리성을 포착하여 본래적인 인간 존재의 양태를 전개하는 실존 철학을 시대 구원의 한 방법으로 제시하였다.
7 사회주의 정권 시절(1948~1989) 폴란드에서는 예술 작품에 대한 검열이 매우 심했다. 검열 과정에서 사회주의 이데올로기에 부합되지 않는다는 판정을 받은 문학 작품은 출판될 수 없었다. 검열관이 작성한 보고서 형식으로 씌어진 이 시는 창작의 자유를 억압하는 검열에 대한 풍자를 담고 있다. 본문에 나오는 편집자 주나 인용 여부에 관한 언급은 보고서 형식으로 씌어진 시의 원문에 그대로 실려 있는 내용이다.
8 사스키아 판 아윌렌뷔르흐Saskia van Uylenburgh: 화가 렘브란트(1606~1669)의 아내. 렘브란트는 자신의 아내를 소재로 한 몇 편의 초상화를 남겼는데, 그 가운데 하나가 이 시의 소재가 된 「화장대의 사스키아Saskia at Her Toilet」(1641)이다. 사스키아가 손에 꽃을 들고 있는 이 그림은 독일 드레스덴의 알테 마이스터 갤러리에 전시되어 있다.
9 오디세우스Odysseus: 트로이 전쟁에서 그리스 군의 대장이었음. 라틴어로는 '율리시스'라 불림.
10 여우와 이리의 중간형에 해당하는 육식 동물로 유럽 동남부, 아프리카 북부, 아시아 등지에 서식하는 갯과의 들짐승.
11 그리스 신화에서 레테, 아케론과 함께 저승에 흐르는 세 개의 강 중 하나이다. 사자死者는 사공인 카론의 배를 타고 이 강을 건너 황천에 들어갔다고 전해진다.
12 카론Charon: 저승으로 가는 스틱스강의 나룻배를 젓는 사공.
13 헤르메스Hermes: 그리스 신화에 나오는 신. 신들의 사자使者이며 상업, 웅변, 발명, 도둑 따위의 수호신.
14 그리스 문자의 열여덟번째 자모. 영어의 S에 해당함.
15 그리스 문자의 열아홉번째 자모. 영어의 T에 해당함.
16 그리스 신화에서 지옥에 해당하는, 하데스의 밑바닥에 존재하는 구렁텅이.

다리 위의 사람들

1 고대 그리스의 악기로 일곱 줄로 된 수금.
2 산 사람들이 죽은 이의 혼령과 교류를 시도하는 모임.
3 여기서 '카제크Kazek'과 '타데크Tadek'는 모두 폴란드의 남자 이름.
  '카제크'는 '카지미에쉬Kazimierz,' '타데크'는 '타데우쉬Tadeusz'의 애칭.
4 '바시카Ba1ka'는 폴란드의 여자 이름으로 '바시아Basia'의 애칭이다.
5 장폴 벨몽도(Jean-Paul Belmondo, 1933~): 프랑스의 배우.
6 '꽃양배추'라고도 불리는 흰색의 식용 야채.
7 서양의 미신 가운데 하나로 지나치게 자기 자랑을 했을 경우나 건강을 과신했을 때, 복수의 여신 네메시스의 노여움을 풀기 위해서 탁자 다리나 기둥 따위를 톡톡 두드리는 행위를 말한다.
8 에도 시대 말기에 활약했던 일본의 판화가 우타가와 히로시게(歌川広重, 1791~1858)가 1834년에 그린 「쇼노庄野」란 작품에서 모티프를 따왔다. 이 작품은 「명소에도백경名所江戶白景」 연작 가운데 58경에 해당하며 '오하시 다리의 소나기'란 제목으로도 알려져 있다. 비를 피해 우왕좌왕하는 사람들의 심리를 굵은 필치의 목판화로 포착해냄으로써 커다란 호응을 얻었다. 「명소에도백경」은 히로시게가 죽을 때까지 작업했던 미완의 대작이며, 에도, 즉 지금의 도쿄 지역의 풍경을 담은 목판화로서 실제 작품 수는 100개가 아닌 119개로 알려져 있다. 도쿄의 계절별 풍광뿐만 아니라 당시의 생활상까지도 특유의 과감한 구성과 서정적인 필치로 묘사한 이 연작 시리즈는 서양의 인상파 화가들, 특히 클로드 모네와 빈센트 반 고흐 등에게 큰 영향을 미쳤다. 본래 도쿠가와 막부의 사무라이 계급으로 태어난 히로시게는 화재가 일어나는 것을 감시하는 소방 담당 하급 무사로 일하면서 평소 높은 망루에서 풍경을 바라보다가 이를 화폭에 담기 시작했고, 나중에는 풍속화에까지 영역을 넓혔다.

끝과 시작

1 원문에는 '국수가 들어간 치킨 수프rosół z makaronem'라고 되어 있다.
2 칸나에Cannae: 아우피디우스강 강변에 있는 마을. 기원전 216년, 명장 한니발과 그의 군대가 이곳에서 로마군과 대치하였다. 이 전투에서 약 5만 명의 로마군이 전사했으며, 생존자들은 가축의 멍에 밑을 기어가는 수모를 당해야 했다. 기원전 105년 아라우시오 전투 이전까지 로마군의 가장 참담한 패배로 기록되고 있다.
3 보로디노Borodino: 러시아 모스크바의 남서쪽 끝 90km 지점에 있는 마을. 유럽을 제패하고, 러시아 정복을 꿈꾸던 나폴레옹은 1812년 9월 7일 이곳에서 러시아 군대와 전투를 벌였다. 양쪽 합하여 10만 8천 명의 전사자를 낸 이 전투에서 어느 한쪽도 결정적인 승리를 거두지는 못했지만, 이 전투로 인해 기력이 쇠퇴한

프랑스군은 이후 모스크바로 진격한 뒤 고립 상태에 놓이게 되었고, 추위와 식량 부족 등으로 결국 러시아에서 물러나게 된다.
4 코소보Kosovo: 과거에는 구舊유고슬라비아 공화국, 현재는 세르비아 공화국의 자치주自治州로서 알바니아계 주민이 인구의 80%를 차지하고 있다. 1990년대 초 유고 연방 해체 후 세르비아로부터의 분리 독립을 염원하던 알바니아의 반군들이 1998년 3월 본격적인 반란을 일으켰는데, 세르비아 경찰이 즉각 반격에 나서 이른바 '코소보 사태'라 불리는 유혈 사태가 발생하게 되었다. '인종 청소'라고 일컬어질 정도로 무자비한 세르비아의 진압으로 반군은 물론, 반군 거점 지역의 주민들까지 대량 학살당했다.
5 게르니카Guernica: 스페인 바스크 지방의 작은 마을. 1937년 4월 26일 스페인 내전 당시 독일 콘도르 비행단이 이 마을을 무차별 폭격한 사건이 있었다. 게르니카 공습의 목적은 군사적인 것이 아니라 민간인의 사기를 꺾어놓고 바스크 민족의 요람을 파괴하려는 목적으로 자행되어 더 큰 비난을 받았다.
6 빌라 호라Bílá Hora: 프라하의 서쪽 교외에 위치한 지역. 1620년 11월 이곳에서 신성 로마 황제군과 보헤미아 귀족·용병들과의 전투가 벌어졌다. '30년 전쟁 (1618~40)'의 발단이 된 '보헤미아-팔츠 전쟁(1618~20)'의 결전으로 일컬어지는 이 전투로 말미암아 전쟁의 기운이 전 유럽으로 확대되었다.
7 헤이스팅스Hastings: 영국 잉글랜드 남동쪽에 있는 도시. 1066년 10월 14일 이른바 '정복자 윌리엄'이라 불리던 프랑스의 노르망디 공公 윌리엄의 군대와 잉글랜드 왕 해럴드의 군대가 이곳에서 전투를 벌였다. 해럴드의 군대는 농민군을 주축으로 약 7천 명의 보병으로 이루어졌고, 윌리엄의 군대는 수적으로는 열세였으나 정예 군인들로 구성되었다. 양쪽 모두 일몰 때까지 선전 분투하였으나 잉글랜드의 왕 해럴드가 전사하자 전세는 급격히 기울어 잉글랜드 군이 항복하였다. 이 사건으로 노르망디 왕조가 영국의 새 주인이 됨으로써 영국의 역사가 크게 바뀌었다.
8 사르데냐Sardegna: 지중해에 위치한 이탈리아령의 섬. 제1차 포에니 전쟁(B.C. 264~B.C. 241) 당시 카르타고 군과 로마가 이곳에서 충돌했다. 식량의 요충지인 사르데냐와 시칠리아에서 로마가 승리를 거둠으로써 로마는 지중해의 도시 국가 중에서 강력한 왕국으로 발돋움하는 기틀을 마련할 수 있었다.
9 베르됭Verdun: 프랑스 북동쪽에 있는 작은 도시로 제1차 세계대전 당시 독일군이 영국, 프랑스, 러시아 연합군의 공세로 50만 대군을 잃고 패배한 '베르됭 전투'로 유명하다.
10 악티움Actium: 기원전 31년 9월 2일 옥타비아누스(후에 아우구스투스 황제가됨)가 그리스 악티움 앞바다에서 안토니우스와 클레오파트라의 연합군을 격파하였다. 양 진영은 각각 500척 이상의 함선을 보유하였으나 옥타비아누스의 부

장 아그리파가 바람의 방향을 계산한 교묘한 전술로 기선을 제압, 안토니우스 함대를 격파하였다. 안토니우스는 남쪽으로 달아나는 클레오파트라의 함대에 실려 이집트로 도망했고, 두 사람은 이듬해 알렉산드리아에서 죽었다. 옥타비아누스는 악티움 해전의 대승리를 기반으로 천하 통일을 이루었다.
11 히로시마 : 1945년 8월 7일 미국의 에놀라게이호는 일본의 히로시마에 세계 최초로 원자 폭탄을 투하했다. 이 사건으로 히로시마 인구 24만 명 중 14만 명이 사망했고, 건물 9만 채 가운데 도합 6만 2천 채가 파괴되었다. 이후 방사선의 후유증에 의해 수많은 사람이 방사선병으로 희생되었다.
12 마치에요비체Maciejowice: 18세기 말, 러시아, 프로이센, 오스트리아에 의해 폴란드가 무력으로 점령당했을 때, 타데우쉬 코시치우슈코 장군은 농민들을 이끌고 러시아에 대항하는 대대적인 민족 봉기를 이끌며 수많은 전투에서 승리를 거두었다. 그러나 1794년 마치에요비체에서 벌어진 전투에서 패배함으로써 러시아군의 포로가 되었고, 민족 봉기는 결국 실패로 끝나고 말았다.
13 프워츠크Płock: 바르샤바 근교에 위치한 폴란드의 도시명.

순간

1 2002년 9월 11일 뉴욕에서 발생한 테러를 가리킨다.

콜론

1 마르쿠스 아우렐리우스(Marcus Aurelius, 121~180): 로마 제국의 제16대 황제. 5현제 가운데 마지막 황제였으며, '철인황제哲人皇帝'라고 불렸다. 후기 스토아파의 철학자로도 유명하다. 저서로『명상록』을 남겼다. 그가 죽은 후 로마 제국은 경제적·군사적으로 어려운 시기를 맞은 데다가 페스트까지 성행하는 바람에 쇠퇴하게 된다.
2 '순간'은 쉼보르스카가 2002년에 발표한 열번째 시집의 제목이기도 하다. 이 시는 쉼보르스카가 그동안 자신이 썼던 시의 여러 대목을 빌려다가 패러디하여 재구성한 것이다.
3 1972년에 발표한 시집『만일의 경우』에는 "무無의 의미는"으로 시작하는 제목이 없는 시가 수록되어 있다. 그 시에 다음과 같은 구절이 나온다: "어찌어찌하다 보니, 나는 지금 네 옆에 서 있게 되었다./이렇게 되기까지 무엇 하나 예사로운 것이 없었음을/뼈저리게 느끼는 바이다." 이 부분을 응용하여 재구성하였다.
4 폴란드 초등학교 1학년 국어 교과서 첫 페이지, 첫 문장이 바로 "알라는 고양이를 가지고 있다Ala ma kota"이다. 즉 폴란드인들이 국어 책에서 제일 먼저 배우고, 제일 먼저 기억하는 문장이라고 할 수 있다.
5 2002년에 발표한 시집『순간』에 수록된 표제작「순간」에는 다음과 같은 구절이

나온다: "시선이 닿는 저 너머까지/이곳을 송두리째 지배하는 건 찰나의 순간." 이 구절을 응용하여 재구성한 대목이다.
6 1993년에 발표한 시집 『끝과 시작』에 수록된 「하늘」이라는 시에서 쉼보르스카는 하늘이 "부서지기 쉽고, 유동적이며, 바위처럼 단단한,/휘발성으로 변했다가, 또 가볍게 날아오르기도 하는" 것이라고 썼다. 이 구절을 응용하여 쓴 것이다.
7 1967년에 발표한 『애물단지』에 수록된 「쓰는 즐거움」이라는 시에서 모티프를 가져와 쓴 구절이다.

노벨문학상 수상 소감 연설문

시인과 세계 Poeta i Świat
―1996년 12월 7일, 스웨덴 스톡홀름에서―

연설에서는 늘 첫마디가 제일 어렵다고 생각됩니다. 자, 이미 첫마디는 이렇게 지나갔군요. 하지만 다음 문장, 또 그 다음 문장도 마찬가지입니다. 세번째, 여섯번째, 열번째, 그리고 마지막 문장에 이를 때까지도 이러한 고민과 어려움은 계속될 것 같습니다. 왜냐하면 나는 다른 무엇이 아닌, '시詩'에 관해서 말하려고 하기 때문입니다. 시와 관련하여 연설을 하는 것은 제게는 매우 드문 일입니다. 어쩌면 처음인 듯싶군요. 나는 항상 스스로가 연설에는 영 재능이 없다고 생각해왔습니다. 그러므로 내 수상 소감은 그리 길지 않을 것입니다. 아무리 부족하고, 불완전한 것이라 해도 한 번에 조금만 주어진다면 훨씬 견디기 쉬울 테니까요.

오늘날의 시인들은 회의적이고, 의심 많고, 특히 스스로에 대한 확신이 부족합니다. 마치 자신이 시인이라는 사실이 부끄럽기라도 한 것처럼, 대중들 앞에서 스스로가 시인이라는 것을 밝히기를 꺼리는 경향이 있습니다. 하지만 이 시끄럽고 요란한 시대에는 너무 깊이 감춰져 있어서 자신조차 확신하기 힘든 장점을 주절주절 늘어놓는 것보다는, 단점을 인정하고 고백하는 것이 한결 쉬운 일이 아닐까 생각해봅니다. 물론 효과적으로 잘 전달할 수만 있다면 말이죠. 우연히 몇몇 시인들을 대상으로 한 설문조사와 인터뷰 내용을 읽은 적이 있었습니다. 시인들에게 직업이 무엇이냐는 질문을 받았을 때 어떻게 대답하는지 물었습니다. 그러자 대다수의 시인들이 스스로를 '문인'이라고 칭하거나, 아니면 시 쓰는 일 말고 자기가 하고 있는 다른 일을 먼저 언급한다고 대답했습니다. 조사 결과에 따르면 공무원들 혹은 버스에 동승한 승객들은 자기들과 지금 이야기를 나누는 사람이 시인이라는 말을 들으면, 대개 그 사실을 가볍게 의심하거나, 아니면 뜻밖이라는 듯 다소 놀라는 반응을 보인다고 합니다. 제 짐작으로는 철학자 또한 비슷한 문제에 부딪힐 거라고 생각합니다. 하지만 이 경우는 약간 다릅니다. 적어도 자신의 전문 분야를 학문적 타이틀로 그럴듯하게 포장할 수 있는 가능성이 있기에 상황은 한결 낫다고 볼 수 있습니다. 철학과 교수—왠지 시인보다는 훨씬 더 진지하고 엄숙하게 들리지 않습니까.

하지만 시의 경우에는 '교수'라는 타이틀이 없습니다. '교수'라는 지위는 전문적인 대학 공부를 마치고, 정해진 시험을 치르고, 참고 문헌과 각주로 풍부한 자료를 곁들인 논문을 통해 새로운 이론을 발표하고, 나아가 성대하게 수여되는 학위를 획득한 사람에게 주어지는 것입니다. 하지만 '시인'은 다릅니다. '시인'으로 인정받기 위해서 정말 중요한 것은 훌륭한 시가 적혀 있는 종이쪽이지만, 사람들은 도장이 찍힌 증명서나 학위에만 관심을 보입니다. 자, 바로 이런 이유 때문에 러시아는 훗날 노벨문학상을 수상하게 될 위대한 시인 브로츠키(Josif Brodski, 1987년 노벨문학상 수상 시인)를 국외로 추방했습니다. 그는 시인이 되도 좋다는 공식적인 허가서를 받지 못했기 때문에 자신의 조국에서 '기생충'으로 낙인 찍혔습니다.

몇 년 전, 우연한 기회에 나는 그와 개인적으로 만나는 기쁨을 누렸습니다. 내가 알고 있는 많은 시인들 중에 스스로를 '시인'이라고 말하면서 진심으로 긍지를 가지는 사람은 오직 브로츠키뿐이었습니다. 그가 '시인'이라고 힘주어 발음할 때, 그의 내부에는 아무런 거부감이나 저항이 없었고, 자유를 향한 애틋한 갈망과 동경이 담겨 있음을 나는 느낄 수 있었습니다. 이것은 아마도 그가 젊은 시절 겪어야만 했던 무자비한 모멸감의 기억에서 기인한 것이 아닐까 생각합니다.

인간의 존엄성이 의심받지 않는 그런 행복한 나라에서 태어난 시인들은 자신의 작품이 출판되고, 읽히고, 해석되는 것을 지극히 당연한 일로 여깁니다. 하지만 문제는 아무도 그 일을 하려 하지 않는다는 것, 설사 한다고 해도 극히 소수만이 그 일에 종사할 따름이라는 점입니다. 단지 매일 반복되는 일상 속에서 스스로를 다른 사람들과 구별하기 위해서 말이죠. 아직 그렇게 까마득한 옛날이라고는 할 수 없는 20세기 초반에, 시인들은 독특한 의상과 말투, 괴상한 행동 등으로 사람들에게 충격을 주는 것을 즐겼습니다. 하지만 이 모든 기행들은 실은 대중에게 보여주기 위한 눈요깃거리에 지나지 않았습니다. 시인에게 정말로 중요하고 의미 있는 시간은 따로 있었던 것이죠. 혼자 자신의 방으로 돌아가 문을 걸어 잠그고, 거추장스러운 망토와 가면, 장신구들을 모두 벗어던진 채 고요한 침묵에 잠겨 아직 채 메워지지 않은 종이를 앞에 놓고, 조용히 자기 자신과 대면하는 그런 순간 말입니다.

한 가지 재미있는 사실이 있습니다. 최근 들어 유명한 학자나 예술가들에 대한 전기 영화가 계속해서 만들어지고 있습니다. 야심에 찬 영화감독들은 유명한 예술 작품의 탄생이나 위대한 학문적 발견의 창조 과정을 실감나게 그려내기 위해 온갖 노력을 다합니다. 몇몇 학자들의 작업을 그럴듯하게 묘사하는 것은 얼마든지 가능합니다. 실험실, 여러 가지 기구, 움직이는 기계 장치들은 한동안 관객의 눈길을 사로잡을 수 있습니다. 게다가 수많은 실험을 반복하다가, 결국 아주 사소한 수정을 가함으로써 마침내 기대했던 성과를 이루고 마는 대단원에 다다르게 되면, 극적인 감동은 더욱 고조되기 마련입니다.

화가의 생애에 관한 영화 또한 아주 그럴듯한 볼거리로 포장할 수 있습니다. 위대한 그림이 완성되기까지의 모든 과정을 맨 처음 붓질부터 마지막 터치까지 생생하게 재현할 수 있으니까요. 음악가에 대한 영화 또한 마찬가지입니다. 이런 영화들은 창조자의 내면에서 들려오기 시작하는 첫 마디 선율에서부터, 악보 위에 옮겨져 악기 편성을 마친 위대한 교향곡의 원숙한 경지에 이르기까지 그 과정을 아름다운 멜로디로 채울 수 있습니다. 물론 모든 것은 여전히 단순하고 간단한 방식으로 표현되어질 뿐이고, 우리가 흔히 '영감'이라 부르는 '영혼의 기이한 체험'에 관해서는 아무런 설명도 하지 않습니다. 그렇지만 이런 영화에는 최소한 볼거리와 들을 거리가 있으니 그럭저럭 우리를 만족시킬 수 있을 것입니다.

가장 고약한 것은 시인들입니다. 그들의 작업은 절망적일 정도로 영화 촬영에는 적합하지 않습니다. 어떤 사람이 책상 앞에 앉거나 소파에 누운 채로 시선을 고정시켜 물끄러미 벽이나 천장을 응시합니다. 그러다가 갑자기 벌떡 일어나 일곱 줄의 시를 쓰고는 15분 후에 애써 써 내려간 한 줄을 박박 지워버립니다. 또다시 한 시간이 흘러갑니다. 그리고 그동안 아무 일도 일어나지 않습니다.

과연 이런 영화를 보고 싶어 할 관객이 있을까요?

나는 이미 영감에 대해 언급했습니다. 영감이란 게 과연 무엇이냐는 질문에, 오늘날 대부분의 시인들은 애매모호하게 대답하거나 얼버무리고 맙니다. 그렇다고 그들이 자신의 내면에서 영감의 놀라운 축복을 한번도 경험하지 못했다는 뜻은 아닙니다. 이유는 다른 데 있지요. 스스로도 완전히 이해할 수 없는 일을 남에게 설명하기란 결코 만만한 일이 아니기 때문입니다.

나 역시 이따금 그런 질문을 받으면, 빙 돌려서 대답하곤 합니다. 이를테면 이런 식으로 에둘러 말하는 거죠: 영감이란 일반적으로 예술가 혹은 시인들만의 특권은 아닙니다. 영감의 수혜자들은 언제나 어디에나 존재하기 마련이며, 과거에도 있었고 또 앞으로도 있을 것입니다. 뚜렷한 신념으로 자신의 일을 선택하고, 애정과 상상력을 가지고 그 일을 수행하는 사람들 말이죠. 이 세상에 그런 의사들은 늘 있어왔고, 그런 교사들, 그런 정원사들은 항상 존재해왔습니다. 그리고 수백 종의 다른 직업에 종사하는 분들 또한 마찬가지입니다. 만일 그들이 자신이 하고 있는 일에서 계속 새로운 도전거리를 발견할 수 있다면, 그들의 직업은 끊임없는 모험의 연속이 될 것입니다. 수많은 난관과 실패에도 불구하고, 그들의 호기심은 영원히 식지 않을 것입니다. 이미 해결된 문제 속에서 또다시 새로운 의문과 궁금증이 생겨나게 되고, 그 속에서 또 다른 영감이 싹트게 되는 거지요. 영감, 그게 무엇인지는 중요치 않습니다. 중요한 것은 끊임없이 "나는 모르겠어"라고 말하는 가운데 새로운 영감이 솟아난다는 사실입니다.

사실 이렇게 살아가는 사람들은 그리 많지 않습니다. 이 지구상에 살고 있는 대부분의 사람들은 생존의 수단으로 일을 합니다. 혹은 일을 해야 한다는 의무감 때문에 일을 합니다. 스스로의 의지와 열정으로 일을 선택한 것이 아니라 삶의 조건들이 그들을 대신하여 선택을 내리곤 합니다. 좋아하지 않는 일, 지겨운 일, 그나마 그런 일조차 못 하는 사람들이 많다는 걸 알기에 어쩔 수 없이 가치를 인정할 수밖에 없는 일, 이런 일에 종사한다는 것은 인간에게 닥친 가장 슬픈 불운 중의 하나일 것입니다. 그렇다고 다가올 21세기에 곧장 행복한 변화가 이루어질 것 같지도 않습니다.

물론 이렇게 말하면 내가 시인들로부터 영감에 대한 특권을 빼앗아간다고 말하는 사람들도 있을 것입니다. 그러나 나는 시인들이 선택받은 운명을 타고난 몇 안 되는 사람들이라는 점을 강조하고 싶습니다.

지금껏 쭉 이야기를 듣고 계신 청중 여러분 가운데 다음과 같은 의문을 제기하는 분도 있을 것입니다. 살인자들, 독재자들, 광신자들, 몇 가지 구호를 목이 터져라 외치며 권력을 쟁취하기 위해 싸우는 정치가들 역시 자신의 일을 사랑하고, 또 열광적인 아이디어로 그 일을 수행하고 있지 않냐고요. 네, 그렇습니다. 하지만 문제는 그들이 '알고 있다'는 사실입니다. 그들은 '모른다'는 말을 하지 않습니다. 네, 그들은 '알고 있습니다.' 그들은 자신들이 '알고 있는' 유일한 것, 오로지 그 하나만으로 영원히 만족합니다. 그 밖의 다른 것들은 철저히 관심 밖에 있습니다. 왜냐하면 다른 쪽을 향해 눈을 돌리고 주의를 빼앗기는 순간, 자신들이 주장하는 논쟁의 힘이 약해질까 봐 두려워하기 때문이죠. 스스로에게 끊임없이 새로운 질문을 던지지 않는 모든 지식은 결국엔 생존에 필요한 열정을 잃게 되고, 머지않아 소멸되고 맙니다. 과거와 현재의 역사가 너무도 잘 말해주고 있듯이, 극단적인 경우에는 사회에 치명적인 위협을 가져올 수도 있는 것입니다.

그렇기 때문에 '나는 모르겠어'라는 두 마디의 말을 나는 높이 평가하고 싶습니다. 이 말에는 작지만 견고한 날개가 달려 있습니다. 그 날개는 우리의 삶 자체를, 이 불안정한 지구가 매달려 있는 광활한 공간으로부터 우리 자신들이 간직하고 있는 깊은 내면에 이르기까지 폭넓게 만들어줍니다. 만약 아이작 뉴턴이 '나는 모르겠어'라고 말하지 않았다면, 사과가 그의 눈앞에서 우박같이 쏟아져도 그저 몸을 굽혀 열심히 주워서 맛있게 먹어치우는 것이 고작이었을 것입니다.

만약 마리 스크워도프스카 퀴리가 자신에게 '나는 모르겠어'라고 말하지 않았다면, 월급을 받고 양갓집 규수들에게 화학을 가르치는 가정교사로 남아 있었을 것이고, 그 일을 자신의 사명으로 여기며 생을 마감했을 것입니다. 그러나 그녀는 스스로에게 '나는 모르겠어'를 되풀이했고, 결국 이 말이 그녀를 두 번씩이나 이곳, 영혼의 안식을 거부한 채 영원히 무언가를 찾아 헤매는 사람들에게 '노벨상'이라는 선물로 보답해주는 스톡홀름으로 인도했습니다.

시인 역시 마찬가지라고 생각합니다. 진정한 시인이라면 자기 자신을 향해 끊임없이 '나는 모르겠어'를 되풀이해야 합니다. 시인은 자신의 모든 작품들을 통해 이 질문에 대답하기 위해 끊임없이 노력하는 사람입니다. 시인은 자신이 쓴 작품에 마침표를 찍을 때마다 또다시 망설이고, 흔들리는 과정을 되풀이합니다. 이 작품 또한 일시적인 답변에 불과하며, 충분히 만족스럽지 못하다는 것을 스스로 통감하기 때문이죠. 그래서 '한 번 더,' 또다시 '한

번 더,' 시도와 시도를 거듭하게 되고, 훗날 문학사가들은 어떤 시인이 남긴 계속되는 불만족의 징표들을 모두 모아 커다란 클립으로 철하고는 그것들을 가리켜 '시인이 일생 동안 쓴 작품'이라 부르게 되는 것입니다.

이따금 나는 현실에서는 도저히 일어날 수 없는 상황들을 꿈꿀 때가 있습니다. 예를 들어 에클레시아스테스*와 만나서 대화를 나누는, 허황되고 무모한 상상 말이죠. 인간의 모든 행동에 담겨 있는 덧없는 속성을 탄식했던 전도서를 쓴 바로 그 에클레시아스테스 말입니다. 그를 만나면 나는 우선 머리를 숙여 최대한 정중하게 인사를 할 것입니다. 왜냐하면 적어도 나에게는 에클레시아스테스야말로 가장 중요하고 의미 있는 시인 가운데 한 명이기 때문입니다. 인사를 하고 나면 아마도 나는 그의 손을 꼭 잡을 것입니다.

에클레시아스테스, 당신은 이렇게 썼습니다: "태양 아래 새로운 것은 아무것도 없다"**고. 하지만 당신 역시 태양 아래 새로운 존

---

* '에클레시아스테스'를 우리말로 번역하면 '전도서'가 된다. '전도서'라는 한글 성서의 표제는 중국어역 성서에 따른 것이다. 「구약성서」에 실려 있는 전도서는 그 첫머리에 '다윗의 아들로서 예루살렘의 왕이었던 설교자의 말이다'라는 구절 때문에, 흔히 잠언, 아가서와 함께 솔로몬이 쓴 것으로 알려져왔다. 그러나 신학자들 사이에서는 그 사실 여부를 두고 오랫동안 의견이 분분했다. '에클레시아스테스'의 어원을 살펴보면 '집회를 주관하는 사람' '회중에게 말하는 사람' '토론하는 사람' '강의하는 사람' '잠언을 수집하는 사람' '설교자' 등 다양한 의미를 가지고 있다. 결국 쉼보르스카가 이야기하는 '에클레시아스테스'란 특정한 시인을 가리키는 것이 아니라 '전도서'를 쓴 익명의 저자를 의미하는 것이다.

** 전도서 1장에는 '헛되고 헛되다. 세상만사 헛되다. 사람이 하늘 아래서 아무리 수고한들 무슨 보람이 있으랴. [……] 지금 있는 것은 언젠가 있었던 것이요, 지금 생긴 일은 언젠가 있었던 일이라. 태양 아래 새것이 있을 리 없다'는 구절이 나온다.

재로 태어나지 않았나요. 당신이 쓴 시 역시 태양 아래 새로운 것이 아니던가요. 왜냐하면 당신 이전에는 그 누구도 그것을 쓴 적이 없었으니까요. 당신의 시를 읽는 모든 독자들 또한 태양 아래 새로운 존재들입니다. 왜냐하면 당신의 시대 이전에 살던 사람들은 그것을 읽을 수 없었을 테니까요. 당신이 그 그늘에 앉았던 사이프러스 나무 역시 세상의 시작부터 거기서 자라고 있지는 않았습니다. 당신의 사이프러스 나무와 비슷하지만, 바로 그 나무는 아니었던, 다른 사이프러스 나무가 그 나무에게 생명을 주었습니다.

에클레시아스테스, 나는 당신을 만나면 이렇게 묻고 싶습니다. 당신이 지금 태양 아래 새롭게 쓰고 싶어 하는 것은 과연 무엇인가요? 아직 생각을 정리하고 있나요? 혹시 그 생각들 가운데 일부를 부정하고 싶은 유혹을 느낀 적은 없나요? 당신이 과거에 쓴 서사시에서 환희를 느낀 적은요? 그 일시적이고 덧없는 감정은 과연 무엇일까요? 어쩌면 태양 아래 새로운 당신의 시는 바로 그 환희에 관한 것은 아닌지요? 벌써 초안을 잡고 메모를 시작했나요? 설마 이렇게 말하지는 않겠죠. "모든 것을 다 썼다. 더 이상 덧붙일 것이 없다"고…… 이 세상의 어떤 시인도 이렇게 단언할 수는 없잖아요. 특히 당신처럼 위대한 시인이라면 더욱 그렇죠.

우리는 세상을 떠올릴 때마다, 늘 그 거대함 때문에, 그리고 우리 자신의 무력함 때문에 공포를 느끼곤 합니다. 또한 사람들과 동물들 그리고 식물들이 겪는 개별적인 고통에 세상이 너무나도 무관심한 데 대해 쓰라린 분노를 품기도 합니다. 식물들은 고통을 느끼지 못할 거라는 어리석은 확신은 대체 어디서 비롯된 것인지 모르겠군요. 우리는 별빛이 꿰뚫고 지나가는 세상 속의 공간들을 구석구석 떠올리면서, 별들의 주위에서 발견된 새로운 행성들이 '이미 죽은 상태일까' 아니면 '현재에만 죽은 상태일까'를 놓고 그 답을 알지 못해 고민합니다. 우리는 끝도 없이 지속되고 있는 인생이라는 연극 무대를 보면서, 유효 기간이 우스울 정도로 짧고 오로지 두 개의 날짜만이 지정되어 있는 입장권을 떠올립니다. 이처럼 이 세상에 대해 어떤 생각을 하건 간에 대답은 한 가지, '놀라움을 금할 수가 없다'는 것입니다.

하지만 '놀라움을 금할 수 없다'는 표현에는 논리적인 덫이 숨어 있습니다. 우리는 흔히 우리 자신이 잘 알고 있거나, 보편적인 기준으로 널리 공인된 당위성에서 벗어났을 때 비로소 놀라움을 느끼게 됩니다. 하지만 우리가 준거의 틀로 삼을 만한 지극히 '당연한' 세상은 실은 어디에도 존재하지 않습니다. 우리의 놀라움은 스스로 현존하는 것이기에 그 어떤 것과의 비교를 통해 생성될 수는 없습니다.

네, 동의합니다. 개별적인 단어를 가지고 일일이 고민할 필요가 없는 일상적인 대화에서는 모두들 거리낌 없이 이런 표현들을 쓰곤 합니다. '평범한 세상' '평범한 인생' '평범한 사물의 순리'…… 하지만 단어 하나하나가 모두 의미를 갖는 시어詩語의 세계에서는 그 어느 것 하나도 평범하거나 일상적이지 않습니다. 그 어떤 바위도, 그리고 그 위를 유유히 흘러가는 그 어떤 구름도. 그 어떤 날도, 그리고 그 뒤에 찾아오는 그 어떤 밤도. 아니, 그 누구의 것도 아닌 이 세상의 모든 존재도.

이것이야말로 시인들은 언제 어디서나 할 일이 많다는, 그런 의미가 아닐는지요.

―비스와바 쉼보르스카

옮긴이 해설

존재의 본질을 꿰뚫는 심안心眼을 가진 시인, 비스와바 쉼보르스카의 생애와 시 세계

1. 시인의 생애

비스와바 쉼보르스카(Wisława Szymborska, 1923~2012)는 1996년 노벨문학상을 수상한 폴란드의 대표적인 시인이다. 시인은 역사와 예술의 상관관계에 대한 고찰에서부터 현대 문명에 대한 비판, 인간의 본질과 숙명에 대한 집요한 탐구에 이르기까지 폭넓은 작품 세계를 펼쳐 보임으로써 실존 철학과 시를 접목시킨 '우리 시대의 진정한 거장'으로 불리고 있다.

1923년 폴란드 중서부의 작은 마을 쿠르니크Kórnik에서 태어난 쉼보르스카는 여덟 살 때 폴란드 남부의 유서 깊은 문화 도시 크라쿠프Kraków로 이주했다. 크라쿠프는 발트 해에서 흑해 연안에 이르는 광대한 영토를 지배하며 유럽의 강대국으로 군림하던 폴란드 야기엘론스키 왕조(1386~1572)의 수도였다. 폴란드의 역사와 전통, 문화가 살아 숨 쉬는 고도古都에서 시인은 시적 감수성과 풍부한 예술 감각을 키우며 성장하였다. 명문 야기엘론스키 대학에서 국문학과 사회학을 전공한 쉼보르스카는 1945년 「단어를 찾아서」라는 시로 문단에 첫발을 내디뎠다.

솟구치는 말들을 한마디로 표현하고 싶었다.
하지만 어떻게?
사전에서 훔쳐 일상적인 단어를 골랐다.
열심히 고민하고, 따져보고, 헤아려보지만
그 어느 것도 적절치 못하다.

가장 용감한 단어는 여전히 비겁하고,
가장 천박한 단어는 너무나 거룩하다.
가장 잔인한 단어는 지극히 자비롭고,
가장 적대적인 단어는 퍽이나 온건하다.

[······]

우리가 내뱉는 말에는 힘이 없다.
그 소리는 적나라하고 미약할 뿐
온 힘을 다해 찾는다.
적절한 단어를 찾아 헤맨다.
그러나 찾을 수가 없다.
도무지 찾을 수가 없다.
—「단어를 찾아서」 부분

아우슈비츠가 위치한 폴란드는 제2차 세계대전 당시 유대인 대학살이라는 인류 역사상 전무후무한 비극의 무대가 된, '저주받은 영토'였다. 그 비극의 현장을 지켜보았다는 이유로 폴란드의 문인들은 문학적 상상력을 초월하는, 허구보다 잔혹한 현실 앞에서 처절하게 좌절할 수밖에 없었다. 쉼보르스카의 데뷔작 「단어를 찾아서」에는 도저히 문학 작품으로 활자화할 수 없는 야만적인 현실에 대한 시인으로서의 절망감, 그리고 인류의 도덕적 가치에 대한 믿음이 송두리째 무너진 데 대한 상실감이 절절히 반영되어 있다.

쉼보르스카가 시인으로 등단한 지 얼마 지나지 않아 폴란드 문단에는 거센 이데올로기의 폭풍이 몰아닥쳤다. 1949년 폴란드 통일노동자당PZPR이 집권하기 시작하면서 폴란드는 본격적인 사회주의 체제로 전환되었고, 이른바 스탈린식 철권통치가 시작되었다. 1950년대 전반기에는 구소련을 비롯한 동유럽 사회주의 국가에 예술 창작의 유일한 공식적인 방법론으로 이른바 사회주의 리얼리즘Socialist Realizm 원칙이 선포되기에 이르렀다. 예술의 궁극적인 목적은 피지배 계급을 사회주의 이념에 맞추어 사상적으로 개조하고 교육시키는 데 있으며, 예술가는 혁명적 발전을 역사성의 기준으로 삼아야 한다는 것이 바로 사회주의 리얼리즘이 내세우는 기본 원칙이었다.

그 당시 데뷔한 지 얼마 되지 않은 젊은 시인 쉼보르스카는 당시 폴란드에서 활동하던 대부분의 문인들과 마찬가지로 당에서 요구하는 사회주의 리얼리즘에 입각한 선동적인 경향의 시집 두 권을 발표하였다.* 그러나 정치 이념에 지나치게 역점을 두었던 사회주의 리얼리즘은 목적의식에 사로잡혀 점차 예술 본연의 가치를 상실하고, 과도한 검열과 탄압으로 작가의 자유로운 창작 의

---

* 쉼보르스카가 1949년부터 1955년 사이에 내놓은 두 권의 시집, 『우리가 살아가는 이유』(1952)와 『나에게 던지는 질문』(1954)은 당시 폴란드 문단이 강요하는 사회주의 리얼리즘의 의무를 충실하게 이행하고 있다. 1954년에는 폴란드 통일노동자당이 수여하는 '크라쿠프 문학상Nagroda Miasta Krakowa'을 수상하기도 했다.

지를 억압하게 되었다. 당에서 철저하게 규정한 교훈적이고 계몽적인 틀에 부합하지 않는 작품은 철저한 사전 검열에 의해 출판을 금지당했고, 이 시기에 사회주의 리얼리즘을 거부했던 예술가들은 해외로 망명하거나 작품 활동 자체를 중단해야만 했다.

1950년대 후반 쉼보르스카의 고국인 폴란드에서는 고무우카 정권이 들어서면서 스탈린식 철권통치에 대한 강한 비판 여론이 일었고, 사회 전반에 걸쳐 민주화에 대한 열망을 담은 '해빙기'* 의 바람이 불기 시작했다. 정부의 탄압과 독재, 창작의 자유를 억압하는 구조적 모순에 강한 회의를 느낀 쉼보르스카는 마침내 당과의 결별을 선언하고, 시집 『예티를 향한 부름』을 발표하였다. 1957년에 발간된 이 시집은 쉼보르스카의 실질적인 데뷔 시집으로 평가되고 있다. 앞서 두 권의 시집을 발표하기는 했지만, 당에서 요구하는 사회주의 리얼리즘의 기준에 따라 형식과 내용이 철저하게 통제된 상황에서 출판한 것이었기에 독자들은 물론, 시인 자신도 진정한 의미의 자기 작품이라고 생각지 않았다. 이후 쉼보르스카는 절제된 시어 속에 인간과 역사에 대한 관조와 성찰을 추구하는 고유의 시 세계를 구축해나갔다. 의식의 굴절과 변혁을 경험한 이후 쉼보르스카의 시 경향은 '탈정치적'인 방향으로 굳어지게 되었다. "정치적인 시는 신문 기사 정도의 수명밖에 가지지 못한다"고 단언하면서 시인은 문학의 현실 참여와 정치 개입 문제에 있어서 항상 일정한 거리를 유지하였다.

---

* 1956년 소련식 사회주의 모델을 거부하고 폴란드의 현실에 맞는 사회주의를 추구하려는 취지로 시작된 해빙기는, 국내 경기 침체가 장기화되고, 개혁의 주체로 등장했던 고무우카 정권의 각종 정책이 실패로 돌아가면서, 불과 3년여 만에 자국 내의 소련군 주둔과 동맹을 인정하는 현실적인 방향으로 전환되고 말았다.

그렇지만 쉼보르스카가 문인으로서의 사명감을 무조건 포기하고, 정치적·사회적으로 민감한 여러 가지 사안들을 완전히 외면했던 것은 아니었다. 1975년 폴란드 의회가 인간의 기본권인 양심과 종교의 자유를 제한하기 위해 헌법을 개정하려고 했을 때, 쉼보르스카는 의회에 보내는 작가들의 항의 서한에 공동으로 서명하며 강력한 반대 의사를 표명하였다. 또한 1970년대 후반에는 정부의 교육 정책에 맞서 수많은 지식인들이 독자적으로 고등 교육을 주관하기 위해 만들었던 '학술 연수 협회Towarzystwo Kursów Naukowych'의 활동에도 적극적으로 참여하였다.

이처럼 제2차 세계대전 당시 독일의 강제 점령과 유대인 대학살, 전쟁 직후 사회주의 체제로의 전환, 그리고 자유 노조를 중심으로 한 국민들의 민주화 운동과 1989년 소비에트 블록의 해체에 이르기까지 그야말로 파란만장한 격동의 현장 폴란드에서 쉼보르스카는 망명이나 절필을 선언했던 일부 문인들과는 달리 묵묵히 고국을 지키며 작품 활동을 지속하였다. 또한 꾸준한 시작 활동과 더불어 1953년부터 1981년까지 폴란드의 대표적인 문예지 『문학 생활Życie literackie』과 『오드라Odra』, 일간지 『가제타 비보르차Gazeta Wyborcza』에 독서 칼럼을 연재하기도 했다. 시인이 20여 년에 걸쳐 『문학 생활』에 기고했던 서평은 1973년에 『쉼보르스카의 비필독도서Lektury nadobowiązkowe』라는 제목의 단행본으로 처음 출간된 이래, 1981년에 제2권, 1997년에 제3권, 2001년에 제4권이 차례로 출판되면서 지금까지도 인기 있는 스테디셀러가 되었다.

쉼보르스카는 다작多作을 꺼리는 작가로 유명하다. "한 편의 시를 봄에 쓰기 시작해서 가을에 가서야 완성하는 경우도 많다"는 시인 자신의 고백에서도 잘 알 수 있듯이, 시인은 완성된 시를 곧

바로 발표하지 않고, 오랜 수정과 선별 작업을 거쳐 출판하는 것으로 알려져 있다. 시인으로 등단한 이후 70여 년의 세월 동안 총 12권의 정규 시집을 출간했고, 사후에 출간된 2권의 시집—유고 시집 『충분하다』와 미공개 초기작을 모은 『검은 노래』까지 포함하면 총 14권에 불과하다. '언어의 연금술사'라는 찬사에 걸맞게 시어의 선택에 있어 결벽증에 가까울 만큼 완벽을 추구한 결과이다. 오랜 시간 심혈을 기울인 만큼 일단 시집에 수록, 공개된 시들은 한 편, 한 편이 모두 대표작이라고 할 만큼 그 문학적 가치를 인정받고 있다. 출판된 시집의 목록은 다음과 같다. 『우리가 살아가는 이유』(1952), 『나에게 던지는 질문』(1954), 『예티를 향한 부름』(1957), 『소금』(1962), 『애물단지』(1967), 『만일의 경우』(1972), 『거대한 숫자』(1976), 『다리 위의 사람들』(1986), 『끝과 시작』(1993), 『순간』(2002), 『콜론』(2005), 『여기』(2009), 『충분하다』(2012), 『검은 노래』(2014).

노벨문학상 수상 이후 갑작스레 쏟아지는 언론의 집중적인 조명을 부담스러워했던 쉼보르스카는 크라쿠프에 거처를 두고, 슬로바키아와의 국경 지역에 있는 휴양지 자코파네를 오가며 은둔 생활을 했다. 대중 앞에 모습을 드러내는 대신 작품을 통해 꾸준히 독자들과 소통해왔던 쉼보르스카는 2012년 2월 1일 향년 88세에 지병인 폐암으로 타계했다.

1991년 독일의 괴테 문학상을 수상한 쉼보르스카는, 1996년에 노벨문학상의 영예와 함께 펜클럽 문학상도 받았다. 스웨덴 한림원은 쉼보르스카의 노벨문학상 수상을 발표하면서 "시인의 작품 세계는 그 특유의 치밀한 풍자로 인간의 실존 문제를 역사적·생물학적 특성과 연계하여 명쾌하게 드러내 보였다. 시인의 시어는 정교하게 다듬어져 있으면서도 매너리즘으로부터 완전히 자유롭다. 풍부한 영감, 그리고 반드시 그 자리에 있어야 할 단어를 꼭 알맞은 곳에 배치하는 '위대한 평이성'으로 인해 시인은 '문학의 모차르트'라 불리고 있다. 그러나 시인의 시 속에는 '베토벤'의 분노와 같은 그 무엇이 함께 어우러져 있다"는 극찬을 아끼지 않았다. 쉼보르스카의 작품은 영어, 독일어, 프랑스어, 이태리어, 스페인어, 스웨덴어, 러시아어, 일본어 등 총 30여 개 언어로 번역되어 전 세계 독자들의 사랑을 받고 있다.

2. 작품 세계

"모차르트처럼 잘 다듬어진 구조에 베토벤 같은 웅장함을 겸비했다"는 찬사를 받아온 비스와바 쉼보르스카의 시는 낭만적인 감상이나 서정적인 소재로부터 일정한 거리를 유지하면서 역사와 문학에 대한 고찰과 문명에 대한 비판, 그리고 인간의 실존 문제에 대한 철학적 명상에 이르기까지 폭넓은 작품 세계를 보여주고 있다. 쉼보르스카의 시는 인류의 공통적인 정서를 아우르는 보편성과 특정한 사조에 얽매이지 않는 독특한 자유로움을 보여주고 있다.

이 책에 실린 총 170편의 시들은 2000년에 출판된 『비스와바 쉼보르스카 자선自選 시집』과 2002년에 발표된 『순간』, 2005년에 출간된 『콜론』에 수록된 작품들을 엄선하여 번역한 것이다. 『비스와바 쉼보르스카 자선 시집』에는 1952년에 출간된 첫 시집 『우리가 살아가는 이유』에서부터 1993년에 나온 『끝과 시작』에 이르기까지 총 9권의 시집과 기타 미공개 작품들 가운데서 시인이 직접 선별한 184편의 주옥같은 시들이 수록되어 있으며, 『순간』과 『콜론』에는 각각 23편과 17편의 최신작들이 실려 있다. 평생을 시 창작에만 바쳐왔던 시인이 자신의 외길 인생을 정리하듯, 손수 작품을 고르고 다듬어 집대성한 자선 시집을 토대로 엮은 이 시선집은 시인의 작품 세계를 한눈에 볼 수 있는, 그야말로 쉼보르스카 문학의 정수精髓라고 말할 수 있을 것이다.

평범한 일상에서 건져 올린 비범한 삶의 지혜

쉼보르스카 시의 가장 큰 특징은 지극히 평범하고 일상적인 것들로부터 건져 올리는 비범한 삶의 지혜이다. 이것은 대상을 바라보는 시인 특유의 독창적인 관찰 방법과 오랜 철학적 사유의 소산이다.

쉼보르스카는 대상의 핵심을 향해 무리하게 돌진하거나 집착하지 않고, 언제나 한 걸음 물러서서 일정한 거리를 유지하며 관조적인 자세로 대상의 진면목을 파악한다. 성급한 감상이나 경솔한 주관적 견해를 배제하고, 냉정하면서도 객관적인 시각을 확보하고 있다. 그리고 이렇게 파악한 대상의 본질을 풍부한 상징과 알레고리, 풍자와 해학, 아이러니 등을 동원하여 때로는 진지하게, 때로는 유머러스하게 독자에게 전달해주고 있다.

쉼보르스카의 실질적인 등단 시집으로 꼽히는『예티를 향한 부름』에 실린「두 번은 없다」는 폴란드 초등학교 교과서에 실릴 정도로 폴란드의 전 국민이 애송하는 시인의 대표작이다. 이 시에서 쉼보르스카는 단순하고 평이한 시어로 삶의 소중한 진리를 이야기하고 있다.

두 번은 없다. 지금도 그렇고

앞으로도 그럴 것이다. 그러므로 우리는
아무런 연습 없이 태어나서
아무런 훈련 없이 죽는다.

[……]

미소 짓고, 어깨동무하며
우리 함께 일치점을 찾아보자.
비록 우리가 두 개의 투명한 물방울처럼
서로 다를지라도……
―「두 번은 없다」 부분

 인간의 실존에 대한 시인의 명쾌한 자각은 인간을 "투명한 물방울"에 비교하면서 시작된다. 거대한 세상 속에서 인간은 한 줌의 티끌처럼 미약하기 이를 데 없는 존재이다. 그러나 중요한 건 이 세상 어디에도 나와 똑같은 존재는 없다는 사실이다. 육안으로는 식별이 불가능할 정도로 꼭 닮은 두 개의 물방울, 그러나 그 투명한 물방울도 알고 보면 엄연히 서로 다른 개체이듯 인간도 '사회'라는 거대한 집단 속에서 부속품처럼 닮아 있지만 개개인을 들여다보면 고유한 인성을 가진 독립적인 존재인 것이다.
 타인으로 대치될 수 없는 독자적인 개인의 실존을 강조하고 있다는 점에서 쉼보르스카의 사상은 키르케고르나 포이어바흐의 철학과 일맥상통한다. 키르케고르는 헤겔이 주장하는 보편적 정신을 부정하고, 인간 정신을 어디까지나 개별적인 것으로 보아 개인의 주체성이 진리임을 주장했다. 포이어바흐는 인류의 본질이 개별적인 '나'와 '너'로 형성된 집합체라는 점을 강조했다. 이처럼 너와 내가 '다르다'는 실존적 자각이 선행될 때, 우리는 비로소 화해와 일치의 실마리를 발견할 수 있게 된다. 서로 다른 무수한 물방울이 모여 시내를 이루고, 대지를 타고 흘러 강이 되고, 마침내 거대한 바다에서 하나로 융합되듯이 우리 각자는 서로 다르다는 '상대성'을 먼저 인정함으로써 상대방을 포용할 수 있는 일치점을 향해 나아가야 한다고 시인은 역설하고 있다.

현란한 수사나 언어의 유희를 배제하고, 쉽고 단순한 시어로 정곡을 찌르는 날카로운 언어적 감각을 보여주는 대표적인 시로 「가장 이상한 세 단어」를 들 수 있다.

> 내가 "미래"라는 낱말을 입에 올리는 순간,
> 그 단어의 첫째 음절은 이미 과거를 향해 출발한다.
>
> 내가 "고요"라는 단어를 발음하는 순간,
> 나는 이미 정적을 깨고 있다.
>
> 내가 "아무것도"라고 말하는 순간,
> 나는 이미 무언가를 창조하게 된다,
> 결코 무無에 귀속될 수 없는
> 실재하는 그 무엇인가를.
> ―「가장 이상한 세 단어」 전문

오랜 숙고와 관찰을 통해 얻은 실존적 자각을 현학적인 수사가 아니라 소박하고 진솔한 시어, 절제되고 압축된 표현을 통해 생생하게 풀어낸 작품이다. 쉼보르스카는 존재 그 자체가 내포하고 있는 '근원적인 본성'과 인위적인 형식에 불과한 '언어'를 혼동해서는 안 된다는 사실을 경고하고 있다.

「언니에 대한 칭찬의 말」에서 시인은 평범한 일상에 대한 동경을 숨김없이 드러낸다. 시어詩語의 세계에 갇혀 창조를 향한 고달픈 삶을 살아가는 시인의 운명은 시를 쓰지 않는 언니의 안온한 삶과의 대비를 통해서 역설적으로 부각된다.

「양파」에서도 우리는 지극히 단순하고, 사소한 대상의 본질을 향해 속속들이 머무는 시인의 애정 어린 시선을 엿볼 수 있다.

> 겉과 속이 항상 일치하는 존재.
> 성공적인 피조물이다.
> 한 꺼풀, 또 한 꺼풀 벗길 때마다
> 좀더 작아진 똑같은 얼굴이 나타날 뿐.
> 세번째도 양파, 네번째도 양파,
> 차례차례 허물을 벗어도 일관성은 유지된다.
> 중심을 향해 전개되는 구심성求心性의 푸가.
> 메아리는 화성和聲안에서 절묘하게 포개어졌다.
>
> [……]
>
> 양파가 가진 저 완전무결한 무지함은
> 우리에겐 결코 허락되지 않았다.
> ―「양파」 부분

'인간'인 시인은 한낱 '식물'에 지나지 않는 양파가 지닌 일관성, 벗겨도 벗겨도 똑같은 얼굴이 나타나는 그 한결같은 속성을 가리켜 "구심성의 아름다운 푸가"이자 "절묘하게 포개어진 메아리의 화성"이라며 찬사를 아끼지 않는다. 그리고 인간에게 허락되지 않은 그 "완전무결한 우둔함과 무지함"을 갈망하고, 부러워한다.

2002년에 발표한 시집 『순간』에서도 대상의 본질을 포착하는 특유의 예리한 관찰력은 어김없이 번뜩이고 있는데, 그 대표적인 예가 바로 「구름」이라는 시이다.

> 구름을 묘사하려면
> 급히 서둘러야만 하지.
> 순식간에 지금과는 다른
> 새로운 형상으로 변하기에.
>
> 구름의 속성이란
> 모양, 색조, 자세, 배열을
> 한순간도 되풀이하지 않는 것.
>
> 아무것도 기억할 의무가 없기에
> 사뿐히 현실을 지나치고,
>
> 아무것도 증언할 필요 없기에
> 곧바로 사방으로 흩어져버린다.
>
> [⋯⋯]

구름에겐 우리와 함께 사라질 의무가 없다.
흘러가는 동안 눈에 띄어야 할 필요도 없다.
―「구름」부분

2005년에 출판된 『콜론』에 수록된 「맹인들의 호의」는 시각장애인들 앞에서 시 낭송을 하게 된 한 시인의 에피소드를 소재로 하고 있다. 한창 낭송을 하던 중 시인은 빛과 색조, 구체적인 풍경 등 시각적인 표현이 들어간 대목에서 안타까움과 당혹스러움을 절감하게 된다. 자신은 볼 수도 없는 시인의 서명을 요청하는 한 시각장애인 독자의 모습을 묘사한 대목에서 비장애인들보다 더 깊은 이해심과 포용력을 가진 장애인들의 너그러운 마음과 그들의 비애가 실감나게 표현되고 있다.

하지만 맹인들의 호의는 정말로 대단하다,
그들은 한없는 이해심과 포용력을 가졌다.
귀 기울이고, 미소 짓고, 박수를 보낸다.

심지어 그들 중 누군가가 다가와서는
거꾸로 든 책을 불쑥 내밀며
자신에겐 보이지도 않는 저자의 서명을 요청한다.
―「맹인들의 호의」부분

이처럼 쉼보르스카의 시는 특별히 현학적인 시어를 사용하지 않으면서도, 소박하고 진솔한 언어로 우리에게 삶의 소중한 진리를 일깨워준다. 시인은 결코 목소리를 높여 단언하거나 애써 독자들을 설득하려 하지 않는다. 다만 단순 명료한 어조로 독자들의 귓가에 생의 의미에 대해 나직하게 속삭이고 있을 뿐이다.

만물을 포용하는 생명 중심적 사고

쉼보르스카는 인간 중심적인 잣대나 일체의 선입견을 배제한 '자연의 눈'으로 사물의 본질을 자세히 들여다보는 것에 예술의 참된 가치가 있고, 생의 의미가 담겨 있음을 강조한다. 그렇기에 '시골 길에 쓰러져 있는 딱정벌레'와 같은 작은 생명체들에 대하여, 그리고 그 미물들이 지닌 놀랄 만큼 묵직한 존재감에 대하여 각별한 관심을 보인다.

> 여기 길 위에 죽은 딱정벌레 한 마리가 있다.
> 그 누구도 애도하지 않는 가운데, 태양 아래서 반짝반짝 빛나고 있다.
> 그저 쳐다봐주거나 생각해주는 것만으로도 딱정벌레에겐 충분하다.
> 아무 일도 일어나지 않은 듯 지극히 태평스러워 보인다.
> 중요하고 심각한 일은 모조리 우리, 인간들을 위해 예정되어 있다.
> 삶은 오로지 우리들의 것이며,
> 언제나 당연한 듯 선행권先行權을 요구하는 죽음 또한 오로지 우리들만의 전유물이다.
> ―「위에서 내려다본 장면」 부분

존재의 본질을 향해 크게 부릅뜬 시인의 심안은 사람들이 좀처럼 관심을 두지 않는 보잘것없는 미물, 죽은 딱정벌레를 놓치지 않고 포착한다. 한낱 벌레 한 마리가 숨을 거두었다고 슬퍼하거나 아쉬워하는 이는 아무도 없다. 인간의 죽음에 어김없이 뒤따르는 요란한 추모 의식도, 비통한 애도의 눈물도 없다. 쉼보르스카의 시에서 생에 대한 구구한 미련을 떨치지 못하고, 살기 위해 발버둥치는 것은 언제나 인간들이다. 동물들은 "청결과 질서를 유지하면서" 자연의 섭리에 순응하고, 조용하고 담담하게 자신에게 주어진 운명을 받아들인다. 뿐만 아니라 생태계의 조화로운 공생과 평화를 위해 다른 생명체의 영역에 함부로 발을 들여놓지 않으며, 그들과 일정한 "거리를 유지할 줄"도 안다. 우주 만물이 조화롭게 공존하는 본원적 생태계에서 모든 생명체는 자연에서 태어나고 자연으로 돌아간다.

　　이 촉박한 여행길에서 나는 허무와 실재를 제대로 구분하는 법을 알기도 전에
　　그만 길가의 조그만 팬지꽃들을 깜빡 잊고, 놓쳐버리고 말았습니다.
　　이 사소한 실수가 얼마나 엄청난 것인지 그때는 미처 생각지 못 했답니다.
　　아, 이 작은 생명체가 줄기와 잎사귀와 꽃잎을 피우기 위해
　　얼마나 많은 노력을 기울여야만 했을까요.
　　오직 한 번 무심한 듯 세심하고, 당당한 듯 연약한 모습을 드러냈다가
　　영원히 사라질 이 순간을 위해,

얼마나 오랜 시간 조바심쳐가며 애타게 기다려왔을까요.
―「생일」부분

　이 시에서 "나"와 "길가의 조그만 팬지꽃"은 모두 '대자연'이라고 하는 거대한 생명 공동체를 이루는 구성원이다. 유기적으로 긴밀하게 연결된 우주의 삼라만상 속에서 인간인 '나'와 식물인 '팬지꽃'은 동등한 존재 가치를 지니고 있으며, 상호 의존적인 공생 관계에 놓여 있다. 불교의 연기설緣起說이 설명해주듯이, 존재하는 모든 것은 서로를 의존·의지하는 인연과 화합의 관계 속에 묶여 있기에 '나'와 '팬지꽃'은 서로의 존재를 알아보고 인정해주어야 할 본질적이고 필연적인 의무를 지니고 있다. '생의 절정'을 맞이한 팬지꽃을 깜빡 잊고, 놓쳐버린 '나'의 실수를 대수롭지 않게 넘겨버릴 수 없는 것은 바로 그 때문이다. '자연의 필터'를 통해 들여다보면, 이 세상의 모든 사물들은 아무리 작고 보잘것없는 것일지라도 그 자체로 이미 존엄하고 경이로운 존재인 것이다.
　쉼보르스카는 사물의 본성과 상대적 가치를 인정함으로써 자생적 생명의 원천인 자연과 직접적으로 교감을 나눈다. 「알레그로 마 논 트로포: 빠르게 그러나 적당히」에서 시인은 이렇게 이야기한다.

나, 생을 향해 말한다 너는 아름답기 그지없구나.
더할 나위 없이 풍요롭고,
한결 더 개구리답고, 마냥 밤꾀꼬리답고,
무척이나 개미답고, 꽤나 종자식물답다.
―「알레그로 마 논 트로포: 빠르게 그러나 적당히」부분

개구리는 개구리답게, 개미는 개미답게 살아갈 수 있을 때, 즉 모든 사물과 생명체가 자신에게 주어진 고유한 본성과 근원에 가장 충실할 때, 비로소 존재는 그 본연의 의미에 부합하는, 아름답고 풍요로운 가치를 확보할 수 있음을 시인은 일깨우고 있다.

평범하고 일상적인 대상을 향한 시인의 겸허하고 애정 어린 시선, 그리고 생명의 미세한 숨결에 귀 기울이려는 겸허한 태도는 만물이 조화롭게 공존하는 본원적 생태계를 향한 동경에서 비롯된 것이라고 할 수 있으며, 이것은 특유의 해학적 친화력을 바탕으로 독자에게 고스란히 전달되고 있다.

관습에 저항하여 사물을 새롭게 바라보기

쉼보르스카의 시가 지닌 또 하나의 중요한 특징은 우리를 둘러싸고 있는 대상과 사물을 바라볼 때, 고정관념을 깨끗이 비워낸 '무無'의 상태에서 새로운 시각으로 그것을 바라보고, '존재'가 제기하는 능동적 질문에 적극적으로 귀 기울인다는 점이다.

> 우리는 그것들을 모래 알갱이라 알고 있지만
> 그 자신에게는 알갱이도 모래도 아니다.
> 모래 알갱이는 보편적이건, 개별적이건,
> 일시적이건, 지속적이건,
> 그릇된 것이건, 적절한 것이건,
> 이름 없이 지내는 익명의 상태에 익숙하다.
>
> 우리가 쳐다보고, 손을 대도 아무것도 아니다.

시선이나 감촉을 느끼지 못하기에.
창틀 위로 떨어졌다 함은 우리들의 문제일 뿐,
모래 알갱이에겐 전혀 특별한 모험이 아니다.
어디로 떨어지건 마찬가지.
벌써 착륙했는지, 아직 하강 중인지
분간조차 못하기에.
─「모래 알갱이가 있는 풍경」부분

시인은 "모래 알갱이"라 명명된 존재의 본질, 언어로 표현되기 이전의 순수한 원형原形에 눈을 돌리라고 권고하면서, 모든 사물과 현상에 대해 철저하게 다원주의적 상대론을 견지한다. 모래 알갱이, 호수, 하늘, 태양, 구름, 바람, 심지어 우리를 둘러싼 풍경과 쏜살같이 흐른다고 여겼던 시간의 경과조차도 인간에 의해 감지되고 인식되어야 하는 피동적인 대상이 아니라, '존재 그 자체'에 다름 아니라는 것을 설파하고 있는 것이다.

우리가 미처 인지하지 못했던 의식의 사각지대, 견고하지 못한 그 틈바구니를 묘하게 파고드는 시인의 관찰력에 우리는 한편으로는 소스라치게 놀라면서도, 다른 한편으로는 고개를 끄덕이지 않을 수 없다. 시인이 건네는 손을 잡고 투철한 성찰의 과정을 거치면서, 우리는 지금껏 절대적인 가치로 여겨왔던 자기 중심적인 기준, 오만하기 그지없는 사물에 대한 선입견을 여지없이 무너뜨리게 된다.

대상 혹은 사물을 바라보는 시인의 신선한 시각, 기존의 관습과 개념을 해체하려는 새로운 시도는 여러 작품들을 통해 끊임없이 나타나고 있다. 연극을 보면서도 쉼보르스카의 시선은 무대 인사를 하는 배우들보다는 막이 내려간 뒤에 서둘러 꽃다발을 치우는 '이름 모를 손'에 머문다. 시인은 오랜 기다림 끝에 "비로소 자신에게 주어진 역할을 수행하는/눈에 띄지 않는, 또 하나의 등장인물"(「연극에서 받은 감상」)이야말로 자신에게 진정으로 감동을 안겨준다고 말하고 있다. 막과 막 사이, 얼굴조차 보이지 않지만, 묵묵히 자신의 임무를 다하고 있는 '누군가'를 놓치지 않고, 그 미지의 인물에게 경의를 표하고 있는 것이다.

구원의 상징으로 일컬어지는 아브라함과 이삭의 이야기를 모티프로 쓴 「밤」에서 시인은 번제물로 바쳐지기까지 두려움에 떨어야만 했던 어린 이삭의 인간적인 공포에 주목하면서 소년이 진정 원한 것은 신화 속 영웅이 아니라 평화로운 잠, 다시 말해 안온한 일상임을 강조하고 있다.

「박물관」에서 쉼보르스카는 고색창연한 유물들을 바라보면서 고대의 문명과 기술에 감탄하기보다는 그 물건들이 겪었을 '세월의 풍파'를 감지하는 데 주력한다. 시인을 감동시키는 것은 전시품들의 정교함이나 아름다움이 아니라, 그것들이 인간의 유한한 삶과 치열한 생존 경쟁을 거쳐 살아남은 결과라는 사실이다.

> 왕관이 머리보다 더 오래 살아남았어요.
> 손은 장갑에게 굴복하고 말았어요.
> 오른쪽 구두는 발과 싸워 승리했어요.
> ―「박물관」 부분

「그리스 조각상」에서도 시인은 모진 세월의 풍파 속에 얼굴도 팔다리도 잃었지만, 몸통만은 간신히 보존된 그리스 시대의 유물을 보면서 시간의 유한성에 도전하기 위해 안간힘을 쓰는 존재의 지속성에 주목한다.

「롯의 아내」에서는 정작 이야기의 주축을 이루는 '소돔과 고모라'에 관한 이야기는 뒷전이고, 무엇 때문에 이 가여운 여인이 뒤를 돌아보아서는 안 된다는 신의 명령을 어기고, 소금 기둥이 되었을까를 집요하게 추적한다. 시인은 호기심이나 욕망, 공포나 조건 반사 같은 지극히 인간적인 이유뿐만 아니라 돌멩이나 기타 장애물에 의해 넘어지면서 불가항력적으로 뒤를 돌아볼 수밖에 없었을 것이라는 가능성을 조목조목 제시하고 있다.

「어린 여자아이가 식탁보를 잡아당긴다」는 세상에 대한 호기심으로 가득한 한 살짜리 여자 아기가 식탁보를 막 잡아당기기 직전의 아슬아슬한 광경을 묘사한 시이다. 사물은 혼자 힘으로는 움직일 수 없지만, 식탁보를 잡아당기는 아기의 무심한 동작이 동력으로 작용하는 순간, 고정된 위치를 이탈하게 된다. 시인은 무수히 반복되는 일상 속에서 지극히 사소한, 그러면서도 구체적이고 현실적인 단면을 끄집어내어 우리에게 대상의 본질에 대한 근원적인 물음을 던진다.

쉼보르스카의 시에서는 가치의 절대성을 비판적으로 수용하고자 하는 열린 시각과 존재의 비결정성을 포용하는 화합적이고 포괄적인 사유가 발견된다. 시인은 사물을 낯설고도 새로운 시선으로 바라봄으로써 만물의 본질을 세속적인 기준으로 무조건 규정하려 들고, 제도나 관습에 길들여진 익숙한 가치만을 '상식적인 것' 혹은 '일반적인 것'과 동일 선상에 놓는 이분법적인 세계관에 도전장을 내밀고 있다. 규격화되고 의미화된 상식과 관념의 틀 속에 존재를 억지로 고정시키는 것은 결국 비좁고 인위적인 테두리

안에 사고와 의식의 무한한 흐름을 가두는 일이기 때문이다.

일상의 단면에 숨어 있는 그로테스크한 순간 포착

쉼보르스카의 시의 근저에는 삶의 가치와 의미를 퇴색시키는 냉혹한 현실에 대한 공포와 우려가 깔려 있다. 시인은 일상의 단면에 숨어 있는 그로테스크한 순간을 포착하여 강렬하게 펼쳐 보임으로써 두려움과 불안감을 상징적으로 부각시킨다.

영국의 종교 분쟁 당시 단두대의 이슬로 사라진 스코틀랜드의 여왕 메리 스튜어트와 여왕으로 즉위하여 국민들로부터 사랑과 존경을 받았던 엘리자베스 1세의 엇갈린 운명을 그린 「참수」는 자유를 철저하게 억압당했던 스탈린 시대를 풍자하는 정치적 알레고리로 해석되기도 한다. 이 작품에서 메리 스튜어트의 비극적인 운명을 극대화하기 위한 장치로 등장하는 것이 바로 두 여인이 입고 있는, 대조적인 디자인의 '드레스'이다.

> 스코틀랜드 여왕 메리 스튜어트는
> 사형 집행에 딱 맞는 슈미즈 드레스를 입고 단두대에 올랐다.
> 목 부분이 길게 파인 그 슈미즈는
> 목에서 흘러나온 피처럼 선명한 붉은색.
>
> 바로 그 순간,
> 영국 여왕 엘리자베스 튜더는
> 자신의 한적하고, 호화로운 방에서
> 눈처럼 새하얀 드레스를 입고 창가에 서 있었다.
> 턱 바로 아래까지 의기양양하게 단추를 채우고서.

빳빳하게 풀을 먹인 깃 가장자리엔 화려한 주름 장식.
―「참수」부분

 단두대에 오르는 비극적인 순간에 메리 스튜어트가 입었던 목이 훤히 드러나는 붉은색 "슈미즈 드레스"는 빳빳하게 풀을 먹인 레이스 장식이 달린 엘리자베스 1세의 "눈처럼 새하얀 드레스"와 선명한 대비를 이루며, 한 여인의 처참한 운명을 절묘하게 극대화시킨다. 구구한 설명이나 직접적인 묘사 대신 지극히 일상적인 소재를 선택함으로써 비극의 본질이 보다 선명하게 표출되고 있으며, 평범한 생의 단면에 내재된 인간의 야만적인 본성이 효과적으로 드러나고 있다.
 다분히 역설적인 제목의 「결백」에서는 학살당한 유대인의 머리카락으로 매트리스를 만들었던 아우슈비츠 포로수용소의 끔찍한 실화를 다루고 있다. 하지만 정작 시에 등장하는 주인공은 선조들의 이력에 관해서는 아무것도 알지 못한 채, 합성 섬유로 만든 매트리스를 전 세계로 수출하기 위해 동분서주하는 독일 소녀들이다. 젊은 여성에게는 목숨처럼 소중한 머리카락을 탐스럽게 늘어뜨린 그 소녀들을 향해 담당 미용사는 다음과 같이 태연하게 경고한다. "자르지 않는 편이 좋겠습니다./일단 한번 잘라내고 나면, 결코 이렇게 탐스럽게 자랄 수가 없거든요./제발 내 말을 믿어주세요./이건 이미 검증된 사실이라니까요./tausend-und tausendmal(천 번―, 그리고 또 천 번이나)."
 「히틀러의 첫번째 사진」은 천진난만한 표정을 짓고 있는 아돌프 히틀러의 어린 시절 돌 사진을 상세하게 묘사한 시이다. 누구나 한 장쯤은 가지고 있는 어린 시절의 돌 사진, 시인은 그 일상적인 사진을 통해 인간이 저지를 수 있는 폭력적 광기의 극한이라고 일컬어지는 홀로코스트의 만행을 저지른 장본인이 바로 우리와 다를 바 없는 평범한 인간이라는 사실을 상기시킨다.

> 앙증맞은 유아복을 입은 요 갓난아이는 과연 누구?
> 히틀러 부부의 아들, 꼬맹이 아돌프.
> 법학 박사가 될까나, 아니면 비엔나 오페라의 테너 가수가 될까나?
> 요건 누구의 고사리 손? 요 귀와 눈, 코의 임자는 누구?
> 우유를 먹여 빵빵해진 이 조그만 배는 또 누구 거지? 아직은 알 수 없네.
> ―「히틀러의 첫번째 사진」 부분

역설적인 기법을 활용한 순간 포착의 묘미를 보여주는 또 다른 시는 바로 「9월 11일 자 사진」이다. 2001년 9월 11일 뉴욕에서 발생한 테러를 소재로 쓴 이 시에서 대참사의 현장에 대한 구구한 설명이나 비장감 같은 것은 좀처럼 찾아보기 힘들다. 다만 바닥을 향해 추락하고 있는 희생자들의 모습을 공중에서 찍은 한 장의 사진을 통해 독자의 잠재된 공포심과 두려움을 일깨울 뿐이다.

> 사진은 그들을 어떤 생에서 멈춰 세웠다.
> 대지를 향하고 있는 미지의 상공에서
> 그들의 현재를 온전히 포착했다.
>
> [……]

그들은 여전히 존재하고 있다.
이제 막 열린 어떤 특정한 구역,
공기가 유영하고 있는 한정된 범위 내에서.
—「9월 11일 자 사진」 부분

「방랑의 엘레지」에서 시인은 인간의 뇌리에서 점차 사라져가고 있는 기억의 단면들을 들춰내어 낡은 영사기를 돌리듯 그 미완의 영상을 차례차례 보여주고 있다. 비 내리는 장면밖에 생각나지 않는 사모코프, 얼굴 없이 몸통만 떠오르는 소피아의 무희, 갈수록 희미해져가는 생마르탱의 가로수 길…… 더 이상 자신의 기억력을 확신할 수 없는 시인은 낯선 풍경을 바라보는 자신의 눈길을 가리켜 "작별을 내포한 환영의 인사"라고 표현하고 있다.

「테러리스트, 그가 주시하고 있다」는 희생자의 관점이 아니라 가해자인 테러리스트의 시선으로 머지않아 밀어닥칠 끔찍한 불행을 묘사한 시이다. 수많은 인명을 앗아가게 될 무시무시한 폭발물을 설치해놓고서 안전거리를 확보한 채 태연자약하게 참사의 순간을 기다리는 테러리스트와 시선을 공유하는 동안, 어느새 대참사의 생생한 현장이 그 모습을 드러낸다.

폭탄은 정확히 오후 1시 20분에 술집에서 폭발할 예정이다.
지금은 겨우 1시 16분.
어떤 이들은 때마침 안으로 들어가고
어떤 이들은 때마침 밖으로 나온다.

테러리스트는 이미 길 반대편에서 서성대고 있다.
길을 사이에 둔 이 적당한 거리는
모든 나쁜 일들로부터 안온하게 그를 보호해준다.
마치 영화 속 한 장면처럼.
―「테러리스트, 그가 주시하고 있다」 부분

대상의 진면목을 파악하기 위해 시인이 감행하는 새롭고 다양한 시도는 리얼리즘 전통과의 결별을 상징적으로 선언하는 동시에 삶의 아이러니를 다채롭게 드러내 보이고 있다. 획일적이고 관습적인 사고를 벗어나 개방되고 다원화된 인식을 가지라고 일깨우는 시인의 메시지는 절대적 우월성에 사로잡힌 전근대적 자아에 대한 도전으로 해석할 수 있겠다.

인간을 향해 휘두르는 체제의 폭력에 대한 고발

쉼보르스카의 시들은 폴란드의 현실에 밀착되기보다는 역사 속에서의 개인의 실존 문제나 삶과 죽음 같은 인간의 보편적인 문제에 더 큰 비중을 두고 있다. 사적인 체험이나 서정적인 감상, 개인적인 고백 등을 시의 소재로 활용하는 경우는 드물다. 데뷔 초기부터 독자적이면서 무한한 가능성을 지닌 개인의 실존을 강조해왔던 시인은 점차 개체로서의 고립된 실존이 아니라 다른 실존과의 관계로 사유의 범위를 확대하고 있는데, 그중에서도 현대 사회의 복잡한 체제 속에서 익명의 개인으로 버림받고, 희생을 강요당하고 있는 생명체의 존재론적 위기에 각별한 관심을 기울이고 있다.

「시대의 아이들」에서 시인은 역사를 정치의 퇴적물로 파악하는 현대사회의 획일성을 신랄하게 비판하고 있다. 극단적인 전체주의 속에서 자아가 함몰되어버린 이 시대는 쉼보르스카에게 있어 문명이 개화하기 이전 "아득한 태고의 그 어떤 시대"와 다름없이 미개하고 야만적인 시간에 다름 아니다.

「야스오의 강제 기아 수용소」는 나치에 의해 강제로 수감되었다가 굶어 죽은 유대인들의 비참한 최후를 그리고 있고, 「명예 회복」은 1956년 10월 23일 폴란드 군대가 소련의 요청으로 헝가리의 부다페스트 민중 봉기에 개입할 수밖에 없었던 불미스러운 사건에 대한 반성을 담고 있다.

일본의 천년 고도千年古都 교토를 배경으로 한 「호텔에서 끼적인 구절들」는 원폭 투하로 철저하게 짓밟힌 '히로시마'와 고풍스러운 '교토'를 대비시키면서 전쟁의 참혹함을 되새기고 있다.

> 한 남자의
> 진심 어린 눈물이 있었다.
> 유적에 관해서라면 모르는 게 없는
> 최고의 전문가이자 애호가인 그 남자는
> 마지막 결정의 순간
> 초록색 탁자에 앉아
> 이렇게 외쳤다.
> "교토보다 더 못한 도시들도 많잖아!"
> 그러곤 의자에 엎드려
> 울음을 터뜨렸다.

적어도 히로시마보다는 아름다운 도시임에 분명한 교토는

그렇게 구제되었다.
—「호텔에서 끼적인 구절들」 부분

「시편」에서는 국경선을 자연스럽게 넘나드는 새와 바람, 두더지 등을 통해서 자연의 법칙과는 상관없이 인간이 인위적으로 만들어놓은 시스템이 얼마나 비효율적이며 억지스러운 것인가를 고발하고 있다. 이처럼 쉼보르스카의 시에서 거대한 조직 사회는 전체주의의 망령이 되어 개인의 진솔한 삶을 방해하고, 전체주의의 노예가 되어버린 실존적 개인은 시대의 희생양으로 전락하고 만다. 시인이 꿈꾸는 이상향은 동식물을 포함한 만물이 하나 된 세계, 인위적인 체제가 만들어낸 지배와 종속의 관계가 사라진, 평등한 생명 공동체이다.

1990년대에 발표한 「끝과 시작」에서 시인은 전쟁이 휩쓸고 간 폐허 속에서도 누군가는 다시 일어나 꿋꿋하게 삶을 이어가고 있음을 강조한다.

> 모든 전쟁이 끝날 때마다
> 누군가는 청소를 해야만 하리.
> 그럭저럭 정돈된 꼴을 갖추려면
> 뭐든 저절로 되는 법은 없으니.
>
> 시체로 가득 찬 수레가
> 지나갈 수 있도록
> 누군가는 길가의 잔해들을
> 한옆으로 밀어내야 하리.

[……]

이곳에서 무슨 일이 일어났는지
분명히 알고 있는 사람들은
이제 서서히 이 자리를 양보해야만 하리.
아주 조금밖에 알지 못하는,
그보다 더 알지 못하는,
결국엔 전혀 아무것도 모르는 이들에게.
―「끝과 시작」부분

「현실이 요구한다」에는 역사의 한 페이지를 장식했던 온갖 전쟁터가 등장한다. 칸나에와 보로디노, 코소보와 예리코, 진주만과 히로시마에 이르기까지 인류의 기억 속에 생생하게 남아 있는 끔찍한 전투가 벌어졌던 격전지에서 인생은 아무렇지도 않게 굴러가고 있다. 그러므로 시인은 우리에게 되묻는다. "아마도 세상의 모든 들판은 다 전쟁터가 아니었을까"라고.

인간의 내면에 잠재된 욕망에 대한 집요한 성찰

쉼보르스카는 현대 문명의 조직적인 시스템 속에서 개인의 고유한 가치와 인성이 상실되고 마는 부조리한 현실을 강하게 비판하는 동시에, 우리 안에 잠복해 있는 악마적인 본성을 끈질기게 응시함으로써 이중적인 현대인의 진면목을 적나라하게 폭로하고 있다.
「미소」에서 시인은 대중들 앞에 섰을 때는 무슨 일이 있어도 나약하고 우울한 표정을 지어서는 안 되는 정치가들의 이중성을 풍자하고 있다.「증오」는 인간이 품고 있는 '증오'의 감정을 마치 살아 있는 생명체처럼 묘사함으로써, 평범하고 건조한 일상에 익숙해진 듯 보이지만 실은 마음속 깊은 곳에 이율배반적인 욕망을 감추고 있는 인간의 잔인한 본성을 폭로하고 있다.

「고문」은 예로부터 지금까지 대대로 전해져오는 인간의 내면에 도사린 짐승과도 같은 가학적인 본능을 적나라하게 묘사한 시이다.

> 아무것도 변하지 않았다.
> 육신은 고통을 느낀다.
> 먹고, 숨쉬고, 잠을 자야 한다.
> 육신은 얇은 살가죽을 가졌고,
> 바로 그 아래로 찰랑찰랑 피가 흐른다.
> 꽤 많은 여분의 이빨과 손톱.
> 뼈는 부서지기 쉽고, 관절은 잘 늘어난다.
> 고문을 하려면 이 모든 것에 각별히 주의해야 한다.
>
> 아무것도 변하지 않았다.
> 몸은 여전히 떨고 있다, 지금까지 그래왔듯.
> 로마 건국 이전이나 이후,
> 기원전이나 기원후의 20세기 또한 마찬가지.
> 고문은 여전히 행해지고 있다, 지금까지 그래왔듯.
> ―「고문」 부분

「포르노 문제에 관한 발언」에서 시인은 "사유思惟보다 더 음란한 것은 없다"고 단정 지으며, 냉철한 이성과 논리로 그럴듯하게 포장된 인간의 은밀하고 저속한 욕망을 비판하고 있다.

> 끔찍하다, 저 방탕한 단순함으로
> 누군가의 정신이 또 다른 누군가의 정신을
> 임신시키는 데 성공했다니.
> 카마수트라조차 알지 못하는 그런 기묘한 체위로.
> —「포르노 문제에 관한 발언」부분

「사건에 휘말린 어느 개의 독백」에서 쉼보르스카는 인간에게 무조건적인 충성을 바쳤지만, 결국 인간들의 다툼에 휩쓸려 무참하게 폭력의 희생양이 된 어느 개의 운명을 통해 인간의 잔인함을 고발한다.

> 은도금을 한 내 목걸이를 누군가가 낚아채갔다.
> 며칠 전부터 텅 비어 있던 내 밥그릇을 누군가가 걷어찼다.
> 마지막까지 남아 있던 일행 중 하나가
> 길 떠나기 직전 운전석에서 몸을 내밀었다.
> 그리고 나를 향해 방아쇠를 두 번 당겼다.
>
> 심지어 과녁 하나 제대로 맞추지 못했다.
> 내가 꽤 오랫동안, 고통스럽게 죽어간 걸 보면.
> 버릇없는 파리가 귓가에서 윙윙대는 소리를 들으며 서서히 죽어갔다,
> 나, 내 주인의 충성스러운 개는.
> —「사건에 휘말린 어느 개의 독백」부분

인간의 내면을 끈질기게 응시하고 날카롭게 파헤치는 쉼보르스카의 시선에는 안온한 듯 보였던 삶의 이면에 실은 잔인한 본능이 숨어 있다는 깨달음과 함께 이상을 기만하는 냉정한 현실에 대한 뼈아픈 자각이 투영되어 있다.

정체성과 사실성에 대한 전복적인 태도

쉼보르스카의 시에는 모순으로 가득 찬 현실에 대한 '전복적인' 시선이 담겨져 있다. 그 뒤틀린 시선을 따라가다 보면 어느새 독자들은 왜곡된 형태로 포장된 현대인의 고독한 숙명에 맞닥뜨리게 된다. 일반적으로 시에서 연상되는 고정관념들을 보기 좋게 배반하고, 좀처럼 시의 소재가 될 것 같지 않은 파격적인 심상들을 끌어 모아 한 편의 낯설고도 새로운 작품을 빚어낸다. 일반적인 상식과 관습에 의해 규정된 정체성과 사실성이야말로 허위와 환상의 부산물에 지나지 않음을 경고하고 있는 것이다.

예를 들어 성경에서 희생 제물이 될 뻔하다가 마지막 순간에 구원을 받은 이삭은 신을 향해 이렇게 외친다. "나는 반드시 죽을 테니까./나를 구원하도록 결코 내버려두지 않을 테니까!"(「밤」). '거룩한 구원의 신화'이자 '위대한 신앙의 모범'으로 일컬어지는 아브라함과 이사악의 이야기에서도 쉼보르스카는 성경이 강조하는 맹목적인 구원의 의미에 의문을 제기한다. 시인은 어린 소년이 죽음을 눈앞에 두고 느껴야만 했을 처참한 공포에 시선의 초점을 맞추면서, 신앙의 증표로 소중한 외아들의 생명을 내놓을 것을 강요하는 절대자의 요구가 얼마나 무자비하고 부당한 것인지를 역설하고 있다.

「쓰는 즐거움」에서 쉼보르스카는 아직 채 씌어지지 않은, 그러나 시인의 머릿속을 안타깝게 맴도는 시상詩想을 '손'이라는 물화物化된 이미지에 중첩시킴으로써, 아직은 실재하지 않지만 현존의 가능성을 풍부하게 내포한 무수히 많은 가상의 행위와 동작들을 독자에게 펼쳐 보이고 있다. 「경이로움」 역시 현실로 구체화되지 못한 채 삶의 이면에 감추어진 무한한 에피소드를 끌어내어 시의 모티프로 삼고 있다.

「부재」에서는 부모가 각기 다른 배우자를 만났을 수도 있다는 가능성에서 출발하여 그들 사이에서 각각 현실에는 존재하지 않는 또 다른 두 생명체가 탄생하게 될 수도 있고, 어쩌면 그 생명체들이 서로 만나게 될지도 모른다는 가상의 현실을 구체적인 방식으로 펼쳐 보인다.

「만일의 경우」에서 시인은 이야기한다. 리얼리즘의 표면 위로 미처 고개를 내밀지 못한 수많은 이유와 원인, 동기와 개연성들이 "우연의 일치에 좌우되는/불과 한 발자국도 안 되는 거리 안에, 일촉즉발의 오차 내에" 도사리고 있다고.

    일어날 수도 있었어.
    일어났어야만 했어.
    일어났어, 너무 일찍, 혹은 너무 늦게,
    너무 가까이, 아니면 너무 멀리서,
    일어났어, 네가 아닌 다른 누군가에게.
    ―「만일의 경우」 부분

「기차역」에서는 '일어난 사건' 뿐만 아니라 '일어나지 않은 사건들'을 향해서도 시선의 영역을 확장시키고 있다.

내가 N시市에 가지 않은 그 일은
정확히 시간 맞춰 일어났다.

발송되지 않은 편지가
네게 미리 예고를 해주었고,

예정된 시각에 너는 가까스로
역에 오지 않을 수 있었다.
―「기차역」부분

시인은 '일어나지 않은 일' 또한 '일어난 일' 못지않게 예정된 섭리가 작용한 것이며, "철저하게 우리의 현존이 미치는/범위 밖에서" 그 자리를 고수하면서 절묘한 타이밍으로 가까스로 일어나지 않은 사건이 있음을 일깨운다. 우리의 현존이 미치는 범주 밖에서 끊임없이 생성과 소멸을 되풀이하는 무수한 '무無'의 작용들, 이를테면 "부재不在"와 "발송되지 않은 편지" 등에서 새로운 차원의 긍정적 단서를 발견하고 있는 것이다.

오, 이곳에서 내가 만난 사람이여, 이곳에서 내가 사랑한 사람이여,
그대의 어깨에 손을 얹은 채 나는 막연히 상상해본다.
이곳에서 우리가 존재하기 위해
저곳에서 얼마나 많은 공허를 감내해야 했을지.

이곳에서 귀뚜라미 한 마리가 미약한 울음소리를 내기 위해
저곳에서 얼마나 오랜 적막이 이어졌을지.
이곳에서 괭이밥이 작은 잎새 하나를 틔우기 위해
저곳에서 얼마나 황량한 황무지가 펼쳐졌을지.

[……]

바람은 지금 구름을 움직이거나, 아니면 절대로 움직이지 않는다,
이곳에 바람이 부는 건, 저곳에 불지 않기 때문이기에.
[……]

어찌어찌하다 보니, 나는 지금 네 옆에 서 있게 되었다.
이렇게 되기까지 무엇 하나 예사로운 것이 없었음을
뼈저리게 느끼는 바이다.
—「*** '무無'의 의미는……」 부분

쉼보르스카는 '유有'의 가치에만 시선을 고정시키는 세속적이고 일원론적인 사고를 탈피하여 '있음'과 함께 '없음'에도 눈을 뜨는 다면적인 가치관을 형성해야 한다고 역설한다. 다시 말해 '있음'이 '없음'에게 얼마나 크게 의지하고 있으며, 얼마나 많은 빚을 지고 있는지 되새겨볼 필요가 있다는 것이다. "한 줄기 햇살은 암흑에 대한 보상이고,/한 방울의 이슬은 기나긴 가뭄의 대가"라는 구절은 '유'의 현존을 위해 필연적으로 수반되는, 보이지 않는 '무'의 끊임없는 작용을 향해 시인이 보내는 경의의 표현으로 해석할

수 있다.

「사진첩」에서는 "사랑 때문에 죽은 이는 아무도 없다./[……]/ 아마도 로미오들은 결핵으로? 어쩌면 줄리엣들은 디프테리아?"라고 말한다. "한때 일어난 일은 그저 그뿐, 신화로 남겨질 만한 건 아무것도 없다"고 말하며 죽음도 두렵지 않을 것 같은 애절한 사랑도 결국엔 언젠가는 소멸되고 변질되고 마는 순간적인 열정에 불과하다는 사실을 일깨우고 있다.

「피에타」에서 시인은 죽은 아들을 끌어안고 눈물을 흘리는 자애로운 어머니의 이미지 또한 우리의 기대와 상상력에 의해 조작된 허상虛像에 불과하다고 날카롭게 지적한다.

「행복한 사랑」에서 쉼보르스카는 결국 사랑이란 인류가 필요에 의해 고안해낸 의무 조항이며, 등 뒤에서 맺어진 밀약에 불과하다고 토로한다.

> 행복한 사랑. 이것은 정상인가,
> 심각한가, 유용한가?
> 사랑에 눈먼 두 사람에게서
> 세상은 무얼 얻을 수 있나?
>
> 아무런 대가도 바라지 않고 서로를 숭배하고,
> 자신들이야말로 백만 명 중 가장 운이 좋은 첫번째 커플이라고,
> 이렇게 될 수밖에 없는 운명을 타고났다고, 섣부르게 확신한다.
> 그렇다면 이 기막힌 행운은 과연 무엇에 대한 보답이란 말인가?

실은 아무것도 한 일이 없는데.
―「행복한 사랑」부분

어떠한 환상도 감상도 허용하지 않겠다고 스스로에게 다짐이라도 하듯, 시인은 사랑의 의미와 한계를 철저하게 가늠하기 위해 무던히도 애를 쓴다. 그런데 여기서 한 가지 간과해서는 안 될 것은 사실성과 정체성에 대한 전복된 표현이야말로 고도로 계산된 패러독스, 즉 모순된 언설言說이라는 점이다. 시인은 현실에 대해 최대한 냉소적인 관점을 견지함으로써 실은 삶의 이면을 더욱 깊이 이해하고자 하는 눈물겨운 노력을 시도하고 있는 것이다. 그러므로 무관심 혹은 냉소를 앞세운, 대상을 향한 차가운 시선 속에는 삶과 인류에 대한 무한한 애착이 담겨져 있다고 볼 수 있다. 시인은 간절히 애원한다. "행복한 사랑을 모르는 이들이여,/행복한 사랑은 어디에도 없다고 큰 소리로 외쳐라.//그런 확신만 있으면 살아가는 일도, 죽는 일도/한결 견디기 쉬울 테니까."

시인은 고정관념을 벗어던진 자유로운 시선과 허를 찌르는 날카로운 풍자를 동원하여 이성과 과학으로는 설명되지 않는 불가사의한 삶의 단면을 조목조목 드러내 보이고 있다. 진실의 사각지대에서 현실을 응시하는 시인의 독특한 관점은 개인과 거대한 집단 사이의 괴리감, 각자의 욕망 추구에 따른 인간관계의 고독을 개탄하면서 동시에 정형화된 규범이나 완벽한 틀에 얽매이는 것은 진정한 자유가 아님을 강조한다.

하지만 이 모든 매력적인 조건에도 불구하고, 섬에는 사람이 살지 않는다.

다만 해변에서 희미한 발자국이 발견될 뿐.
그것들은 한 치의 예외도 없이 모두 바다를 향하고 있다.

할 수 있는 것이라곤 이곳을 떠나 다시는 돌아오지 않기 위해 바닷속으로 몸을 던지는 일뿐이라는 듯.

이해할 수 없는 일로 가득한 삶 속으로.
—「유토피아」 부분

  '고독'을 인간의 숙명으로 보고, 그 고독을 존재의 한 부분으로 인정하기를 주저하지 않는 쉼보르스카는 획일적 메커니즘에 길들여진 가식적인 공간, 지극히 사소한 일상에까지 억압과 통제가 자행되는 위선으로 가득한 세계를 우리 앞에 펼쳐 보임으로써 역설적으로 거부의 몸짓을 나타내고 있다. 동시에 "모든 것이 명백하게 설명되어" 있으며, "논리적인 가설"과 이해가 충만하고, "명백한 타당성"과 "흔들리지 않는 확신"이 있는 유토피아에 머무르기를 과감히 거부한다. 비록 정체성의 위기와 주체의 분열로 인한 존재론적 갈등에 숨이 막힐 지경이어도 시인은 우리가 두 발을 딛고 있는 이곳 현실의 세계에 귀속되기를 간절히 희망하고 있는 것이다. 그러므로 대상을 향한 섬뜩한 아이러니와 전복적인 태도는 날카로운 현실 인식의 또 다른 모습이자 의식의 바깥으로 눈을 돌려 본질을 파악하려는 참신한 시도라고 해석할 수 있을 것이다.

타인과의 유대와 소통의 부재

쉼보르스카의 시에는 현대 조직 사회의 구조적인 모순점이라고 할 수 있는 단절되고 파편화된 인간관계와, 그 속에서 타인과의 유대나 소통의 실패로 소외의 갈등을 경험하는 개인의 모습이 집약되어 있다.

사회적 연대감이나 공동체 의식을 상실한 '나'는 바로 옆에 누워 있는 유일한 가족에게서조차 경험을 공유하는 게 불가능한 막막한 고립을 맛본다. '나'는 어떻게든 그의 본질을 향해 다가서고 싶지만, 꿈속에서조차 그의 정신세계를 지배하는 것은 젊은 날 서커스 극단에서 표를 받던 첫사랑이다. 결국 '나'는 가장 가까운 곳에 있는 사람으로부터 표면과 내면의 역설적인 단절을 뼈저리게 체험하게 된다(「난 너무 가까이 있다」). 이처럼 도덕적 자의식 없이 사소한 일상의 자기 세계에 머물러 있는 현대인들은 상대방의 대화 코드를 전혀 알아듣지 못한 채, 표면적이고 해체적이며 유희적인 언어를 주고받게 된다(「바벨탑에서」).

「뜻밖의 만남」은 현대인들이 나누는 작위적인 대화와 그로 인한 소통 장애를 극명하게 드러낸 작품이다.

> 우리는 서로에게 아주 공손하게 대하며,
> 오랜만에 만나서 매우 기쁘다고 말한다.
>
> [……]
>
> 문장을 잇다 말고 우리는 자꾸만 침묵에 빠진다.
> 무력하게 미소를 지으면서.

> 우리 인간들은
> 대화하는 방법을 제대로 알지 못한다.
> ―「뜻밖의 만남」 부분

「돌과의 대화」 역시 불모지와 같은 도시에서 인간성 상실과 교류의 단절로 인한 개인의 소외, 그로 인한 근대적 주체의 심리적 갈등을 모티프로 하고 있다.

> 나, 돌의 문을 두드린다.
> ―나야, 들여보내줘.
> 네 속으로 들어가서
> 주위를 빙 둘러보고,
> 숨처럼 너를 깊게 들이마시고 싶어.
>
> 돌이 말한다.
> ―저리 가, 난 아주 견고하게 닫혀 있어.
> 내 비록 산산조각 나더라도
> 변함없이 굳게 문을 잠글 거야.
> 부서져 모래가 된들
> 아무도 들여보내지 않을 거야.
> ―「돌과의 대화」 부분

이처럼 쉼보르스카의 시에는 대도시 안에 고립된 섬 같은 존재로 고독을 느끼는 얼굴 없는 우리들에게 건네는 내밀한 영혼의 울림이 담겨 있다. 시인이 깨우친 심오한 자각에는 비인간화 시대의 메마른 영혼들을 향한 애틋한 연민과 안타까운 호소가 담겨 있어 더욱 귀하고 소중하게 여겨진다.

쉼보르스카의 작품 가운데 가장 난해한 시로 꼽히는 「애물단지」에는 인류를 향한 시인의 무한한 애정이 고스란히 담겨져 있다.

> 지금 이 순간이 비록 찰나에 불과할지라도 이대로 지속되기를,
> 저 작은 은하수 아래서 끊임없이 깜빡이기를!
> 미약하나마 이미 세상에 존재하기에
> 앞으로 무엇으로 탈바꿈할는지
> 희미한 윤곽이나마 드러낼 수 있기를.
> [……]
> 어쨌건 그는 애물단지.
> 측은하기 이를 데 없는 녀석.
> 실재實在하는 인간.
> —「애물단지」부분

흔히 '애물단지'라는 말은 부모의 입장에서 너무나 사랑스럽고 애틋한 대상, 한없는 기쁨과 위안을 가져다주지만 한편으로는 근심과 걱정의 대상인 어린 자식들을 가리킬 때 사용하는 말이다. 시인은 바로 이 '애물단지'라는 상징적인 시어를 통해 부와 행복, 영원과 자유, 전지전능함, 그 밖에 자기 자신도 미처 깨닫지 못하는 수많은 가치를 갈망하고, 좌절하는 인간을 향해 안타까운 측은지심惻隱之心을 표현하고 있다. 그것은 시인 스스로가 미완의 삶을 살아가고 있는 인간, 영원한 불가사의의 대상임을 인정하는 자성

적 성찰에서 비롯된 것이다.

3. 맺는 말

쉼보르스카의 시에는 열정과 냉정, '새것'과 '헌것' 사이에 팽팽한 긴장이 있다. 시인의 작품들은 때로는 자연스럽고 일상적이며 친근한 감성으로 다가오기도 하지만, 때로는 이성적이면서 냉소적인 자세로 바뀌기도 한다. 또한 즐겨 사용하는 여러 가지 모티프들, 예를 들면 신화(「사소한 공지 사항」「아틀란티스」「원숭이」「트로이에서의 한순간」「방랑자」「인구 조사」「순결」「부동자세」「자살한 사람의 방」「스틱스강에서」)나 그리스·로마의 철학(「헤라클레이토스의 강에서는」「1960년대 영화」「자기 절단」「거대한 숫자」), 성서聖書(「밤」「***꾸물대며 흐르는 역사는」「아직은」「바벨탑에서」「개요」「롯의 부인」「노아의 방주 속으로」), 셰익스피어의 희곡(「명예 회복」「한여름 밤의 꿈」「확신」), 플랑드르와 바로크의 회화(「루벤스의 여인들」「사진첩」「꿈에 대한 찬사」) 등의 인용에서 드러나듯 전통에 충실한 고전적 감각을 잃지 않고 있다. 하지만 무엇보다 중요한 것은 냉철한 이성과 논리로 무장한 건조한 목소리의 이면에는 인간다움을 지향하는 생명적 기능이 잉태되어 있으며, 사물의 본질을 향한 심안을 견지하고 있다는 점이다. 이것이야말로 쉼보르스카 시 세계의 구심점을 이루는 중요한 모티프라고 할 수 있다.

인류의 공통적인 정서를 아우르는 보편성과 특정한 사조에 얽매이지 않는 자유로움, 이것은 대상을 바라보는 시인 특유의 독창적인 관찰 방법과 오랜 철학적 사유의 소산이라 하겠다. 이 진지하고 철학적인 사유는 언뜻 가볍고 평범한 듯 여겨질 수도 있는 시인의 작품에서 한 줌의 소금이 되어 오래오래 빛을 발하는 풍부한 문학성을 간직할 수 있도록 하는 요긴한 방부제가 되고 있다. 여기에 파토스와 유머, 엄숙함과 익살스러움 사이에서 적절하게 완급을 조절할 줄 아는 탁월한 문학적 역량이 더해져 그 진가를 드러내고 있다.

시인은 길가의 쇠똥구리나 물속의 플랑크톤, 괭이밥과 메뚜기 등 사람들이 좀처럼 관심을 두지 않는 만물을 향해 애정 어린 눈길을 던지고, 그것들이 존재 자체로써 우리에게 들려주는 언어 너머의 작은 목소리에 겸허하게 귀 기울인다. 특유의 '직관적인 시선'에는 만물이 지닌, 있는 그대로의 본성을 감지해내는 자유분방한 우주적 상상력이 내포되어 있다. 이러한 '시선의 힘'은 껍데기의 허상을 제거한 궁극적인 실재를 볼 수 있게 해준다.

존재의 본질을 향한 쉼보르스카의 '열린 시선'은 일어나지 않은 사건, 실재의 너머에 감추어진 무無의 신비, 인연의 고리를 비껴간 또 다른 섭리 등에도 고루 미치고 있다. 또한 모순으로 가득 찬 현실을 향해서는 어김없이 '삐딱하고 가차 없는' 시선을 던진다. 일반적인 통념에 의해 규정된 정체성과 사실성이 결국 허위와 환상의 부산물에 지나지 않음을 경고하기 위함이다. '가치 파괴의 시대'에 걸맞게 시인이 터득한 본원적 깨달음은 기존의 관습에 저항하는 역설의 논리, 정체성을 부정하는 전복적인 태도를 통해 독자들의 감성을 자극한다.

쉼보르스카의 심안은 일상의 단면에 내재된 그로테스크한 순간을 포착해내고, 인간의 내면에 숨겨진 이율배반적인 욕망과 잔인한 본성을 비판한다. 인간을 포함한 모든 생명체를 향해 무자비하게 휘두르는 체제와 문명의 폭력, 그리고 그 속에서 개체가 겪는 소통의 부재와 소외 현상 또한 쉼보르스카의 시에 자주 등장하는 모티프이다.

본질을 향해 끊임없이 머무는 시인의 심안 속에는 인간다움을 지향하면서, 동시에 자연과의 유기적인 공생을 갈망하는 모성적 부드러움과 생명적 기능이 잉태되어 있다. 실존적 부조리에 직면한 21세기 인류를 향해 건네는 시인의 나지막한 목소리가 유달리 커다란 울림을 갖는 것은 바로 그 때문이다.

진솔하고 소박한 수상 소감을 통해 역대 노벨문학상 수상자 가운데 가장 겸손한 수상자라는 평가를 받았던 쉼보르스카는 이렇게 수상 소감을 맺고 있다. "시인들은 언제 어디서나 할 일이 많은 것 같습니다"라고.

작가 연보

1923 7월 2일, 쿠르니크Kórnik 근교의 소도시 브닌Bnin에서 지방 영주의 관리인이었던 아버지 빈첸티 쉼보르스키Wincenty Szymborski와 어머니 안나 마리아 로테르문트Anna Maria Rottermund 사이에서 2녀 중 막내로 태어남. 스무 살의 나이 차에도 불구하고, 아버지와 어머니의 관계는 매우 돈독했음. 언니인 나보야 쉼보르스카Nawoja Szymborska와는 다섯 살 터울.

1924 코페르니쿠스의 출생지인 토룬Toruń으로 이주함.

1931 폴란드의 옛 수도인 크라쿠프Kraków에 정착하여 타계할 때까지 거주함.

1935 크라쿠프에 있는 우르슐라 수녀회 부설 사립 중등학교에 입학.
십대에는 영화 관람과 그림 그리기, 노랫말 쓰기를 즐겼음. 도스토옙스키 소설에 매료되어 14세에 이미 도스토옙스키 전집 독파.

1936 아버지 빈첸티 쉼보르스키 사망. 아버지가 집에 돌아오기 전에는 잠자리에 들지 않을 정도로 아버지와 유난히 각별한 사이였던 쉼보르스카에게 큰 슬픔을 안겨줌.

1945 1월 31일, '폴란드 문인 협회'가 주관하는 '문인의 밤' 행사에서 선배 문인들의 시 낭송과 문학 이야기를 듣고 큰

감명을 받음. 그중에는 1980년 노벨문학상 수상자인 체스와프 미워시Czesław Miłosz도 있었음.

3월 14일, 『폴란드 데일리Dziennik Polski』에 「단어를 찾아서」를 발표하며 등단. 훗날 쉼보르스카와 결혼한 아담 브워데크Adam Włodek가 담당 편집자였음. (1996년 10월 4일, 노벨문학상 수상 소식을 접한 바로 다음 날 쉼보르스카는 『폴란드 데일리』에 짤막한 헌정의 글을 썼음. "언젠가…… 먼 옛날에…… 내가 처음으로 시를 발표했던 『폴란드 데일리』의 독자들에게 이 상을 헌정합니다.")

1945~48 크라쿠프의 야기엘론스키 대학교Uniwersytet Jagielloński에서 사회학을 공부하다가 폴란드어문학으로 전공을 바꿈. 학업을 마치지는 않았음.

1947~48 격주로 발간된 정부 기관지『크라쿠프 공회당Swietlica Krakowska』의 편집부에서 근무.

아담 브워데크가 쓴 동화책『장화 신은 야옹이』의 삽화를 그림.

1948 4월, 아담 브워데크와 결혼. 문인들 사이에서 '문학의 농장'이라는 별칭으로 불리던 크루프니차 거리 22번지의 아파트 건물 다락방에서 신혼 살림 시작. 당시 이 아파트에 예지 안제예프스키Jerzy Andrzejewski, 카지미에시 브란디스Kazimierz Brandys, 스타니스와프 디가트Stanisław Dygat, 스테판 키시엘레프스키Stefan Kisielewski, 체스와프 미워시 등 폴란드의 유명한 문인이 다수 거주하고 있었음. 쉼보르스카는 이들 문인과 두터운 친분을 쌓게 됨.

1952 첫 시집『우리가 살아가는 이유』출간.

1953~81	1968년까지 『문학 생활 Życie Literackie』의 편집부에서 근무하며 '문학 엽서 Poczta literacka'라는 코너를 맡아 익명으로 시에 관한 단상 및 비평을 연재. 1968년부터는 고정 필자가 되어 '쉼보르스카의 비필독 도서'란 제목으로 30여 년간 서평과 칼럼을 썼음. 1990년대에는 폴란드 최대의 일간지 『가제타 비보르차 Gazeta Wyborcza』에 같은 제목으로 서평 연재를 계속함. 이 글들은 후에 네 권의 단행본으로 묶여 출간됨.
1954	두번째 시집 『나에게 던지는 질문』 출간. '크라쿠프시市 문학상' 수상. 남편 아담 브워데크와 헤어짐. 이후 두 사람은 친구로 지냄. 쉼보르스카는 브워데크와 이혼 후에도 크루프니차 거리 22번지 다락방에서 1963년까지 살았음.
1957	세번째 시집 『예티를 향한 부름』 출간. 폴란드 문화예술부의 지원을 받아 드라마 작가로 유명한 스와보미르 므로제크 Sławomir Mrożek를 비롯한 세 명의 동료 문인과 함께 3년간 프랑스 파리에 체류함.
1960	폴란드 작가 협회의 대표단 가운데 한 명으로 임명되어 스타니스와프 그로호비아크 Stanisław Grochowiak 외 두 명의 동료 문인과 함께 모스크바, 상트페테르부르크, 그루지아 방문. 어머니 안나 마리아 로테르문트 사망.
1962	네번째 시집 『소금』 출간.
1963	15년간 정들었던 크루프니차의 아파트를 떠나 크라쿠프 시내 중심부의 아파트로 거처를 옮김.

문화예술부로부터 2등 공로상을 받음.
유고슬라비아를 여행함.
1965 파리 방문.
1966 사회주의 집권당인 '폴란드통일노동자당PZPR'에서 공식적으로 탈당함. 이후 정치와 철저하게 단절된 삶을 살게 됨.
1967 다섯번째 시집 『애물단지』 출간.
율리안 프쥐보시Julian Przyboś 등의 동료 문인과 함께 소비에트연방 방문.
빈과 런던, 프랑스의 콜리우르Collioure 여행.
후배 여성 시인 할리나 포시비아토프스카Halina Poświatowska 사망. 시인의 명복을 기원하며 헌정시 「자기 절단」 발표.
1968 건강이 악화되고 폐에 문제가 생겨 몇 달간 요양소에서 휴양.
1970 벨기에의 크노케Knokke에서 개최된 '시 비엔날레' 행사에 참석.
1972 여섯번째 시집 『만일의 경우』 출간.
열 살 연상의 시인이자 소설가인 코르넬 필리포비츠Kornel Filipowicz와 각별한 사이가 되어 애인이자 친구이자 비평가로서 그가 사망하는 1990년까지 절친한 관계를 유지함.
1975 정부의 일방적인 개헌에 반대하는 지식인들의 항의 서한에 공동 서명.
1976 일곱번째 시집 『거대한 숫자』 출간.
1981 『문학 생활』 편집부를 그만둠. 코르넬 필리포비츠가 편집장을 맡고, 에바 립스카Ewa Lipska, 예지 크비아토프스키Jerzy Kwiatowski, 타데우시 니체크Tadeusz Nyczek 등의 동료 문인

	이 참여한 크라쿠프의 월간 문예지 『피스모*Pismo*』의 공동 발행인을 맡게 됨.
1982	프랑스의 바로크 시대 시인 테오도르 아그리파 도비녜Théodore Agrippa d'Aubigné의 서사시 『비극 배우들』 번역.
1983	12월 14일, 크라쿠프 가톨릭 지식인 클럽이 발행하는 문예지 『소리 내어*NaGlos*』의 창간 기념식에서 「포르노 문제에 관한 발언」 낭송.
1986	여덟번째 시집 『다리 위의 사람들』 출간. 이 시집으로 문예지 『오드라*Odra*』가 수여하는 문학상 수상. 폴란드 정부 또한 쉼보르스카에게 문학 기금을 수여하려 했으나 거절함.
1988	국제 펜클럽의 정식 회원이 됨. 체스와프 미워시와 함께 1999년에 바르샤바에서 '20세기와의 작별'이라는 주제로 개최한 제17차 국제 펜클럽 회의를 유치하는 데 적극적으로 공헌했음.
1990	2월 28일, 코르넬 필리포비츠 사망. 필리포비츠 사망 직후 「빈 아파트의 고양이」 「풍경과의 작별」 등의 시를 씀. 지그문트 칼렌바흐Zygmunt Kalenbach 문학상 수상.
1991	독일의 괴테 문학상 수상. 프랑크푸르트, 프라하, 벨기에의 겐트 방문.
1992	10월 21일, 문예지 『소리 내어』의 주관으로 체스와프 미워시에게 헌정된 '작가의 밤' 행사에서 자신의 시 「양파」 낭독.
1993	아홉번째 시집 『끝과 시작』 출간. 런던과 스톡홀름에서 열린 '작가의 밤' 행사에 참석.

1995	포즈난 아담 미츠키에비치 대학Uniwersytet im. Adama Mickiewicz이 주는 명예 박사학위 수여.
	빈에서 헤르더 문학상 수상.
1996	6월, 크라쿠프 야기엘론스키 대학교에서 개최된 '문학-예술 스터디'에 참가해 학생들과 토론함. 학생들에게 "시인에게 가장 중요한 행위는 '지우는 것'이고, 가장 필요한 가구는 '쓰레기통'이다"라고 말하며 노력하는 글쓰기를 강조함.
	10월, 노벨문학상 수상.
	폴란드 펜클럽 문학상 수상.
1996	노벨문학상 수상 기념 시선집 『모래 알갱이가 있는 풍경』 출간.
2001	자선自選 시집 『비스와바 쉼보르스카 자선 시집』 출간.
2002	열번째 시집 『순간』 출간.
2003	그림에도 조예가 깊었던 쉼보르스카는 지인들에게 편지나 엽서를 보낼 때, 잡지나 신문을 오려 콜라주를 만드는 취미가 있었음. 그동안 만든 콜라주를 삽화로 활용하여 성인들을 위한 동화집 『운율 놀이Rymowanki』 출간.
2005	열한번째 시집 『콜론』 출간.
	폴란드 정부가 주는 '글로리아 아르티스Gloria Artis' 문화 공훈 메달 수상.
2006	1월 25일, 『콜론』에 수록된 17편의 시를 크라쿠프 라디오 방송국에서 낭송, 녹음.
2009	열두번째 시집 『여기』 출간.
	6월 6일, '제2회 세계 폴란드 문학 번역가 대회'에 참석,

	전 세계에서 모인 폴란드 문학 번역가들을 격려함.
2011	폴란드 정부로부터 문화·예술 분야의 발전에 기여한 공로를 인정받아 최고 품계에 해당하는 '흰 독수리 훈장 Order Orła Białego' 수상.
2012	2월 1일, 타계.
	4월, 비스와바 쉼보르스카 재단 Fundacja Wisławy Szymborskiej 설립.
	4월 20일, 유고 시집 『충분하다』 출간.
2014	10월 6일, 초기작을 모은 시집 『검은 노래』 출간.

대산세계문학총서

001-002	소설	**트리스트럼 샌디**(전 2권) 로렌스 스턴 지음	홍경숙 옮김
003	시	**노래의 책** 하인리히 하이네 지음	김재혁 옮김
004-005	소설	**페리키요 사르니엔토**(전 2권) 호세 호아킨 페르난데스 데 리사르디 지음	김현철 옮김
006	시	**알코올** 기욤 아폴리네르 지음	이규현 옮김
007	소설	**그들의 눈은 신을 보고 있었다** 조라 닐 허스턴 지음	이시영 옮김
008	소설	**행인** 나쓰메 소세키 지음	유숙자 옮김
009	희곡	**타오르는 어둠 속에서/어느 계단의 이야기** 안토니오 부에로 바예호 지음	김보영 옮김
010-011	소설	**오블로모프**(전 2권) I. A. 곤차로프 지음	최윤락 옮김
012-013	소설	**코린나: 이탈리아 이야기**(전 2권) 마담 드 스탈 지음	권유현 옮김
014	희곡	**탬벌레인 대왕/몰타의 유대인/파우스투스 박사** 크리스토퍼 말로 지음	강석주 옮김
015	소설	**러시아 인형** 아돌포 비오이 까사레스 지음	안영옥 옮김
016	소설	**문장** 요코미쓰 리이치 지음	이양 옮김
017	소설	**안톤 라이저** 칼 필립 모리츠 지음	장희권 옮김
018	시	**악의 꽃** 샤를 보들레르 지음	윤영애 옮김
019	시	**로만체로** 하인리히 하이네 지음	김재혁 옮김
020	소설	**사랑과 교육** 미겔 데 우나무노 지음	남진희 옮김
021-030	소설	**서유기**(전 10권) 오승은 지음	임홍빈 옮김
031	소설	**변경** 미셸 뷔토르 지음	권은미 옮김
032-033	소설	**약혼자들**(전 2권) 알레산드로 만초니 지음	김효정 옮김
034	소설	**보헤미아의 숲/숲 속의 오솔길** 아달베르트 슈티프터 지음	권영경 옮김
035	소설	**가르강튀아/팡타그뤼엘** 프랑수아 라블레 지음	유석호 옮김
036	소설	**사탄의 태양 아래** 조르주 베르나노스 지음	윤진 옮김

037	시	시집 스테판 말라르메 지음	황현산 옮김
038	시	도연명 전집 도연명 지음	이치수 역주
039	소설	드리나 강의 다리 이보 안드리치 지음	김지향 옮김
040	시	한밤의 가수 베이다오 지음	배도임 옮김
041	소설	독사를 죽였어야 했는데 야샤르 케말 지음	오은경 옮김
042	희곡	볼포네, 또는 여우 벤 존슨 지음	임이연 옮김
043	소설	백마의 기사 테오도어 슈토름 지음	박경희 옮김
044	소설	경성지련 장아이링 지음	김순진 옮김
045	소설	첫번째 향로 장아이링 지음	김순진 옮김
046	소설	끄르일로프 우화집 이반 끄르일로프 지음	정막래 옮김
047	시	이백 오칠언절구 이백 지음	황선재 역주
048	소설	페테르부르크 안드레이 벨르이 지음	이현숙 옮김
049	소설	발칸의 전설 요르단 욥코프 지음	신윤곤 옮김
050	소설	블라이드데일 로맨스 나사니엘 호손 지음	김지원·한혜경 옮김
051	희곡	보헤미아의 빛 라몬 델 바예-인클란 지음	김선욱 옮김
052	시	서동 시집 요한 볼프강 폰 괴테 지음	안문영 외 옮김
053	소설	비밀요원 조지프 콘래드 지음	왕은철 옮김
054-055	소설	헤이케 이야기(전 2권) 지은이 미상	오찬욱 옮김
056	소설	몽골의 설화 데. 체렌소드놈 편저	이안나 옮김
057	소설	암초 이디스 워튼 지음	손영미 옮김
058	소설	수전노 알 자히드 지음	김정아 옮김
059	소설	거꾸로 조리스-카를 위스망스 지음	유진현 옮김
060	소설	페피타 히메네스 후안 발레라 지음	박종욱 옮김
061	시	납 제오르제 바코비아 지음	김정환 옮김
062	시	끝과 시작 비스와바 쉼보르스카 지음	최성은 옮김
063	소설	과학의 나무 피오 바로하 지음	조구호 옮김
064	소설	밀회의 집 알랭 로브-그리예 지음	임혜숙 옮김
065	소설	붉은 수수밭 모옌 지음	심혜영 옮김
066	소설	아서의 섬 엘사 모란테 지음	천지은 옮김
067	시	소동파사선 소동파 지음	조규백 역주
068	소설	위험한 관계 쇼데를로 드 라클로 지음	윤진 옮김

069	소설	거장과 마르가리타 미하일 불가코프 지음 ǀ 김혜란 옮김
070	소설	우게쓰 이야기 우에다 아키나리 지음 ǀ 이한창 옮김
071	소설	별과 사랑 엘레나 포니아토프스카 지음 ǀ 추인숙 옮김
072-073	소설	불의 산(전 2권) 쓰시마 유코 지음 ǀ 이송희 옮김
074	소설	인생의 첫출발 오노레 드 발자크 지음 ǀ 선영아 옮김
075	소설	몰로이 사뮈엘 베케트 지음 ǀ 김경의 옮김
076	시	미오 시드의 노래 지은이 미상 ǀ 정동섭 옮김
077	희곡	셰익스피어 로맨스 희곡 전집 윌리엄 셰익스피어 지음 ǀ 이상섭 옮김
078	희곡	돈 카를로스 프리드리히 폰 실러 지음 ǀ 장상용 옮김
079-080	소설	파멜라(전 2권) 새뮤얼 리처드슨 지음 ǀ 장은명 옮김
081	시	이십억 광년의 고독 다니카와 슌타로 지음 ǀ 김응교 옮김
082	소설	잔지바르 또는 마지막 이유 알프레트 안더쉬 지음 ǀ 강여규 옮김
083	소설	에피 브리스트 테오도르 폰타네 지음 ǀ 김영주 옮김
084	소설	악에 관한 세 편의 대화 블라디미르 솔로비요프 지음 ǀ 박종소 옮김
085-086	소설	새로운 인생(전 2권) 잉고 슐체 지음 ǀ 노선정 옮김
087	소설	그것이 어떻게 빛나는지 토마스 브루시히 지음 ǀ 문항심 옮김
088-089	산문	한유문집-창려문초(전 2권) 한유 지음 ǀ 이주해 옮김
090	시	서곡 윌리엄 워즈워스 지음 ǀ 김숭희 옮김
091	소설	어떤 여자 아리시마 다케오 지음 ǀ 김옥희 옮김
092	시	가윈 경과 녹색기사 지은이 미상 ǀ 이동일 옮김
093	산문	어린 시절 나탈리 사로트 지음 ǀ 권수경 옮김
094	소설	골로블료프가의 사람들 미하일 살티코프 셰드린 지음 ǀ 김원한 옮김
095	소설	결투 알렉산드르 쿠프린 지음 ǀ 이기주 옮김
096	소설	결혼식 전날 생긴 일 네우송 호드리게스 지음 ǀ 오진영 옮김
097	소설	장벽을 뛰어넘는 사람 페터 슈나이더 지음 ǀ 김연신 옮김
098	소설	에두아르트의 귀향 페터 슈나이더 지음 ǀ 김연신 옮김
099	소설	옛날 옛적에 한 나라가 있었지 두샨 코바체비치 지음 ǀ 김상헌 옮김
100	소설	나는 고故 마티아 파스칼이오 루이지 피란델로 지음 ǀ 이윤희 옮김
101	소설	따니아오 호수 이야기 왕정치 지음 ǀ 박정원 옮김
102	시	송사삼백수 주조모 엮음 ǀ 이동향 역주
103	시	문턱 너머 저편 에이드리언 리치 지음 ǀ 한지희 옮김

104	소설	충효공원 천잉전 지음	주재희 옮김
105	희곡	유디트/헤롯과 마리암네 프리드리히 헤벨 지음	김영목 옮김
106	시	이스탄불을 듣는다 오르한 웰리 카늑 지음	술탄 훼라 아크프나르 여·이현석 옮김
107	소설	화산 아래서 맬컴 라우리 지음	권수미 옮김
108-109	소설	경화연(전 2권) 이여진 지음	문현선 옮김
110	소설	예피판의 갑문 안드레이 플라토노프 지음	김철균 옮김
111	희곡	가장 중요한 것 니콜라이 예브레이노프 지음	안지영 옮김
112	소설	파울리나 1880 피에르 장 주브 지음	윤 진 옮김
113	소설	위폐범들 앙드레 지드 지음	권은미 옮김
114-115	소설	업둥이 톰 존스 이야기(전 2권) 헨리 필딩 지음	김일영 옮김
116	소설	초조한 마음 슈테판 츠바이크 지음	이유정 옮김
117	소설	악마 같은 여인들 쥘 바르베 도르비이 지음	고봉만 옮김
118	소설	경본통속소설 지은이 미상	문성재 옮김
119	소설	번역사 레일라 아부렐라 지음	이윤재 옮김
120	소설	남과 북 엘리자베스 개스켈 지음	이미경 옮김
121	소설	대리석 절벽 위에서 에른스트 윙거 지음	노선정 옮김
122	소설	죽은 자들의 백과전서 다닐로 키슈 지음	조준래 옮김
123	시	나의 방랑 랭보 시집 아르튀르 랭보 지음	한대균 옮김
124	소설	슈톨츠 파울 니종 지음	황승환 옮김
125	소설	휴식의 정원 바진 지음	차현경 옮김
126	소설	굶주린 길 벤 오크리 지음	장재영 옮김
127-128	소설	비스와스 씨를 위한 집(전 2권) V. S. 나이폴 지음	손나경 옮김
129	소설	새하얀 마음 하비에르 마리아스 지음	김상유 옮김
130	산문	루테치아 하인리히 하이네 지음	김수용 옮김
131	소설	열병 르 클레지오 지음	임미경 옮김
132	소설	조선소 후안 카를로스 오네티 지음	조구호 옮김
133-135	소설	저항의 미학(전 3권) 페터 바이스 지음	탁선미·남덕현·홍승용 옮김
136	소설	신생 시마자키 도손 지음	송태욱 옮김
137	소설	캐스터브리지의 시장 토머스 하디 지음	이윤재 옮김
138	소설	죄수 마차를 탄 기사 크레티앵 드 트루아 지음	유희수 옮김

139	자서전	2번가에서 에스키아 음파렐레 지음	배미영 옮김
140	소설	묵동기담/스미다 강 나가이 가후 지음	강윤화 옮김
141	소설	개척자들 제임스 페니모어 쿠퍼 지음	장은명 옮김
142	소설	반짝이끼 다케다 다이준 지음	박은정 옮김
143	소설	제노의 의식 이탈로 스베보 지음	한리나 옮김
144	소설	흥분이란 무엇인가 장웨이 지음	임명신 옮김
145	소설	그랜드 호텔 비키 바움 지음	박광자 옮김
146	소설	무고한 존재 가브리엘레 단눈치오 지음	윤병언 옮김
147	소설	고야, 혹은 인식의 혹독한 길 리온 포이히트방거 지음	문광훈 옮김
148	시	두보 오칠언절구 두보 지음	강민호 옮김
149	소설	병사 이반 촌킨의 삶과 이상한 모험 블라디미르 보이노비치 지음	양장선 옮김
150	시	내가 얼마나 많은 영혼을 가졌는지 페르난두 페소아 지음	김한민 옮김
151	소설	파노라마섬 기담/인간 의자 에도가와 란포 지음	김단비 옮김
152-153	소설	파우스트 박사(전 2권) 토마스 만 지음	김륜옥 옮김
154	시,희곡	사중주 네 편 T. S. 엘리엇의 장시와 한 편의 희곡 T. S. 엘리엇 지음	윤혜준 옮김
155	시	궐뤼스탄의 시 배흐티야르 와합자대 지음	오은경 옮김
156	소설	찬란한 길 마거릿 드래블 지음	가주연 옮김
157	전집	사랑스러운 푸른 잿빛 밤 볼프강 보르헤르트 지음	박규호 옮김
158	소설	포옹가족 고지마 노부오 지음	김상은 옮김
159	소설	바보 엔도 슈사쿠 지음	김승철 옮김
160	소설	아산 블라디미르 마카닌 지음	안지영 옮김
161	소설	신사 배리 린든의 회고록 윌리엄 메이크피스 새커리 지음	신윤진 옮김
162	시	천가시 사방득, 왕상 엮음	주기평 역해
163	소설	모험적 독일인 짐플리치시무스 그리멜스하우젠 지음	김홍진 옮김
164	소설	맹인 악사 블라디미르 코롤렌코 지음	오원교 옮김
165-166	소설	전차를 모는 기수들(전 2권) 패트릭 화이트 지음	송기철 옮김